第四章　一八〇〇年代の演劇

第六章　ミュージカル・シアター　305

訳者あとがき　371

凡例

・本訳書では「第一章　演劇の本質」と二〇世紀までの西洋演劇史のみを訳出した。
・作品名について、英語以外のものについても原書に記載してあるタイトルを（　）内に記した。
・［　］は訳者による補足を示す。

第一部　基礎編

演劇は誕生してから少なくとも二五〇〇年経つ、複合芸術である。演劇は、何世紀もの間、いくつもの文化の中で、数多くの変化を経て多様な道のりを辿ってきた。こんにち演劇を鑑賞に行くと、大抵の場合は夜間、人工照明に照らし出された屋内の舞台上で、約二時間にわたって繰り広げられる上演を観ようと数百人の人が集まっている。しかし、演劇の鑑賞は、いつもこういうものだったわけではない。現代の演劇鑑賞体験は、例えば紀元前五世紀に生きたギリシャ人の目には奇妙なものに映るだろう。彼らは、一万七〇〇〇席ほどの野外劇場に夜明けに集まり、明るい陽光の下、半日も続く一連の芝居を観ていたのだ。現代の演劇体験は、一五世紀のイングランドの観客の目にも同じほど奇妙に見えるだろう。彼らは、聖書の物語を基にした一連の短編戯曲が、上演場所を次々と移動していくワゴン（山車）の上で上演されるのを、ワゴンの進む道中のあちこちに集まって鑑賞したのだ。これらはほんの一例に過ぎない。演劇体験は演劇を生んだ文化と同じぐらい多様だからだ。こんにちの観客になじみのある演劇上演の実際は、演劇の膨大な可能性の中の、ほんの限られた部分しか網羅していない。

これほどの多様性を考えると、演劇の息の長い魅力について問いたくなる。人はなぜ演劇を生み出すのか？　何が観客を惹きつけるのか？　演劇プロダクションの出来に良し悪しがあるのはなぜか？

基本的な問題を調べながら、演劇を見ていくのがよいだろう。演劇の本質と機能、他の芸術形式との関係における演劇、演劇上演の良し悪しを決める基準、脚本の構造などの様々なトピックである。最初にこれらを探索しておくことは、演劇と演劇制作プロセスをよりよく理解し、評価する基礎を作る役に立つだろう。(1)

訳注

(1) 本訳書では「第一章　演劇の本質」と二〇世紀までの西洋演劇史のみを訳出したため、「他の芸術形式との関係における演劇」以降は原書を参照のこと。

第一章　演劇の本質

わたしは、演劇はあらゆる芸術形式の中でもっとも優れていると思う。そして、人間が、人間であるとはどういうことかということを、他の人間ともっとも直接的に共有できる方法だと思う。

オスカー・ワイルド

演劇がどのようにしていつ始まったのか、まるではっきりしていない。人類の歴史を可能なかぎり遡ると、共同体の幸福のために不可欠と考えられていた様々な儀式において、演劇に必要な要素が使われていた。それは、上演空間、演者、仮面あるいは化粧、衣裳、音楽、踊り、そして観客である。しかしこれら初期の儀式の機能が演劇性を持ち合わせたのは、単なる偶然である。儀式の役割は、春の回帰、狩猟や戦いの成功、人間や大地の豊穣、宇宙的枠組みにおける人間の位置、といったものを支配する超自然の力に呼びかけることだった。演劇に資するその他の活動、例えば語りや模写なども、すでに登場していた。

演劇がこういった始源の状態から正確にどのように生まれたのかは明らかではないが、少なくとも二五〇〇年以上前には、演劇は演劇としての確たるアイデンティティを持っていた。誕生以来、演劇が占めてきた相対的地位は極めて変化に富む。古代ギリシャでは、演劇は非常に高く位置づけられ、国家や富裕層の資金で実施された宗教的祝祭において、共同体全体のために上演された。別の時代、例えば五世紀から一〇世紀にかけては、演劇はまともな社会の縁にぎりぎりしがみついているような状態だった。この頃旅役者は小さな集団を作ってどこにでも出向き、見に来た人々からもらえるものをもらった。さらに別の時代、例えば一六四二年から一六六〇年のイングランドでは演劇は禁じられていた。当時権力を握っていたピューリタンが、演劇は道徳上許すべからざるものというだけでなく、人々を正業から引き離そうと誘惑するものと考えていたからである。演劇はその長い歴史の中で、糾弾されることもあれば称賛されることもあり、その価値を——存在する権利すら——疑問視されることもあったのである。

これほど様々な反応が生まれたのには、ひとつには演劇用語がその原因となっている。play、show、acting[1]といった言葉は、演劇には実際的価値がなく、自分や他人の気晴らしのために衣裳をつけてゲームをする、いつまでも子どものままの大人が生み出したものだと連想させる。さらに、劇はフィクションであるから、植民地時代のニュー・イングランドでそうだったように、嘘の一種だとして糾弾されることがあった。戯曲は人間の危機（欺瞞、暴力、その他社会的に批判されるべき行為を含むことが多い）を強調する傾向があるため、若者に対して危険な影響を及ぼすとして非難されてきた（同様の主張は、こんにちでは様々なメディアに対してなされている）。にもかかわらず、ほとんど全ての時代において、少なくとも一部には、演劇はたんに容認可能な娯楽の形態というだけでなく、人間の行動を正しく映し出したものだと考える人々がいた。とはいうものの、大学のカリキュラムに正当なすると演劇には、中傷者と擁護者がいるわけだ。

場所を与えられてしかるべきかと問う人々や、映画やテレビやインターネットの支配する世界において演劇が完全に消滅しても惜しいものだろうかと問う人々に対して、演劇を尊重する人々は守勢に立たされていると感じることが多いのが現状である。

演劇の基本要素

様々な反応がある理由のひとつは、演劇の幅広さと多様性による。そのどちらも、次の三つの基本的要素の中に見ることができる。

・演じられるもの（戯曲、シナリオ、あるいは企画）
・上演（プロダクションの創造と発表に関わる全ての過程を含む）
・観客（受け手）

どれもが必要不可欠であり、お互いに影響しあうだけでなく、何が表現され、どのように受け取られるかという総体にも影響する。

上演されるものは極めて多岐にわたる――エンターテイナー一名で演じられるコミカルなお約束的出し物から、大人数の役者集団によるシェイクスピア悲劇まで、様々だ。同様に、市街カーニヴァルやパレードを演劇の一種と見なす人々もいる。このように多種多様にわたるため、演劇を定義することはたやすくない。劇評家のエリック・ベントリー（一九一六－二〇二〇）は、「演劇」というものに与えられてきた多数の定義は、全て次のように集約できると言う。AがCのためにBを行う。つまり、「演劇」のもっとも基礎的定義は、誰かが誰かのため何かを行う、ということだ。

演劇は多岐にわたるが、通常は、書かれた台本を舞台上で行うと考えられている。しかし覚えておくべき重要な点は、演劇は、書かれた台本、対話、あるいは対立などを必要とするわけではないという点である。例えば、ジャグリングやアクロバットは、しばしば演劇的娯楽として上演されてきた。しかし、たとえ「演劇」の定義を、ある程度のストーリーテリングを含むものと規定したとしても、やはり豊かな多様性に直面する。なぜなら、即興シーン、パントマイム、ヴォードヴィルのコント、ミュージカル、そしてセリフ劇は全て演劇的娯楽だからである。さらに、短いものから長いもの、日常的な事柄から非日常的な事柄、滑稽から深刻まで、様々だ。

また、社会における演劇の役割についても、多様な意見がある。演劇は第一義的に娯楽だと考える人もいれば、他方で、演劇の本質は重要な問題についての思考や行動を誘い出す力にあると考える人もいる。ジョン・ミリントン・シング（一八七一－一九〇九）は二〇世紀の主要なアイルランド人劇作家の一人だが、演劇が最高の力を発揮するのは、すぐに忘れられてしまうような社会問題を扱う時ではなく、想像力を掻き立てる時だと言う。シングはこう言う。「我々は、（薬局に）行くようなつもりで劇場に行くべきではない……、喜び興奮しながら食事をする夕食の席に向かうように行くべきだ」。反対に、偉大な世界的演出家の一人、ピーター・ブルック（一九二五－二〇二二）は、演劇が社会的・政治的に重要な役割を果たすと見る。ブルックによれば、「演劇の基本的機能は、反政府、反体制、そして反社会であることだ。我々の誰もが貧弱な演劇だと見抜くのは、世は全て何の問題もなしという振りをする社会の嘘に加担する演劇だ」。全般的に見て、演劇を理解しようとするならば、演劇の広大な領域を認識し、その可能性は（人間の創造物の多くのように）様々な方法で発展しうるのだということに気づかなければならない。そしてその方法もまた、ある人には好まれ、ある人には危険とさえ見なされるのである。

演劇を作る二番目の要素である上演も同じく複雑だ。上演とは、戯曲、シナリオ、あるいは企画の可能性を現実に置き換えることである。通常観客が劇場に行って目にするのは、書かれた台本や企画の、演劇的作業を経て具体化されたものである。上演が行われる場所は、演劇上演に特化された建築物から、市街、公園、ナイトクラブまで様々である。収容力も一〇〇人以下から、（古代ギリシャのように）一万五〇〇〇から二万人までと幅がある。また、上演空間の配置も様々だ。観客が演者を取り囲むもの、上演が行われるプラットフォームに対面して列になって着席させるもの、あるいはまた別の観客対演者の配置を用いるものなどがあるが、そのいずれもが、演劇体験全体をそれぞれ異なるものに変化させる。

ほとんどの上演は、大勢の人々の創造的努力と協力を要する。劇作家、演出家、俳優、デザイナー、舞台監督、技術者といった人々である。ミュージカルにはさらにそれ以上の人々が関わる。作曲家、楽器奏者、歌手、振付師、ダンサーである。プロダクションのどの構成要素も（台本、演技、舞台装置、衣裳、照明、音楽、ダンス）、巧みにコントロールすることで、様々な効果を生み出すことができる。全ての構成要素が非常に巧みに統合された結果、観客は単一の統一された印象にしか気づかないこともあれば、例えば演技やスペクタクルのような構成要素の一部がその他を完全に見劣りさせてしまうこともある。例えば、こんにちでは、『ライオン・キング』『ミス・サイゴン』『オペラ座の怪人』のような人気ミュージカルでは、スペクタクル効果が他の要素を圧倒していると主張する人々もいる。

構成要素はほとんど誰にでも簡単に理解できるようなやり方で扱われることもあれば、ほんの少数の人々以外は頭をひねるほど変わったやり方で扱われることもある。ある上演が、観客の一部にとっては独創的で面白いと受け取られながら、別の人々にはありきたりで退屈だと思われることもある。その逆に、あるグループには奇妙で理解不可能に見えるものが、他のグループには洞察力に富む見事なものと判断されることもある。上演の可能性や結果は無数にあるが、演劇的体験の第一歩は、ピーター・ブルックの『なにもない空間（*The Empty Space*）』（一九六八）の次の言葉にその本質が集約される。「私はどんな空っぽな空間であっても、なにもない舞台だと呼ぶことができる。この空っぽな空間を男が横切るのを誰かが見ている。演劇的行為が動き出すためには、これだけでよい」。

演劇の第三の基本要素は観客である。演劇上演は、観客が受け止めるか体験するまでは不完全なコミュニケーション表現である。全ての芸術にとって一般大衆の存在は必須である。しかしある芸術にとっては、この大衆とは個人と考えられる。小説や詩の読者、絵画や彫刻の鑑賞者だ。彼らは一人ひとり、他者と離れて作品を体験する。しかし演劇の観客は（音楽やダンスのように）、定められた時間と場所に、上演を体験するためにグループとして集合する。このグループは、一時的な共同体として上演を見聞きするのである。

観客は、様々な形で演劇に影響を与える。それがおそらくもっともはっきり現れるのは、観客が即座に演者に対して示すフィードバックだろう。連続した交流は、舞台と観客席の間だけでなく、共同体としての体験をする観客同士の間にも存在する。例えば、観客の一部が、演出家が深刻な部分と意図したところで笑い出せば、他の観客も同じように反応するかもしれない。そしてこの意図せぬ反応は俳優の集中力を邪魔し、彼らの演技を変化させてしまうかもしれない。逆に、滑稽に見せることを意図した場面で、観客が一斉に熱烈な笑い声をあげれば、俳優の力はより高められるだろう。こういった生《なま》の交流は演劇独特の特徴であり、上演が夜毎に変化する大きな原因である。

観客は、上演を見にくる際の期待や動機によっても、演劇に影響を与える。ある人々は楽しませてもらうことだけ、私的な悩みや彼らの生きる世界の問題からの気晴らしだけを求めて劇場にやってくる。この人々は、劇作家や演出家の仕事は全てを明快にすることだと考えるだろう。彼らは、なじみのない考えや慣習を理解する努力などの必要がどこにあるのだと思う。こういう観客は、伝統的な倫理感、政治意識、文化意識に疑問を呈するようなプロダクションを不快に思ったり避けたりする。別の観客は、ほとんどの人が正しいと考える価値観を疑ったり、挑発的な問題を突きつけたり、政治社会的問題に対する行動を擁護したり、革新的な演劇的手法を使用したりするプロダクションを好むかもしれない。究極的には、一般大衆は、観に行くか行かないかということを通して自分の好みを示す。彼らは自分に魅力があるものは支持し、好きではないものや理解できないものは支持しない。ブロードウェイでは大多数のプロダクションの平均チケット代が一〇〇ドルを超えるという現在の状況においては、その公演が自分の好みに合う自信がなければ劇場に行くことを当然ながらためらう。とすると、ブロードウェイのプロデューサーは、ブロードウェイでショーを上演するためにかけた巨額の費用を取り戻さなければならないので、観客数を減らしてしまうような、賛否両論あるテーマやなじみのない上演方法は避けることが多い。オフ・ブロードウェイやリージョナル・シアターは、経費もチケット代もブロードウェイより安いため、もっと冒険する余裕があり、ブロードウェイが広く観客を探すのに対して、より限定的な観客層を求めることができる。全体的に観客の好みは、何を、どのように、どこで上演するかということに大いに影響するのである。

この三つの要素――芝居、上演、観客――はそれぞれ切り離して議論されるが、実際には相互に作用し、変化させあう。劇作家は、執筆している時には特定の意図があっても、演出家をはじめとするプロダクション関係者がどのようにその芝居を解釈するかということに対してはほとんど力を持たない。したがって、同じ芝居の異なるプロダクションは著しく異なることがあり得る。また、演出家はプロダクションから観客が何を受け取るか命じることはできない。同じ観客群の中の個々の客が、同じプロダクションに対して大きく異なる反応をするかもしれない。何を上演するか、どのように上演するか、そして観客の好みや受け取り方はあまりにも多岐にわたるため、全ての演劇が全ての一般大衆をその属するグループに関わらず惹きつけるということはない。演劇への反応が多様なのは必然的なのだ。

芸術形式としての演劇

演劇は楽しませるべきである。それを本気で疑う人はいない。だが、誰もが同じものを楽しいと思うとは限らない。ある上演を、節度を超えていると感じる人がいるかもしれない。その人が舞台に上げるべきではないと思うものが登場したような場合だ。その時その人は、楽しいと思えないほど気分を害するだろう。しかし、演劇は芸術形式である。そして芸術は、必ずしも心地よいもの、あるいは慰めてくれるものであるとは限らない。芸術はしばしば、人に嫌われるやり方で世界を見たり、人が自身を見る視線や、人が世界に向ける視線を形作る文化的基準に対して疑問を呈する権利があると主張する。

芸術とは何か？　これほどしばしば議論され、あいまいな定義をされてきた言葉はないだろう。一八世紀まで、「art〔技〕」とは既知の原則を体系的に適用し、所定の結果を達成することを意味した。この言葉は今でも、医学、政治、説得などの技について語る時は同じ意味で使われる。一八世紀、批評家たちがartsを「役立つ」と「優れた」という二つのグループに分けるようになった。後者のカテゴリーに、文学（劇を含む）、絵画、彫刻、音楽、舞踊が入れられた。（こんにちでは、このリストに映画や写真などの他の形式も含む。）その根拠は、役立つartsとは教えたり習得することができるが、優れたartsは、天才の作品のように、法則や原理に単純化することができないということである。この論法はさらに続き、適切な規則や原理を体系化し身につけることができたとしても、意味のある芸術作品を生み出すための天才を持つ個人はほとんどいないとした。その結果、一八〇〇年頃以降、芸術（art）とはあまりに複雑で完全には理解できないものと見なされることが出てきたのである。優れた感覚をそなえた者だけが芸術を完全に鑑賞できるのであって、平均的な人は、劣等の作品（たいていは、何らかの大衆向け娯楽）を、本物の芸術表現としばしば誤解するのだとほのめかす批評家たちもあった。そのため、演劇を芸術形式のひとつと見なす人々は、時に、演劇を「ショービジネス」と考える人々を見下すことがある。同様に、視覚芸術においては、美術館やギャラリーに置く価値がある作品と、広告やイラストのために作られた作品が区別されることがある。音楽では、交響楽団にふさわしいと見なされる作品と、ロックバンドにふさわしい作品との間にははっきり境界線が引かれている。

「芸術」という言葉を聞くだけで神経質になる人がいる。芸術とは何かはっきりわからず、また、どう反応すべきかわからないので、彼らは芸術におじけづき、あるいは腹立たしく感じている。おそらくこれが、博物館や、コンサート、演劇公演などに行かず、こういう芸術の価値をすっかり無視してしまう人々がいる最大の理由のひとつだろう。芸術には正しい反応、誤った反応というものはなく、誰でもその人なりの反応をするものなのだ、ということを納得させられれば、彼らの躊躇を取り除けるかもしれない。何度も経験することを通じて、人は違いやパターンに気づけるようになり、自分自身の基準を作れるようになる。しかし、なじみのないものに対して自分をオープンにすることを嫌がる人は、このプロセスを始めることすらできない。

芸術と非芸術の違いよりも、価値の有無の差に直面することが多い。芸術は全て「作られる」

（つまり、人間や動物や植物が自然の力で生まれてくるのとは異なる形で、芸術作品は生み出される）。芸術はある作業過程を通して生み出される。その作業過程は同じカテゴリーの芸術については基本的に同じである。例えば絵画では、黒いヴェルヴェットに描かれた夕陽でも、キャンヴァスに描かれた抽象的な構図でも、同じ基本的な要素を持つ。線、マッス、色、光、そして影である。その全てが空間関係を創造するために用いられる。残念なことに、現代では「芸術（art）」という言葉は価値判断に用いられるようになってしまった。その結果、どちらの作品も同じ過程を経て創造されたにもかかわらず、芸術作品という地位はおそらくヴェルヴェットの絵画には与えられず、抽象的な構図のほうに与えられるのである。

この問題は、文化史家の用いる二つの大きな分類に関連づけるとより明確になるだろう。つまり、ポピュラー・カルチャーと、エリーティスト・カルチャーである。この名称が示唆するように、ポピュラー・カルチャーは通常広く一般大衆の好みを反映するもの、一方エリーティスト・カルチャーは小さいグループの好み——それは一般大衆にはあまり知られず、より厳格だと彼らが見なす基準を適用したもの——を反映すると考えられている。どちらのカテゴリーの賛同者も、ポピュラー・カルチャーを好む人々にはロウブラウ、エリーティスト側を好む人々にはハイブラウなどという言葉を用いて、お互いに見下しあう。境界線は流動的だが、こんにちのポピュラー・カルチャーはおそらく、ポップ・ミュージック、テレビのホームコメディ、広告アート、ミュージカルを含み、エリーティスト・カルチャーには、コンサート・ホールで演奏されるような音楽、ギャラリーや美術館で展示される視覚芸術、非営利劇場あるいはリージョナル・シアターで上演される演劇プロダクションの多数が含まれるだろう。とはいえ、ロウ・アートとハイ・アートの間に明確な境界線はない。重複したり、混ざりあったりすることも多く、また、かつてはたかが大衆向けの気晴らし（シェイクスピアの芝居や、チャーリー・チャップリンの映画）と思われていながら、のちにめざましい芸術と考えられるようになることもある。こんにち、ハイ・アートとロウ・アートの区別は、両者がますます混ざり合うようになるにしたがって、失われてきている。

ポピュラー・カルチャーと関連づけられる種類の演劇は、主に、関心を引き盛り立てていくような方法でストーリーを語ることによって、一般の観客に娯楽を提供することを目指す。簡単に見分けのつく登場人物のタイプ、状況、演劇の伝統的表現法を用い、楽しく見せるために十分な創意工夫を持ってそれらを巧みにコントロールするが、観客の価値観や想定を疑うような不穏な疑問を提起することはない。この種の娯楽の例として、プライムタイムのネットワークテレビのシリーズがあげられる。これらはしばしば社会的価値観に反する登場人物を見せはするが、それも最終的にはその価値観を再確認させる枠組みの中でのことである。こういった種類のシリーズは人気確実である。なぜなら、ネットワークテレビは、スポンサー広告主を満足させられるほど膨大な視聴者数を獲得できる番組しか続けないからだ。視聴者を遠ざけるようなデリケートな問題は避けられることが多い。こういった娯楽は、観客を楽しませ、価値観を再確認させ、悩みから目をそらさせ、生きるための毎日の繰り返しに変化を与えるのである。

演劇上演はスポーツやゲームと多くの特徴を共有する。それはどれもが、一方がもう一方と対抗し、サスペンスを作り上げ、結果にたどり着くからである。ゲームと演劇はまた、技法への依存という点でも同じである。つまり、全員が承知し理解しているルール、実践、方法があるということだ。フットボールでは、フィールドのサイズやレイアウト、ダウンの数、プレイヤーの数、ユニフォーム、得点システム、ゲームの長さといったことは、プレイヤーと観客の両者が理解している技法である。

演劇も、フットボールより柔軟ではあるが、技法に依存している。虚構の出来事が起きる場所としての舞台、場所を示すための舞台装置、時代によっては仮面の使用や女性役を演じる男性、オペラではセリフを歌う（語るのではなく）こと。誰かが新しい技法を持ち込んだり、古いものを変化させると、少なくとも最初は観客を混乱させかねないが、一旦理解されればその変化は受け入れられるかもしれない。サミュエル・ベケットの『ゴドーを待ちながら（*Waiting for Godot*）』（一九五三）が初演された時、多くの観客がこの芝居に共感することができなかった。二人の浮浪者が決してやってこない誰かを待つということ以上に、識別できるストーリーラインがないのだ。この革新的な芝居への反応の多くは、芝居の中のこのセリフに集約できる。「だれも来ない。だれも行かない。最悪だ」。しかしこの芝居の技法は現在では二〇世紀におけるもっとも重要なものと考えられ、今ではありきたりと思われるほどになじみのあるものとなった。

ゲームと演劇には類似点があるが、通常はこの二つを混同する人はいない。それは、ただ技法の違いという理由からだけでなく、台本のある劇では、ほとんどの場合、上演が始まる前から結末は決まっているからだ。例えば、ハムレットは必ず亡父の仇を討ち、自身も死ぬ。それはシェイクスピアの台本がそういう行動を指示するからである。また、登場人物とその苦闘に対する観客の姿勢は、上演中に明らかにされていく情報によって決まる。ゲームでは、行動の前から存在した観客の忠誠心によって、どちらに声援を送るかが決まる。

演劇の魅力の多くは楽しませる力にあるが、それ以上の課題を提示しなければ、簡単に忘れられる一時的な気晴らしと片づけられてしまうだろう（そしてしばしばその通りになっている）。そういう片づけかたをするのは、特に、芸術の機能は不穏な質問を提起し、ほとんどの人が正しいと考える価値観や前提に疑問を投げかけ、たとえそれがまさしく一般大衆を遠ざける要素に他ならなくても新しい演劇的表現を探すことにあると考える人々だ。「芸術」という言葉は完全にエリーティストの手中に収められ、一般大衆は自身が称賛する作品に芸術という言葉を使うことがほとんどない。しかしながら、芸術（作られたもの、そして、それが作られる過程、という広義の意味において）は、演劇のあらゆる領域にわたって存在する。

芸術の定義として普遍的に受け入れられるものがなくとも、経験というものに対する芸術以外のアプローチと比較することで、芸術の持ついくつかの目立った特徴を調べることができる。まずそもそも、もっとも広義の意味において、芸術とは人間が人間の世界を理解しようとする方法のひとつである。この観点から、芸術は歴史、哲学、科学という、いずれも人間の経験を発見し記録しようと努力するものと比較することができる。これら全てのアプローチが了解しているのは、人間の経験は数えられないほどの世代を越えて、計り知れない多くの人々に起きた、膨大な数の出来事から成り立ち、その一人ひとりの人生は、その多くがまったく偶然に起きたように見える束の間の出来事から成り立っている、ということだ。こういった学問が答えを求めるひとつの問いはこれだ。でたらめに見えるものの裏に、どういう統一的なパターンを見抜けるか？　それぞれの分野によって、真実を見出そうと提示された問いや用いられた方法こそ異なるが、それらは、あるパターンを明らかにする関係性を見出すことに向けられたものである。ひとつのアプローチとして、芸術は人間の経験についての知覚をある形（あるいはパターンを持つ関係性）に入れることによって、人間というものの捉え方とその人が生きる世界の捉え方を秩序立てる手助けをする。現代アメリカ文化を学ぶ学生が、例えば、恋愛と結婚観は、自分自身の家族や知り合いとの実際の体験を通してではなく、メディアで見るもの（ドラマ番組や広告）で決定されていると論じたことがある。テレビ、映画、コンピュータゲームから吸収した考えは不正確で有害だと言う人もあるかもしれないが、それはつまり芸術が知覚を形作る、あるいは映し出す力を持つと示唆しているということでもあるのだ。

　人間の経験に対する様々なアプローチに用いられる手法は、大きく異なる。歴史家、哲学者、科学者は限定的な問題を取り出し、調査や実験を行い、その上で論理的かつ説明的な散文で結論を述べる。彼らは主に知性に訴える。一方芸術家は、主に自身の知覚によって動き、観客の感情、想像力、知性を直接的に巻き込もうとする。芝居は、観客のまさしく目の前で出来事が起きているように見せる。見る方は、人生そのものを吸収するのと同じようにそれを吸収する――つまり、直接五感の動員によるということだ。芸術が人生と異なるのは、芸術は、出来事のつらなりがパターンを示すように整理整頓されているという点である。フィクションではあっても、芝居は人間の経験に光を当て解説（時に間接的に）するのである。

芸術形式としての演劇は、人間の経験を知り理解するひとつの方法を示す。シェイクスピアは『お気に召すまま（*As You Like It*）』（第二幕第七場）で、このように適切に言い表している。「この世は全て舞台。そして男も女も全てただの役者」。このセリフが言っているのは、世界とは人々がそれぞれの役を演じる舞台と見なせるだけでなく、逆にいえば、舞台は世界の象徴であり、人間行動の基本的パターンを映し出すと見ることもできるということだ。しかしその描写は写実的である必要はない。別の方法で体験を描写することもある。舞台はまた、人間の経験のある側面を詳しく調べる拡大鏡の役割を果たすこともできる。舞台上に見えるのは、事実としてリアルではなくとも、人間、状況、動機、行動の類型を具体化した姿なのだ。このように、フィクションではあっても、芝居は、実際の人間の統計的研究から得られるのと同じぐらい「真実の」人間行動への洞察を示すことができる。さらにまた、芝居の中で明らかにされていく事柄は、その芝居が生まれた社会の基本的な前提を反映している。例えば、いつの時代においても、女性の登場人物に許された行動や価値は、その時代の女性についての前提を（支持したりあるいは疑ったりすることで）反映しているのである。

観客としての立場では、芝居への反応は実際の出来事に対する反応とは異なる。彫像を本当の人間と勘違いすることがないように、舞台上の行動を現実と混同することはない。人は通常サミュエル・テイラー・コールリッジ(2)（一七七二－一八三四）が「不信の自発的保留」と呼んだものをもって芝居を見る。芝居が現実ではないとわかっていながら、当面の間疑わないでおく、ということである。実際の人生なら即座に行動に移るかもしれないようなものを見ても、舞台上に見た場合は行動に移ることはない。ある人が別の人を殺すように見えても、被害者を助けようとしたり警察を呼んだりはしない。俳優が登場人物の振りをしていることを了解していながら、俳優に一時的なリアリティを黙認するのである。この状態はつまり、芸術的な出来事を半客観的に見られるほどに十分距離を持っているということで、「審美的距離」と呼ばれることがある。しかし同時に、無関心を引き起こしてしまうほど距離が大きくてもいけない。ある程度距離を置くことは必要だが、引き込まれることも同じほど重要なのだ。この引き込まれる感覚は、「共感」と呼ばれることがある。芸術は日常の戦いから人を高め、ある種「神の目」のように経験を見る視点を与えるのである。

だとすると、芸術は、洞察と知見をもたらすパターンを見出し提示するひとつの手法であり、また、人間と世界についての疑問を提示する手法でもある。このように、芸術は知識のひとつの形か、あるいは知識を得るひとつの方法と見ることができる。さらに、芸術は経験の独創的な再形成であって、人を審美的にも共感的にも関与させるような方法で五感に直接作用し、人は経験に対して距離を保つと同時に関与することで、感情的に参加しながらも洞察を得られる。芸術は（伝えるべき重要な何かを持っているという意味において）真剣なものだと主張するが、その手法は間接的（経験を描写はするが、あらゆる予期せぬ結果を説明しようとはしない）なため、しばしばあいまいで、ほとんど必ず複数の解釈が可能である。

コラム　社会と芸術&文化

◇事前検閲と自主検閲

芸術は人を楽しませ、人間の経験の様々な側面を明らかにするが、同時に、人によっては不快な内容だと怒らせてしまうこともある。場合によって、立腹した人々は事前検閲という形（事前許可なしでの作品の印刷、上演、掲示の禁止）による芸術へのコントロールを企てることがある。アメリカ合衆国においては、表現の自由が憲法で守られているにも関わらず、脅迫や威嚇によって事前検閲を行使しようという試みが周期的に発生する。もっとも一般的な脅迫はボイコットである。気に食わない作品のスポンサー企業に対して、その企業の商品不買運動という脅迫をする集団が現れることがある。また、特定の芸術家団体、あるいは芸術家や芸術全般に対する政府の補助、企業の後援への反対運動をしかけることもある。

一九九八年、マンハッタン・シアター・クラブは、テレンス・マクナリー（一九三八－二〇二〇）による新作『コーパス・クリスティ（*Corpus Christi*）』の上演を断念すると発表した。劇場を爆破するという脅迫を受けたためである。（この芝居を非難した人々の大部分は実際に読んだわけではなく、この芝居に登場するキリストに似た人物が同性愛であるという報告に基づいて反対していた。）アソル・フガード（一九三二－）は国際的に著名な南アフリカの劇作家で、同じくマンハッタン・シアター・クラブにおいて作品上演が予定されていたが、劇場のこの決定に対する抗議として作品提供を取り下げ、また、同劇場のスポンサー企業であるＴＷＡは、財政援助を取り下げた。ニューヨーク（とその他）の多くの演劇関連団体が、キャンセルという決定を糾弾した。マンハッタン・シアター・クラブは後に上演を復活させたが、キャンセルの余波は残った。

劇団によっては、自主検閲のようなものを取り入れることで、宗教、人種、愛国心、セクシャリティなどについて、特定のグループに対する異議となる可能性があるか、あるいはそのように解釈されかねないものを上演しないようにしている。自主検閲はつまるところ無能につながる。なぜなら、すでになじみのあるものを超えることのないような芸術は、退屈でありきたりなものになる危険を犯すことになるからだ。芸術はなじみのある事柄を含むことが多いが、新たな方角へ打ち出していくことも許されなければ衰えてしまう。人は、腹立たしく思う芸術作品の受け入れを無理強いされるべきではない。しかし同時に、その作品を腹立たしく思わない人々がそれを体験することを、邪魔してもよいものだろうか？　許容できるものと許容できないものの間に、どのように線を引くべきだろうか？　そして、誰がその線を引くべきなのだろうか？

コラム　実践者と理論家

◇シルク・ドゥ・ソレイユ

演劇形式のほとんどは、上演の基本として脚本を使うが、必ずしもそれが常というわけではない。シルク・ドゥ・ソレイユ（www.cirquedusoleil.com）は、演劇的な語りに、息を呑むアクロバット、空中スタント、サーカスの演目、驚異的な視覚効果、そして現代の音楽を混合させる。

シルク・ドゥ・ソレイユは、ベー・サン・ポール（［カナダ］ケベック北部の町）で、大道芸人の一団が、竹馬歩行、ジャグリングや火喰いなどをして、動物を使わないサーカス風の出し物を見せていたのが始まりである。一九八四年、ジャック・カルティエ（一四九一－一五五七）によるカナダ発見の四五〇周年記念祝賀の一環として、ケベック州全域でサーカスの巡業をしようという提案がメンバーから持ち上がった。ケベック州政府はこの「シルク・ドゥ・ソレイユ」（太陽のサーカス）と名づけられた試みに補助金を出した。以来、シルク・ドゥ・ソレイユは数一〇億ドル規模の巨大エンターテインメントに変貌し、常に一〇以上の異なるショーの世界巡業を行い、ラス・ヴェガスでは七つの興行が進行し、加えてロサンゼルスと、フロリダのオーランドーにあるディズニー・ワールドの常設劇場でも興行が行われている。

シルク・ドゥ・ソレイユが万国に好まれる理由のひとつは、彼らの興行が対話よりも目を見張る視覚的スペクタクルへの依存度が高く、そのため世界中の観客にとってわかりやすい点である。シルクはまた、現代サーカスのユーモラスで可愛らしい社会のはみ出し者、つまり道化を使うが、その道化は観客とショーの世界の間に共感という橋をかける。シルク・ドゥ・ソレイユは、成長に合わせて、テーマを探り単純な物語を語るためにますますスペクタクルを用いるようになった。自らのルーツが示す通り、彼らの初期のショー（一九八四－一九九二）は基本的に現代のサーカス演目を集めたものだった。この時期以降の作品は複雑で継続的な物語を展開しようとはしなかったが、『アレグリア（*Alegria*）』（一九九四）は、統一的なテーマを中心に鳥のようなキャラクターの世界を使い、抑圧されても回復力を失わない精神について探索した作品である。二〇〇五年、シルクは『カー（*KÀ*）』を初演した。この作品はシルク・ドゥ・ソレイユの作品の中でもっとも完全なストーリー展開を持つショーである。国際的に有名なケベック出身の演劇芸術家、ロベール・ルパージュ（一九五七－）演出による『カー』は、双子の別れと再会の神話的物語である。このプロダクションには、シルクの得意技である重力に逆らうスペクタクルが登場し、また、水平にも垂直にも回転可能な約五〇トンの長方形浮揚舞台が用いられた。

シルクは華やかなショーを作り続けている。ポップ・ロックバンドのビートルズの音楽による『ラヴ（*LOVE*）』（二〇〇六）や、『マイケル・ジャクソン　ワン（*One*）』（二〇一三）である。批評家の中には、シルク・ドゥ・ソレイユの上演を「目のキャンディ」[3]と呼んで却下する人もいるが、『O』（一九九八）のような作品は紛れもない演劇性を持ち、また、その一般大衆に対する魅力を否定できる人はいないだろう。一八八四年以来、シルク・ドゥ・ソレイユの公演チケット販売数は、およそ一五〇〇万枚に達している。

コラム　実践と様式

◇ザ・ファクトリー

ロンドンの劇団、ザ・ファクトリーほど、演劇の標準的実践や表現方法とは異なるアプローチをしてきた劇団はほとんどないだろう。ロンドン大学の演劇学校卒業生アレックス・ハッセル（一九八〇―）とティム・エヴァンズ（一九八〇―）が二〇〇六年に共同設立したザ・ファクトリーは、上演のたびに異なるキャストで古典劇を上演した。俳優でさえ、自分がどの役を演じるのか上演直前まで知らなかった。例えば、ザ・ファクトリーが二〇〇八年に制作した『ハムレット』の場合、俳優の大集団が一年以上かけてリハーサルを行った。俳優たちは自身の都合に合わせて集合してリハーサルを行い、各人が複数の役を準備し暗記した。その後、特定の上演日にどの俳優が出演可能かという状況に合わせて、劇団は上演直前にその特定の公演で誰がどの役を演じるかを決定した。また、慎重に考案した小道具ではなく、上演中に観客が持っているものを借りて、小道具として使用した。『ハムレット』を上演した場所も多岐にわたる。時に、別の芝居のために仕込んである舞台を、その芝居が使用していない際に使うこともあった。こういうやり方をすると通常は大失敗になるものだが、大多数の劇評家は劇団を称賛し、二〇〇八年の『ハムレット』を「見事な演劇的戦略」「耐えられないほどの感動」「再演不可能」と評した。劇団は劇評家たちの絶賛を得ただけでなく、舞台や映画俳優のユアン・マグレガー、ビル・ナイー、マーク・ライランスをはじめとする著名人の支持を得た。

背後にあるのは、演劇から一般的な表現方法や慣行を剥ぎ取り、演劇というものの臨場性を積極的に利用するという基本的な欲求である。エヴァンズはこう話す。「我々はこう問いかけます、演劇において何が一般的に必要と考えられるようになったのか？　その上で、それらを削り取り、素晴らしい舞台を上演するのにそれらが不要かどうか判断したのです」。一般的に必要と考えられているものには、決まったキャスト、ありきたりの舞台装置、決まった会場、そして上演のための特定の舞台美術などがある。伝統的なマーケティングやチケット販売に頼るのではなく、ザ・ファクトリーはクチコミとメールで、上演の数日前に、増加し続ける友人、支援者、プレスに向けて上演場所を発信する。彼らはこういった観客参加の方法を、バンクシーのゲリラ的グラフィティ・アートや、ロックバンドのレディオヘッドの方法になぞらえている。（レディオヘッドは、大手のレコード・レーベルをすり抜け、オンラインでアルバムを配信し、コンサートの日程をメールでコンサート当日に公表した。）

ザ・ファクトリーがこの方法をいつまで継続するかは不明だが、彼らが実証してみせたのは、演劇は様々な形で生まれる可能性を持つこと、また、一般的な表現方法や慣行に関する知識は、創造性豊かな芸術家が演劇に本質的なものを探究する妨げにはならないということである。

演劇の特質

芸術の中で、演劇の次の性質は他の芸術と区別する際に役立つ。

・実物とそっくりであること
・はかなさ
・客観性
・手法の複雑さ
・臨場性

これらの性質の中には、他の芸術形式にも存在するものもあるが、演劇はこれらを演劇ならではのやり方で混合して表現する。

演劇は日常の生活にもっとも近い芸術である。シェイクスピアは『ハムレット』(第三幕第二場)の中で、こう言わせている。「芝居の目的は……自然に向けて鏡をかかげ、美徳の姿を見せ、悪徳の姿を見せ、時代の実体をはっきり見せることだ」。演劇は、人間の経験をテーマとするだけでなく、生きた人間(俳優)を第一の手段として観客とコミュニケーションを取る。演者のセリフは現実世界の言語と近いことが多く、俳優は町で見かけるような衣裳を着ているかもしれず、さらには、実在の場所を思わせるセットの中で演じるかもしれない。演劇は、必ず写実的な上演を目指すとは限らず、他の芸術（舞踊、音楽、視覚芸術）に近づくこともあるが、演劇は（映画やテレビ同様）、日常的な人間の経験を再現する力をもっとも持つ芸術であることは変わらない。

演劇はさらに、はかなさにおいても人生と似通う。人生同様、どの物語も経験された途端に過去のものになる。上演が終われば、その本質は二度と再び完全に取り戻すことはできない。なぜなら、映画、小説、絵画、彫像といったものはいずれも相対的に変化しないのに比べ、演劇は上演が終わってしまえば、脚本、プログラム、写真、批評、そしてその場に居合わせた人々の記憶の中にしか生きられないからである。

演劇はまた、セリフと行動を通して、経験の外面と内面の両方を表す点でも人生と似通う。この意味においては、演劇はもっとも客観的な芸術である。人生においてと同様、聞くことと見ることを通して人は登場人物を外面的にも内面的にも知るからである。人は、人物の精神、性格、動機について、彼らの言動や行動と、彼らについての他者の言動を通じて知る。それは、観客の一人ひとりが見聞きしたことを解釈しなければならないということでもある。実人生同様、観客の解釈は大きく異なるかもしれない。演劇はその表現においては客観的であるが、主観的な反応を求めるものなのである。

演劇が人生と似ているといえるのはまた、その手法の複雑さと、人生の一場面同様、交じり合う音、動き、場所、服装、照明などから出来上がっているからだ。演劇は他の芸術全てを利用する。文学から脚本、絵画、建築、彫刻（舞踊が入ることもある）からスペクタクル、そして発話と音楽からは聴覚に訴える部分を得るのだ。

さらに、演劇は芸術の中で心理的にもっとも臨場性を持つ。現代の批評家のある人たちは、演劇の本質は（テレビ、映画、コンピュータ・ゲーム、インターネットなどの他の劇的メディアと違って）、同じ室内に生きた俳優と観客が同時に存在するという点にあるという。表面的には、演劇の持つ生《なま》という性質は、他の劇的メディアと比べていくつか不利な点があるように思える。例えば、生の演劇を見に行く人々の年間総数よりも、一晩に映像やテレビのショーを見る人のほうが多い。実際、演劇は、上演の度に、しかも比較的小規模の集団のために作り直されなければならない点から、大量生産の時代にあってなお手で作られた製品になぞらえることができるだろう。反対に、映画は何千というコピーを作り世界中で同時に見せたり、それを何年間も続けることができる。同様に、テレビ番組も録画して好きな時に繰り返すことができる。こういったメディアはほぼ一晩で演者を世界的な有名人に押し上げることができるかもしれないが、劇場だけで働く俳優が世界的名声を獲得するには、たとえそれが可能だとしても、相当な年月がかかる。

それにもかかわらず、演劇にはテレビや映画には真似のできない重要な特性がある。中でももっとも重要なものは、演劇体験の三次元性と演者と観客の間の相互作用関係である。映画やテレビでは、カメラを用いて観客が見ることができるものを制限し、間違いなくそれ以外を観客に見せないようにする。カメラは視界を限定し、顔の表情、手のひきつり、小さな物体などだけを見せることができる。演劇では、演出家は様々な手法を用いて観客の注意を特定の人物や物体に集中させようとするが、――アクティング・エリア全域が常に見えており、クローズアップは無理であるから

――観客は別のものを見ることができる。生の上演中においておそらくもっとも重要なのは、演者と観客の間に途切れることのない交流がある点である。例えば、場面進行のテンポは観客の反応に影響を与え、反対に、観客の反応は演者のテンポを刺激するかもしれない。こういった相互作用のために、上演は一回ごとに多くの細部が異なることになる。観客はつまり、演劇においては映画やテレビよりも格段に積極的な役割を果たすわけである。結局のところ、電子メディアと演劇では、観客の心理的反応に重大な違いがあるということだ。電子メディアは出来事の映像を見せるのに対し、演劇は実際の出来事を観客がいるその場で実行するのだ。この相違は演劇の独特な特徴のひとつを前面に押し出す。すなわち、生きている俳優と観客の同時存在である。映画はまた、演劇よりも融通がきかない。映画は通常、場面設定と物語の展開のあらゆる細部を見せようとするが、一方演劇は、見せられないものを観客が想像力で補うことを求める。演劇は想像力を刺激するのに対し、映画は想像力を鈍化すると非難する批評家もいる。

こういった特質――実物とそっくりであること、はかなさ、客観性、複雑さ、そして臨場性――が、演劇の弱点と強みの両方を明らかにするのである。

芸術と価値

芸術は生の質を高める能力ゆえに価値がある――愉しみをもたらし、知覚を磨き、他者や周囲に対する感受性を高め、倫理・社会的関心事のほうが物質的目的に優先すべきだと示唆することによって。全ての芸術の中で、演劇はおそらく人間性を豊かにする力として最大の可能性を持つ。演劇というものの大部分は、見る者に対して、他者の人生に想像力を持って入り込み彼らの野心や動機を理解することを求めるからだ。(日常生活であれ、劇場内であれ)ロールプレイを通して、人は自分自身が何者であるかということを理解するようになり、他者に対して、人との関わりの中で自身を見る助けとなる。おそらくもっとも重要なこととして、民族その他の多様な集団間の暴力と緊張が高まる一方の世界において、他者を人間として理解し共感できるということの価値はいくら高く評価しても足りない。暴力とは他者を人間と見なさないことだからである。つまり他者の希望、目標そして苦しみなどをもはや考えることがなくなり、他者を、操るべき物体、あるいは八つ当たりの対象として扱うことだ。(感情的、想像的、知的に)人間であることがどういうことかをもっとも広い意味合いにおいて体験することは、教育と人生の両方の第一の目標であるべきだ。

演劇はまた、文化的表現の一形態としても価値がある。どの文化も何らかの形で演劇的表現を持ち、その性質や受容の度合いから、その社会について多くを知ることができる。ギリシャ悲劇と喜劇、そしてそれらが上演された状況は、演劇を芸術表現の最高の形態と見なした文化について多くを明かしてくれる。古代ローマの演劇活動はギリシャよりも広範におよび多彩だったが、マイム、馬車競争、剣闘士競技、動物いじめのような娯楽を好んだ。これらはローマがポピュラー・カルチャーの形態をギリシャよりも高く評価したということを強く示す。どの文化においても、その娯楽形式の幅、敬意の対象となる度合い、相対的な人気といったものを細かく調べることで、その文化についての洞察を得ることができる。また、その文化が演劇に与える評価も、気晴らし、レクリエーション、あるいは芸術表現を提供する演劇の可能性をどの程度重要視しているか調べることによって測ることができる。

人は、芸術を人生において必要不可欠と考えることはほとんどないが、音楽、舞踊、ドラマ（演劇でも、テレビでも、映画でも）、あるいはあらゆる種類の視覚芸術のない人生を想像してみてほしい。これらがなければ、人間の生活の質は大きく損なわれてしまう。それでも、金銭的な圧迫が発生すると、芸術は失っても構わない「無用な飾り」として取り除いてもよいと思う人々がいる。また、芸術は医学や工学のような具体的な利益を生み出さないために、その価値を尊重しない人々もいる。こういった理由から、一握りの芸術家が膨大な富と名声を得るのに対して、多くは生計を立てるのが困難なのである。親たちは通常子どもたちに、特に大人に近づくととりわけ、芸術が職業に相応しいものという考えを思いとどまらせようとする。こういう態度ゆえに、アメリカ人の成人の中には、芸術に対する指向があっても抑圧してしまう人がある。そのため、彼らは世界と自分自身を知るもっともよい方法のひとつから切り離され、あるいは一部しか利用できないことになる。

多重知性理論と芸術

芸術の価値を低く評価する姿勢は、（部分的には）知性の本質に関する教育者や一般大衆の理解不足の副産物かもしれない。人間の知性はIQテストで計測可能な、非常に狭い範囲内におさまる能力と長くとらえられてきた。教育が育成にもっとも力を入れてきた二つの能力群は、言語／言葉の能力と、論理／数学の能力であり、この二領域における成果や能力が、もっとも広く実施される共通テストで検査の対象となっている。実際、教育システムの有効性は、学生が共通テストでどれほどよい結果を出すかということで判断されることが多い。しかし、心理学者は、知性には多くの種類があると断定している。ハーバード大学教授のハワード・ガードナー（一九四三－）は、言語（言葉）と論理（数学）以外に、六種類の知性があるとする。

- ・音楽――メロディ、リズム、ピッチ、トーンに対する感度
- ・空間――空間関係を脳裏に描き、操作する能力
- ・身体的運動感覚――身体を用い、物体を扱う能力
- ・人間関係――他者および人と人の関係を理解する能力
- ・内面――自分自身の感情を自分および他者を理解する際の鍵として使う能力
- ・自然――自然界に対する感度と、自然界と調和する感度

ガードナーが正しいとするならば、教育の多くが人間の知性と可能性の重要な側面を育ててこなかったということになる。これらのほとんどが、ひとつあるいはそれ以上の芸術――とりわけ音楽、舞踊、視覚芸術そして演劇――と関わりがある。教育と社会が人間のあらゆる知性を刺激し育てるものならば、その過程における芸術の可能性と社会における芸術の価値は、より十分に認識し促進されるべきである。

本書の目的のひとつは、演劇の価値を確認することである。以降の章では、演劇の様々な側面の概説を示すことによって、演劇の理解・評価を認識し促進することをめざす。含まれる事項は次のようなものである。脚本はいかに構成されているか、過去から現在における演劇的体験の様々な種類、こんにちの演劇の機能、演劇の芸術家は、入手可能な素材と技術をどのように利用しているか[4]。これら全てを総合することで、演劇、そして演劇の文化における役割に対して、知識と感性を持った反応を可能にする基礎ができるだろう。

訳注

（1）play は名詞では「戯曲」の意味を持ち、また、動詞では「（役を）演じる」の意味を持つ。
（2）Samuel Taylor Coleridge 英国のロマン派詩人。

（3）見た目だけの、内容のない作品。
（4）12頁の注1に同じ。

第二部　様々な演劇体験編

人類はおそらく、何千年もの間、何らかの形式の演劇的活動を行なってきたと考えられるが、現存する記録は二五〇〇年前までしか遡ることができない。こんにちの演劇は、現在の社会的、政治的、経済的、文化的状態を映し出す。しかし、あらゆる可能性を正しく理解するには、演劇の様々な現れ方とその変貌の歴史を知っていなければならない。演劇がまとってきた多様な形式に関する知識は、現在と未来の演劇を新しくする可能性を示す役にも立とう。創造的芸術家は、過去の形式を繰り返すのではなく、それに代わる可能性を模索することで過去の形式を作り直していくものだからだ。

演劇では、過去を知ることとは別の理由からも重要である。過去の作品の中には、今も定期的に上演されるものがある。こういった芝居はそれぞれが特有の演劇構造、一連の演劇的表現方法、観客を想定して執筆されている。それぞれは、また、その作品が生まれた文化的前提や価値観を映し出している。戯曲は時と場所の条件を超越するものかもしれないが（そうでなければ、こんにちの観客と意思の疎通はできない）、その戯曲が誕生した文脈においてこそ、おそらくもっとも完全に理解することができるだろう。そういう戯曲は、特定の文脈に特有であると同時に、人間の経験という非常に広大な文脈において観客に語りかけることができる普遍性も持ち合わせている。

以後の章において、演劇体験の代表的な種類について説明する。ここに示すものは演劇の発展の包括的な概説ではなく、もっとも主要な時代について触れる。総合すれば、こんにちの演劇を導いた演劇の進化をよりよく理解する役に立つだろう。

第二章　祝祭の演劇――ギリシャ、ローマ、中世の演劇体験

西洋演劇は、誕生から二〇〇〇年の間、現在の職業・商業演劇とは著しく異なっていた。一六世紀まで、西洋世界の演劇は主に祭典の一部として上演された。共同体から資金を得て、共同体のために上演されるもので、毎年ごく短期間に限って上演された。それは特定の神への捧げ物であり、同時に一般大衆の楽しみのための上演だった。この種の演劇は、古代ギリシャ、ローマ、中世ヨーロッパにおいて盛んだったが、それぞれの相違点は共通点と同等に重要である。

古代ギリシャ演劇

西洋世界の演劇は古代ギリシャ、特に、西洋文明のゆりかごといわれるアテネに遡ることができる。アテネ人は民主主義を考案した。しかしギリシャ人は、あらゆる人が平等だとは考えなかった。経済は奴隷労働に依存し、女性は政情に関わる発言権を持たなかった。

ギリシャ人は、幸福は人間と超自然の力との調和に依存するもので、その調和はたやすく壊れると信じた。ギリシャ悲劇は、人間が運命や神々の意思を逃れようとした結果を描くことが多い。当

初から、ギリシャ劇は、ギリシャ人が崇拝した神々の一人ディオニュソスを褒め称える祝祭においてのみ上演された。ギリシャ人は神々を本質的に不死の人間だととらえていた。神はそれぞれ、限られた活動範囲内において力を持ち、人間同様、欠点も数多くあった。彼らは互いに対して嫉妬深く、言い争い、無礼な目にあうと報復し、人間同士の口論にも神々の口論にも加わり、しょっちゅう不義の行為にふけり、概して、人間の生活を予測不可能なものにした。ギリシャ人はサバス(1)のような聖日を祝うことはなかったが、年間を通じて宗教的祝祭があり、その一回か二回ずつを一人ひとりの神に捧げた。

ディオニュソスを称えるために芝居が上演されたが、そのディオニュソスとはぶどう酒（ギリシャの主産物のひとつ）と豊穣の神である。人間と土地の両方の確かな豊穣を願って、人々はディオニュソスの祝福を求めた。ゼウス（ギリシャの神々の中で最高位）とセメル（人間）の子どもであるディオニュソスは殺され（ゼウスの嫉妬深い妻ヘラの命を受けたと伝えられる）、手足をバラバラに切り離され、復活し、神となった。ディオニュソスにまつわる神話は、生のサイクル（誕生、成長、衰弱、死、そして再生）と、季節の変化（夏、秋、冬、そしてとりわけ、復活と豊穣の回帰の季節である春）と緊密な関わりを持つ。ぶどう酒と饗宴の神として、ディオニュソスは非理性的な力とも結びつけられる。

紀元前五世紀になる頃には、アテネは毎年四回ディオニュソスを称える祭を開いていた。演劇の上演はそのうち三回の祭で奉納された。他の神々のための祝祭では芝居の上演はなかった。アテネでの重要なディオニュソス祝祭はディオニューシア祭である。三月末、数日間にわたって開かれたこの祝祭は、一年のうちのもっとも重要な行事のひとつで、アテネの富と力を示す大規模な機会であった。この祝祭は、筆頭執政官の監督の元に、宗教と市民のために開かれた祝典である。演劇の上演は、今日とは根本的に異なるとらえ方をされていた。演劇の上演は都市から神への捧げ物だったのである。それと同時に市民の誇りの現れでもあった。すなわち、ようやく後年になって劇場が発展していったギリシャの他の都市国家よりも、アテネが文化的優位を持つ印だったのである。（最終的には、現在のトルコ、レバノン、シリア、イスラエル、イタリア南部などの地域を含む地中海東部全域に劇場ができた。）

アテネにおける演劇的行事の最初の記録は、最優秀悲劇を決める競技会が紀元前五三四年に確立したというものである。悲劇という形式もアテネから誕生した。最初の勝者はテスピスという最古の劇作家兼俳優で、その名は現代まで伝わっている。テスピスという名から「セスピアン(2)」という語が生まれ、現在でも俳優を指す際に用いられる。紀元前五世紀の間、毎回のディオニューシア祭において三人の悲劇作家が競ったが、劇作家一人が三本の悲劇と一本のサチュロス劇、合わせて四本の芝居を上演した。

「サチュロス劇」は短く、コミカルなものである。通常は、サチュロス（半分人間で半分ヤギの存在）のコロスを使ってギリシャ神話を冗談の種にしてからかうもので、悲劇の後に上演された。一回のディオニューシア祭で九本の悲劇が制作されたので、五世紀の間には総計九〇〇作品が生み出されたわけである。その中で現存するのは三二本に過ぎず、その全てが三人の劇作家の手によるものである。アイスキュロス（前五二三－四五六）、ソフォクレス（前四九六－四〇六）、エウリピデス

（前四八〇－四〇六）である。彼らは世界最高の劇作家の地位を占める。

現存する悲劇の中でもっとも数多く上演される作品には、アイスキュロスの『オレステイア（*Oresteia*）』（紀元前四五八）、ソフォクレスの『アンティゴネー（*Antigone*）』（紀元前四四一年頃）と『オイディプス王（*Oedipus Rex*）』（紀元前四三〇－四二五年頃）、エウリピデスの『メディア（*Medea*）』（紀元前四三一）、『トロイアの女たち（*The Trojan Women*）』（前四一五）、『バッコスの信女（*The Bacchae*）』（紀元前四〇五）などがある。『オイディプス王』とその上演について詳しく見る前に、劇場建築の特徴と、演出に影響を及ぼした表現方法について調べることにする。

コラム　社会と芸術&文化

◇古代エジプトにおける上演

ギリシャ人がアテネで最初のディオニューシア祭を開くよりはるか以前に、エジプトで演劇上演が行われていたかもしれない。エジプトでもっとも神聖な場所アビュドスで、紀元前二五〇〇年頃から五五〇年頃まで、エジプトの神オシリスの神話にまつわる行事が毎年行われていた。しかし、これが儀式であったのか、演劇の上演だったのか、あるいはその混合だったのかについては定かではない。

神話によれば、ゲブ（地球）とヌト（空）の息子であるオシリスは、父の跡を継いで支配者となり、妹イシスと結婚した。オシリスの弟セトはオシリスの力を妬んだ。セトはオシリスを殺害して遺体をバラバラにし、エジプト中に埋めた。しかしイシスが遺体の断片を見つけ出し、オシリスは蘇った。オシリスは冥界に降りてそこに暮らし、霊魂の審判となった。オシリスの体はアビュドスに埋葬され、オシリスの息子ホルスがセトを倒して父の王国を取り戻した。これはエジプト神話の中でもっとも敬われている物語である。オシリスは、生命の源ナイル川（水）、豊穣、永遠の命と結びつけられている。

この神話にまつわる戯曲（古代エジプトに遡るもの）のテキストは現存しない。この行事について学者たちが把握している事柄の大部分は、参加者の一人イクハーノフレという人物が紀元前一八六八年（頃）に石に刻んだ記述からの推測である。しかし、イクハーノフレの記録の解釈については、学者の統一見解はない。

学者の中には、オシリスの人生の大きな出来事のそれぞれが、二週間から数ヶ月におよぶ期間にわたって、様々な場所で一大スペクタクルとともに再現されたのだとする人々がいる。イクハーノフレの記録には、船の帆走、戦闘、行列、葬儀が述べられている。この学者たちは、主要な役は神官が担うかたわら、群衆の登場が求められる際には観客が群衆となって参加したと言う。この説が正しければ、おそらく史上もっとも壮観な祝祭演劇の形式だったであろう。

学者のなかには、また、オシリスの生や死が再現された証拠はないとする人々もいる。彼らはこの行事を、オシリスによって象徴される全ての亡きファラオを記念する行事であり、したがってつまるところ王家の葬儀としての性質を持つものだと考える。この行事が記念であって再現ではないとする学者たちは、エジプトの儀式を中世のキリスト受難劇と同一視することは、様々な相違や証拠の乏しさを考慮に入れぬままひとつの文化を別の文化に投影することだと論じる。

「上演」と見なされ得る事柄の多さを考えるなら、アビュドスの行事が儀式か演劇かという論争は今後も続くであろう。

ディオニュソス劇場

芝居が上演されたのは、アテネのアクロポリス（パルテノン、アテネ国庫、その他アテネ存続に必須と考えられた建築群を含む、要塞化した地区）のすぐ下の丘の斜面にあるディオニュソス劇場である。劇場が位置する場所は、ディオニュソス信仰に捧げる神殿と巨大屋外祭壇と同じ敷地内である。元来は、斜面（座席のない状態）が「テアトロン」（シアター（theatre）の語源で、「見る場所」の意味）の役割を果たした。斜面の下の平坦な台地は「オーケストラ」[3]（踊る場所）の役割を持ち、その中央にディオニュソスに奉る祭壇（シメレー）が置かれた。

アテネ人は徐々にこの配置を常設の構造に移行し、石の座席を配したスタジアム風の半円状観客席を作り、丘の斜面を上がりアクロポリスの擁壁にまで届く構造とした。石造の劇場構造が完全に完成するには、前四世紀末まで待たなければならなかった。収容人数は一万四〇〇〇から一万七〇〇〇人で、直径およそ六五フィートの円形オーケストラのほぼ半分ほどを座席が取り巻いていた。オーケストラは、特にコロスの上演スペースとして使用された。観客から見てオーケストラの向こう側にはスケーネ（「小屋」あるいは「テント」の意味。「シーン（scene）」の語源）があった。この用語は、本来の構造物が、俳優が退場したり衣裳を替えたりするための場所として用いられていたことを示唆している。物語の展開の背景として利用できることがわかると、スケーネは全長七五から百フィートの、おそらく二階建ての立派な建造物へと変貌した。スケーネには三つのドアが備わっていたと推測されている。中央の大きな扉口の両側にそれより小さい扉を配置し、その全てがアクティング・エリア[4]に通じていた。この構造物の屋根は高所をあらわすアクティング・エリアとして、あるいは神々の登場のために使うこともできた。スケーネは観客席とは建築構造上つながってはいなかった。スケーネと観客席の間の両側のスペース（パロドイと呼ばれる）は、演者（特にコロス）の登退場や、おそらく上演前後には観客の出入りに用いられた。本来のスケーネはとうの昔に失われてしまっているので、どのような姿だったか正確には誰もわからない。

　スケーネあるいはシーン・ハウス（後年のシェイクスピアの劇場にあるような部分）は、おそらくあらゆる芝居向け——森、海岸、洞窟のような場面に設定された芝居であっても——の、劇場構造部

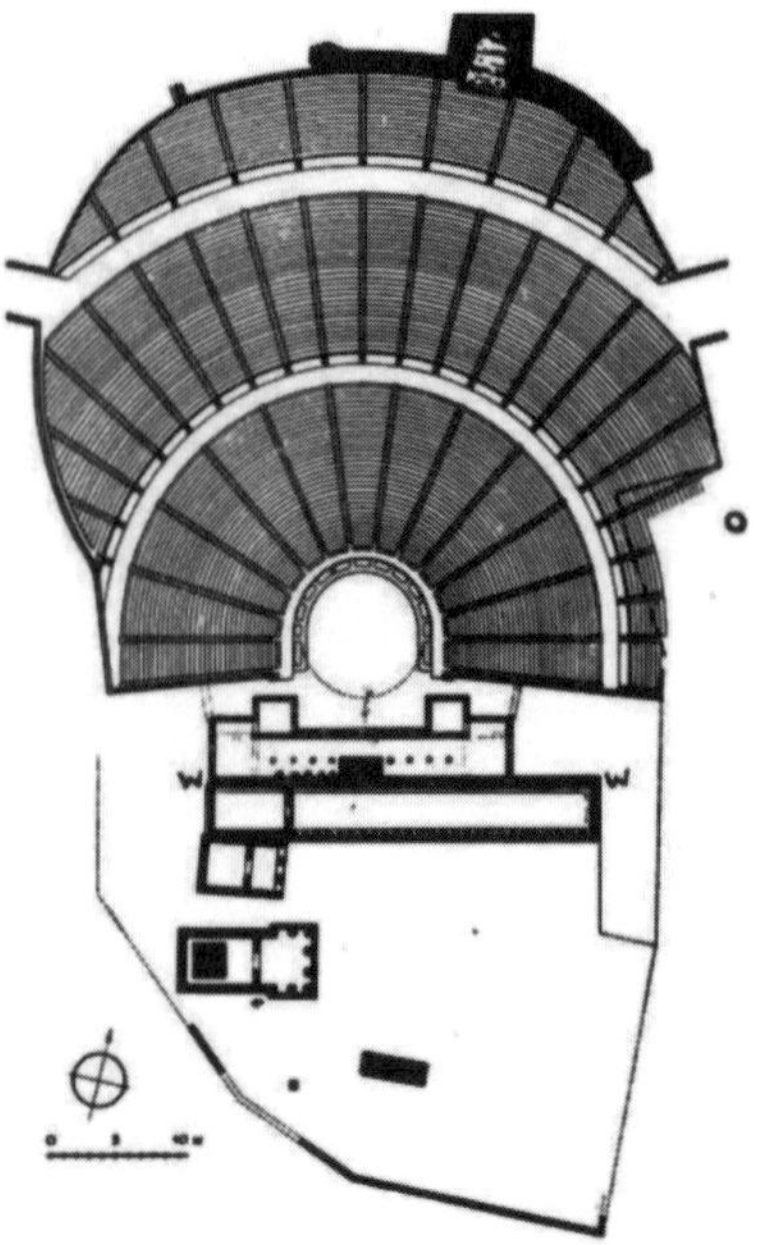

アテネにあるディオニュソス崇拝に用いられた場所の平面図。図の下部が神殿と祭壇、上部が劇場。円形の部分（オーケストラ）のすぐ下に、長方形の構造物（スケーネあるいはシーン・ハウス）と通路（パロドイ）がある。パロドイは、観客席とスケーネの両端の間にあってコロスなどの登場に用いた。

出典：Dorpfeld-Reisch, *Das Griechiesche Theatre*, 1896

分を使った様式的背景として用いられたと考えられる。この慣習はつまり、具象的な舞台装置ではなく、おそらくセリフが芝居の舞台となる場所を定めたということを意味する。ギリシャ劇の物語が展開したのは通常屋外であったが、時に、屋内で起きた出来事の結末が示されることがある。そのほとんどは、舞台外で殺された人物の遺体（人形）が登場する場面である。遺体を見せるために、中央の出入り口が開き、車輪付きの演台（エッキュクレマ）が押し出される。ギリシャ演劇では、神も当たり前に登場する。屋根が使われることもあるが、多くの芝居では神は地表の高さにまで吊り下げられるか、オーケストラから屋根の高さまで吊り上げられる必要がある。そのために、クレーン様の装置（マキナ）が用いられた。（ややこしい劇的状況の解決策として神々を使用しすぎたため、不自然な結末には「デウス・エクス・マキナ」（機械仕掛けの神）というレッテルが貼られることになった。）おそらく、ギリシャ演劇の非具象的な表現方法をもっともよく示すのは、マキナであろう。マキナの支点アーム、ロープ、滑車は観客から見えたからである。マキナは人を騙すのが目的だったのではなく、飛翔を思わせるために使われたと考えられる。飛翔という力は神が持ち、人間には許されないものだからだ（神々から特別な力を与えられたごく数名を除いて）。

現代の視点から見ると、ディオニュソス劇場についてもっとも異例なのはその大きさである。こんにちでは、たった三〇〇〇人収容の劇場でも、視聴が難しいため演劇にはほぼ使用不可能と考えられている。現代の観客は写実的な視覚効果と演技を求めることが多く、映画やテレビのスクリーンで見る時のようにあらゆる細部を見ることができないと、ごまかされたと感じるかもしれない。当然ながら、ギリシャ人が期待したものは、彼らが作り上げ受け入れていた表現方法を見れば明らかなように、現代とは異なる。こんにちの構造物でギリシャの劇場にもっとも似通ったものは、スポーツ競技場だろう。

演者

ギリシャ演劇の演者は四種類に分類できるだろう。俳優、コロス、エキストラ、音楽家である。いずれも男性だった。

『オイディプス王』が上演された前四三〇年頃には、競技会の規則では、セリフのある俳優（コロスを除く）の人数は、一人の作家につき三名と限定されていた。この規則は、役の人数を三人と限定するものではなかった。セリフのある役の全てを、三人の俳優が演じなければならなかったということで、それはつまり、同じ俳優が複数の役を演じなければならず、また、同じ三名の俳優が、一人の劇作家が出品する三本の悲劇全てに出演したということである。エキストラを使用してもよかったが、セリフを言うことは許されなかった。この習慣はおそらく競技会の公平性を保つために発展したと考えられる。主演役者はくじ引きで劇作家に割り当てられた。また、通常は劇作家が自作を演出した。おそらく劇作家と主演俳優が、残りの二人の俳優を選んだと思われる。毎回の祝祭ごとに、最優秀悲劇俳優に賞が与えられたが、賞の対象となるのは主演俳優のみだった。

悲劇のコロスは、時とともに変化するが、一般的な見方では一五人の男性からなっていた。ディオニューシア祭に作品の出品を希望する劇作家は、筆頭執政官にコロスの使用申請を行わなければならない。この執政官がどのようにしてコロス使用許可を与える劇作家を選んだのかはわかっていないが、コロス使用を許可されたということが、その劇作家が競技会出場を許可された印だったことは明らかである。この執政官はまた、劇作家とコレゴスの組み合わせを行った。コレゴスとは裕福な市民で、ペアとなった劇作家のコロスの訓練と衣裳の経費、また、コロスの訓練と上演時の伴奏を担当する音楽家の経費を負担した。アテネの裕福な市民は交代でコレゴスを勤める義務があり、ほとんどの場合進んで引き受けたようである。つまり、国家と一握りの裕福な市民が制作資金をまかなったわけである。最優秀作品賞を受賞した場合、劇作家とその担当コレゴスは賞を分け合った。賞に何が含まれていたかは不明である。金銭が含まれていたかもしれないが、勝利の名誉が何より肝心だったようだ。こんにち、オスカー賞やオリンピックのメダルを獲得するのとちょうど同じであろう。

コロスは、祝祭のほぼ一一ヶ月前に割り当てられた。訓練にどれだけの時間が費やされたかは不明だが、こんにちのアスリート訓練に似通ったルーティンだったようである。運動と食事は管理され、コロスは指導者の厳しく過酷な監督のもとで鍛えた。一五人のメンバー全員がコロスの節を歌いかつ踊ったので、歌唱と舞踊に相当な重点が置かれた。このように、コロスの訓練の大部分はオペラ歌手やダンサーの訓練と似ていた。通常、彼らはユニゾンで演じたが、時に七名からなる準コロスとなることもあった。コロスのリーダーはソロのセリフを受け持つこともあったが、コロスの他のメンバーは通常はグループとして応答したり、二つの小グループに分かれて交互に演じたり応答したりした。

コロスはギリシャ演劇の顕著な伝統的表現方法のひとつである。通常コロスはプロローグの後に登場し、それ以後芝居の最後まで舞台上に出たままである。エピソードの合間に頌歌（オード）の合唱をはさみ、劇を現代の芝居でいう幕のような部分に分割した。コロスはギリシャ劇でいくつかの役割を果たした。

・集合体の人格を形成し、意見を述べたり、助言をしたり、時には物語の展開を妨げると脅す
・しばしば、作者の視点を表し、人物の行為を裁く基準を定めるように見える
・多くの場合、理想的観客の役目を務めた。出来事や人物に対して作家が観客に望む反応を示した
・雰囲気を作り、劇的効果を高める手助けをした
・幕間の合唱を歌い踊ることによって、色彩、動き、スペクタクルを加えた

ギリシャ悲劇の主たる伴奏はフルート奏者が提供した。フルート奏者はコロスに先立って登場し、その後、（コロス同様）全編にわたって舞台上に残った。つまり、現代の多くのプロダクションと違って、音楽の伴奏は舞台外の離れたところではなく、観客から見えるところにあったわけだ。フルート奏者は拍子をとるために底にクラッパー（鳴子）をつけたサンダルを履いた。打楽器奏者もフルート奏者も、演奏する楽曲を自作したと思われる。

ギリシャ演劇の上演には音楽が多く用いられたが、現存するものはほぼ皆無である。ギリシャ劇

の台本には、特定の節が伴奏付きで歌われたのか、朗読されたのか指示がない。（ギリシャ悲劇の音楽と言葉を当時同様に結び合わせる試みが、一六世紀後半から一七世紀初頭のイタリアでオペラを産んだ。）ギリシャ音楽には非常に様々な旋法があり、それぞれが特定のテーマや感情にふさわしいとされる音調の質を持っていた。おそらく、西ヨーロッパやアメリカよりも、中東の伝統音楽の音により近かったと思われる。ギリシャ演劇では、音楽は物語の展開の雰囲気や感情を強めるという点で、映画音楽と共通点が多いといえる。

音楽家を除く演者全員が、軽量の木材、コルク、リネンで作られた仮面をつけた。ギリシャ演劇独特の伝統的表現法のひとつである仮面は、次のような目的を果たした。

・三人の俳優が全ての役を演じなければならないため、役の迅速な入れ替わりを容易にした

ギリシャ演劇では、全ての俳優とコロスのメンバーが仮面をつけた。仮面は、傷みやすいリネン、コルク、あるいは軽量の木材で作られたため、実際の仮面はひとつも現存しない。しかし、ここにあるような石の彫刻は数多く残っており、仮面の様々な容貌の視覚的証拠となっている。

・男性演者が女役を演じることを容易にした
・年齢や役柄のタイプが大きく異なる役を演じ分けるのに役立った
・それぞれの人物の本質的な資質をとらえて強調することにより、大劇場での上演においてコミュニケーションを助けた

仮面はいずれも頭部全体を覆い、ふさわしい髪や髪飾りを備えていたので、俳優は仮面を交換することで即座に外見を変えることができた。

演出用に、様々な衣服が用いられた。ぴっしり刺繍を施した長袖チュニックを着た人物がいる一方で、戯曲中には、ボロをまとった人物、喪に服す人物、ギリシャの衣服を着た人物、外国の衣服を着た人物などが登場するため、全ての人物が似たような服装だったとは考えにくい。衣裳の選択は、役にふさわしいかどうかで判断されたと思われる。刺繍を施した袖付きチュニックはギリシャ人の普段着ではなかったため、超自然的存在あるいは非ギリシャ人用として特別に扱われ、一方、ギリシャ人にはギリシャの衣類が用いられたと考えられる。ギリシャ人の普段着は足首までの長さあるいは膝丈のキトンと呼ばれる衣服だった。悲劇俳優は、当時一般的だった柔らかくて柔軟性のあるハイトップのブーツを履いた。

こういった伝統的表現法は、ギリシャ演劇の上演が極めて様式的だったことを示唆している。

・演者が集団になってコロスを作った

・一人の俳優が、同じ芝居の中で複数の役を演じることが多かった
・男性が、男性と女性の両方の役を演じた
・演者は、仮面と演じる人物にふさわしい衣服を着けた
・演者は、台本の多くを歌い、詠唱し、踊った
・劇場の規模は大きく、細部を見ることはできなかった

全体的に、現在とは相当異なる上演方法だったということである。ギリシャ人がこの方式に満足していたということは、次の単純な真実を強調する。どのような集団の場合でも、効果的な演劇的上演として受け入れるか否かの判断を大きく左右するのは、特定の伝統的表現法とその表現方法を実践する技術に対して、その集団がどれほどなじんでいて受け入れているか、という点である。

コラム　実践者と理論家

◇ギリシャ悲劇の劇作家

こんにちまで作品が残る悲劇作家はアイスキュロス、ソフォクレス、エウリピデスのみである。アイスキュロス（前五二三－四五六）はアテネの貴族で、ペルシア戦争で名をあげ、およそ八〇本の芝居を書いたが、その中で現存するのは七本である。『ペルシャ人（*The Persians*）』（前四七二）、『テーバイ攻めの七将（*Seven Against Thebes*）』（前四六七）、『救いを求める女たち（*The Suppliants*）』（前四六三頃）、『縛られたプロメテウス（*Prometheus Bound*）』（不明）、『オレステイア』（前四五八『アガメムノン（*Agamemnon*）』『供養する女たち（*The Libation Bearers*）』『慈しみの女神たち（*The Eumenides*）』の三部作）である。現存するアイスキュロスの全作品が、哲学的問題を扱う三部作（ひとつの物語あるいはテーマをもとにする三本の芝居）の一部だと考える学者もいる。例えば『オレステイア』は、私的な復讐に代わって国家による非個人的審判が下されるようになる、正義という概念の進化を描く。アイスキュロスの芝居は現存する最古の作品であり、ソフォクレスの作品ほど洗練されていないが、英雄的人物が大きな哲学的問題と格闘する姿を描く。

ソフォクレス（前四九六－四〇六）は裕福な出自で、教養があり美男子で、人気があった。一時、アテネの最高位公選職である一〇名の将軍の一人を勤めた。ソフォクレスは一二〇以上の脚本を執筆し、競技会では二四回優勝した。この記録を上回るギリシャ劇作家はいない。現存するのは七作品のみである。『アイアース（*Ajax*）』（前四五〇－四四〇頃）、『アンティゴネー』（前四四一頃）、『オイディプス王』（前四三〇－四二五頃）、『エレクトラ（*Electra*）』（前四一八－四一〇頃）、『トラキスの女たち（*Trachiniae*）』（前四一三頃）、『ピロクテーテース（*Philoctetes*）』（前四〇九）、『コローノスのオイディプス（*Oedipus at Colonus*）』（前四〇六）である。ソフォクレスが最後の作品『コローノスのオイディプス』を書いたのは九〇歳近くの時で、上演されたのは死去の翌年のことである。世界最高の劇作家の一人というソフォクレスの名声は、生前から現在まで続く。その理由は、優れて巧みな劇的構造、感動的な物語、複雑な人物造形、美しい詩、そして普遍的なテーマにあると考えられる。

エウリピデス（前四八〇－四〇六）は、ギリシャ悲劇の偉大なる作家に名を連ねる最後の人物で、およそ九〇作品を書いた。そのうち一八作が現存する。（一八作には含まれていない悲劇『レソス（*Rhesus*）』（不明）もエウリピデス作とされることがある。）エウリピデスのもっとも有名な作品は、『アルケスティス（*Alcestis*）』（前四三八）、『メディア』（前四三一）、『ヒッポリュトス（*Hippolytus*）』（前四二八）、『トロイアの女たち』（前四一五）、『エレクトラ（*Electra*）』（前四二〇頃）、『バッコスの信女』（前四〇五）、『アウリスのイピゲネイア（*Iphigenia at Aulis*）』（前四〇五）である。エウリピデスは、全編が現存する唯一のサチュロス劇『キュクロプス（*Cyclops*）』（不明）の作者でもある。エウリピデスはアテネ人のものの考えや習慣の多くに異議を唱えたため、生前はほとんど栄誉を授かることはなかったが、のちにもっとも人気の高い悲劇作家となった。舞台にのせるにはふさわしくないと見なされたテーマ（例えば、メディアが自分の子を殺したり、パイドラーが義理の息子に恋したりというような）について書いたために非難されることが多く、また、神の正義感を疑問視したため嫌われた。［紀元前〕五世紀末に執筆活動をしたエウリピデスは、〔紀元前〕五世紀初頭にアイスキュロスが支持した価値観の多くに対して疑問を投げかけたのである。

『オイディプス王』上演の実際

ディオニューシア祭には、五日間の上演日が含まれた。悲劇の他、喜劇とディテュランボス（五〇名の男性か少年のグループが歌い踊る、ディオニュソスに捧げる讃歌）があった。祝祭の終わりに賞の授与があった。『オイディプス王』は、このように相当大規模な祝祭という枠組みの中に組み込まれていた。

上演は全ての人に開かれていたが、観客は主に男性と少年だった。ただし、女性、子ども、さらには奴隷までもが鑑賞していたと示唆する記録もある。役人たちが秩序を保つ責任を持ち、劇場内での暴力行為は死罪に値した。複数の芝居を上演するため、上演は何時間にも及んだ。観客は時に、やかましく芝居に反応したり、ブーイングして俳優を舞台から下ろしたりすることもあった。その場の雰囲気は、おそらく、宗教的祝祭と運動競技会が混ざりあったようだったと思われる。

開演はおそらく夜明け近かった。劇場には人工照明も、プロセニアム・アーチも、緞帳もなかった。観客席は丘の斜面に急勾配で作られ、そのため、ほとんどの観客がアクティング・エリアを見下ろすことができ、さらには舞台上の建物の向こうの平野を越えて海まで見渡せた。視覚的な背景の全体像は広大だった。

以下に、『オイディプス王』初演時の推定的な有り様を、要点をまとめて解説する。あらゆる年齢の人々からなる一群が嘆願のシンボルである木の枝を持ち、パロドイのひとつを通って登場すると、それが『オイディプス王』開演の印である。オイディプスは、仮面と床まで届くキトンを着けて、ステージ・ハウス（この芝居の場合、宮殿を表す）の中央扉を通って登場し、このところしばらくテーベを荒らしている疫病収束の手立てを求める嘆願を聞く。そこへ、クレオンがパロドスを通ってデルフォイから戻る――クレオンは疫病収束の方法を神託に求めるためにデルフォイに送られていたのである。嘆願者たちが去ると、可能な限り外見のそっくりな年長のテーベ人一五名からなるコロスが、フルート奏者の先導でオーケストラに整然と登場し、最初のコロスの歌を演じる。上演冒頭のこの様子からして、スペクタクル要素が全編を通して重要な役割を果たしたことがわかるだろう。

『オイディプス王』の構造の技の見事さを理解するには、この複雑な物語（実際はオイディプス誕生前の予言から始まる）の出来事を、ソフォクレスがどのような順序で展開するか見るとよい。芝居は、時の中を前後に同時に動き、その間、過去の出来事が発覚するたび現在のオイディプスは破滅に近づいていくのである。

ギリシャ悲劇の典型的な方法では、合唱部分をはさむことで、芝居をプロローグと五つのエピソードつまり場面に分ける。プロローグは主に提示に専念する。疫病がテーベを荒廃させている。クレオンがデルフォイから、前王ライオス殺害犯を見つけて罰すべしという命令の神託を携えて帰還し、オイディプスは命令に従うことを約束する。必要な全情報がこの非常に短い場面で示される。そして最初の重大な疑問――ライオス殺害犯は誰か？――が提起される。プロローグに続いてコロスが登場し、第一のコロスの歌で疫病からの救出を神に願う。

最初のエピソードは、ライオス殺しについて知っていることがある者は前に出でよというオイディプスの命令、そして殺害犯への呪いの宣言である。この宣言には大きな劇的パワーがある。なぜなら、オイディプスは知らずに自分自身に対して呪いを宣言しているからである。そこへ、盲目の預言者テイレシアスが登場する。テイレシアスは過去について答えることを拒み、オイディプスの怒りを買う。ここで初めて見せるオイディプスのこのような反応は、最初の四つのエピソードを通じてますます強くなっていく。芝居の後半で判明するように、オイディプスの短気がライオス殺しの原因なのである。テイレシアスが、真実は辛すぎて暴露できないとほのめかすと、オイディプスはそこに策略があるのではないかと疑う。非難の応酬が膠着状態となりこの場面は終わる。

興味深いのは、最初の四つのエピソードが現在の時点で前進するのに対し、エピソードの内容は時を遡っていくという点である。第一のエピソードは、過去の事情のうちオイディプスがテーベに到着する直前についてのみを明らかにする。続く合唱部分では前の場面について考えを巡らせ、おそらくソフォクレスが観客に感じさせたかった戸惑いを表現する。

第二エピソードは、第一エピソードの論理的展開である。クレオンが戻り、テイレシアスとともに陰謀を企んでいるというオイディプスの非難に抗弁する。王妃イオカステが口論を聞きつけてこの場面にやってくる。王妃とコロスはオイディプスに怒りをおさめるように説得する。この口論は、オイディプスが自身の正しさを完全に信じていることを描く。皮肉にも、イオカステがオイディプスをなだめようとすることで、オイディプスは初めて自分自身に対して疑惑の念を持ち始める。王妃は、神託を信じるべきではない、その証拠にライオスの死に方は予言通りではなかったと言う。しかしライオスがどのように殺害されたか説明するイオカステの言葉に、オイディプスはある男を殺した時の模様を思い出す。オイディプスはイオカステに、ライオスとともにいた者たちのうち唯一生き残った者を呼び出すように迫る。この場面は過去の探索を続ける。その中で、オイディプスは、コリントスでの暮らし、デルフォイの神託を訪ねたこと、そしてのちにライオスだったと判明する男を殺害したことを語る。続くコロスの歌は、神託が正しくなかったと証明されるなら、神々そのものを疑うべきだと締めくくる。

イオカステは神託に疑問を呈しはしたが、神々を信じているように見える。というのは、第三のエピソードの冒頭、彼女は神々へ供物を捧げているからである。その最中、コリントスからの使者がやってきて、オイディプスの父と思われているポリュボスの死の知らせを伝える。しかしこの知らせは誰しもの予想に反し、悲嘆を生むかわりに喜びで迎えられる。なぜなら、オイディプスが父を殺すという予言が誤りだと証明するように思えるからである。オイディプスはしかし、コリントスに戻ることを恐れる。神託はオイディプスが自分の母と結婚するとも予言したからである。オイディプスを安心させようと、使者は自分自身が幼児のオイディプスをポリュボスの元に連れて行ったのだと明かす。子どもが使者の元に来た時の状況を聞き、イオカステははっきりと真実を知る。この発見によりイオカステにとって全てが完全に逆転する。つまり、前の場面で彼女が疑念を抱いた神託が実は正しかったことが、ここで突然明らかになったのである。イオカステはオイディプスにこれ以上尋ねさせないように必死になるが、オイディプスは彼女の哀願を、自分の生まれが低いかもしれないと恐れたためと解釈する。イオカステは宮殿の中に入り、二度と出てこない。(イオカステを演じる俳優は、次の場面で羊飼いの役で登場する。)

この場面は、イオカステに真実をさらけ出して示すだけでなく、ライオス殺しからオイディプスの出生のほうに注目を向けさせる。場面はオイディプスの幼児期に戻るのである。続くコロスの歌は、オイディプスの出自について推測し、アポロとニンフが親ではないかという可能性をほのめかす。次の場面をより強力にするため、真実は意図的に遠ざけられる。

第四の場面は、羊飼い(ライオスが殺された時の一団の唯一の生存者であり、また、コリントスの使者が幼児を受け取った相手でもある)の登場で始まる。羊飼いは話したがらないが、オイディプスの召使いたちが無理に話をさせる。急速に進むこの場面では、物語の始まり(オイディプス出生)に焦点を当てながら、過去に起きた一切がクライマックスを迎える。観客は、オイディプスがライオスとイオカステの息子であること、オイディプスがライオスを殺したこと、そして、オイディプスが自分の母と結婚したことを知る。オイディプスが絶望と嫌悪の悲鳴をあげ、宮殿に駆け込むことでクライマックスを迎える。

最後のエピソードは二部に分かれる。使者が登場し、舞台外で起きたことを説明する。「使者の場面」は、ギリシャ劇には基本的に備わっているものだ。ギリシャ人の感受性は極度の暴力行為は通常舞台外でなされることを求めたため、こういう行為を語るために使者がしばしば登場した。暴力行為の結果(死者の遺体、あるいはこの場合、オイディプスが自らの手で盲目となったこと)のほうは、見せることがある。使者の場面に続いて、オイディプスは舞台に戻り、未来に向かう覚悟を決めようとする。

『オイディプス王』は、解決の場面が作中でもっとも長いという独特な構造を持つ。ソフォクレスはライオス殺害者発見にのみ関心を持っているのではない。なぜなら、長々とした最終場面では、次の疑問へと関心が向くからである。オイディプスは真実を知った今、どうするだろうか？この場面に至るまでこの芝居が注意を集中してきたのはテーベの統治者としてのオイディプスだったが、解決部では人として、父親としてのオイディプスが注目の中心になる。ここで、オイディプスはテーベの統治者ではなくなり、最下層の市民となるのである。

オイディプスが自らを盲目にする行為は彼の人格から生まれるが、それは真実味がある。オイディプスの真っ正直な性格と、倫理的憤激の強烈な感覚が、自分の目をピンで突いて自らを罰する行為の原因となったからである。意図的な罪を犯したわけではないが、オイディプスは行為それ自体（血縁殺しと近親相姦）があまりにも恐ろしく、知らなかったといって倫理的な汚名を拭い去れるものではないと考えている。この芝居の威力の一部は、あらゆる時代の人々が、父殺しと近親相姦を嫌悪の眼差しで見てきたという点にもとづく。本質的に善である人がこういう行為をしかねないということが、いっそう恐ろしさを強めるのである。

人物を描くにあたり、ソフォクレスは身体的な側面にはほとんど注意を向けていない。主人公たち——オイディプス、クレオン、イオカステ——は成人だが、ソフォクレスは彼らの年齢や外見についてはほとんど何も述べていないのだ。現代の読者を悩ませる要因のひとつにイオカステとオイディプスの年齢差があるが、ソフォクレスはそれには言及することさえない。オイディプスがスフィンクスの謎に答えた時、彼の褒美は王になることで、それは王妃イオカステとの結婚を条項として含んでいた。ソフォクレスは二人の結婚の適性を年齢差を根拠に問うことは一切ない。

人格造形を社会学的見地から見た時も、ソフォクレスはやはりほとんど何も示さない。オイディプス、クレオン、イオカステは共同でテーベを統治しているが、オイディプスが代表して権力を掌握している。職業の指定は、神官、預言者、羊飼い、召使いといったいくつかの役柄に用いられている。

つまり、通常は多数のリアリスティックな細部から人格造形をする近代演劇と異なり、『オイディプス王』は人々を大胆な筆遣いで描き出す。例えば、オイディプスの短気、傲慢、子どもたちへの愛、そして、自身の行いがはっきりと見えるとただちにその責任を果たそうとする意欲、といった資質は全てオイディプスを理解する役に立つ。イオカステの人格造形も同様に限定的である。イオカステはオイディプスを助け、安心させようと、また、クレオンとの間をとりなそうと、あるいはまた、オイディプスの探求が彼自身の破滅をもたらすと勘づくとオイディプスを引き止めようと努める。真実が明らかになった時イオカステは自殺する。観客は母としてのイオカステについては全く知らず、子どもたちの存在も彼女の死後になってようやく語られる。ソフォクレスの芝居では、人格造形において必要不可欠な特質以外は削ぎ落とされ、もっとも重点を置かれる特質は心理的、倫理的なものである。

セリフのある全ての役を三人の俳優で演じなければならなかった。どの俳優がどの役を演じたかを調べると様々なことが分かる。第一の俳優が全編にわたってオイディプスを演じた。オイディプスは全ての場面に登場するからである。第二の俳優はおそらくクレオンと、コリントスからの使者を演じただろう。第三の俳優は、おそらく神官、テイレシアス、イオカステ、羊飼い、そして第二の使者を演じたと思われる。第三の俳優にはもっとも広い演技の幅が求められ、第一の俳優にはもっとも強い個性が求められた。

セリフのある三名の俳優以外に大勢のエキストラが必要で、その多くが間違いなく複数の場面に登場した。例えば、プロローグに出てくる嘆願者の一団には子どもが含まれるが、そのうちの二人は後の場面でアンティゴネとイスメネとして登場したかもしれない。また嘆願者の中の何名かは、召使いや従者として登場しただろう。俳優たちの他に、一五人のコロスも必要である。『オイディプス王』のキャスト総数はおそらく三〇名に達したと思われる。

戯曲を読む際に時として難しいのは、非常に大勢の人間が参加し、また、非常に多くの視覚的・聴覚的な刺激が途切れなく続いていることを意識することだ。『オイディプス王』は、戯曲も上演も極めてパワフルだったため、古代ギリシャ演劇の中でももっとも称賛される作品のひとつとなった。そして現在でも、もっとも上演回数の多いギリシャ劇のひとつである。

『オイディプス王』はなぜ観客を惹きつけ続けてきたのだろうか？　巧みな構造や、近親相姦と父親殺しという道徳的タブーへの関心は、その魅力の一部である。さらに、本作品は普遍的な妥当性を持つテーマを展開させる。オイディプスが、もっとも高い名誉ある地位から社会的疎外者へ転落する姿は、人間の運命の不確かさを示してみせるのだ。これはもうひとつのテーマとも関連を持つ。つまり、人間が自身の運命を支配する力には限界があるということである。オイディプスは父を殺し母と結婚するという神託の予言を避けるために、できる限りの全ての手を講じたが、それがかえって知らずに神託の実現を招いてしまった。ここには、自身の運命を支配しようと求める人間と、運命を作っていく外的な力のコントラストが明瞭に描かれている。

オイディプスになぜ破滅が訪れるのか、芝居の中でどのような説明もされないことは大きな意味を持つ。人間は運命に服従しなければならないこと、また、運命を避けようともがけば、もつれがひどくなるだけだと暗示される。オイディプスの運命を誰が、あるいは何が定めたのか、登場人物の誰も尋ねない。神託の真実は認められるが、その目的ははっきりしない。この芝居は、神々が人々の運命を定めるのではなく、何が起きるかたんに予知し予言しただけと示していると解釈することもできる。そういう解釈によって力点の位置は変わるが、人間が、自らの手の及ばない何かの犠牲であるという構図と矛盾することではない。

コラム　昔と今

◇ギリシャ悲劇と現代の舞台

過去を見つめる時に学生がやりがちなのは、過去の芝居を過ぎ去った時代の遺物と見なし、現代という時代にとって臨場性を持たないテーマや流行遅れの表現方法のため退けてしまうことだ。しかし、世界のトップの演劇アーティストたちは、これらの過去の作品にインスピレーションを得て、現在でも通用するその妥当性を伝える方法を見出そうとしている。ギリシャ悲劇を現代の舞台で描き出したいくつかの例を通してその現象がはっきりわかる。

一九八一年ロンドンで、ピーター・ホールは国立劇場制作の『オレステイア』の演出でギリシャ演劇本来の演出方法の強力なインパクトを示した。この上演は、全員男性のキャスト、フルフェイスの仮面、様式的なコロスの動き、本来の作品で使われたものに近い音楽を用いた。このような元々の演出方法に忠実な上演はまれである。対照的に、多くの演出家は視覚的比喩を用いて、芝居の展開を現代的設定の中に移し替える。また、現在の状況を批評するために、ギリシャ悲劇のもとのストーリーを翻案する劇作家も多い。わけてもソフォクレスの『アンティゴネ』は、（特に）個人の自由と独裁者支配の格闘という現在まで続くテーマに焦点を当てるために、しばしば現代版が作られている。有名な例はジャン・アヌイによる翻案（一九四二年執筆、一九四四年上演）で、第二次世界大戦中のナチスによるフランス侵攻に対する抵抗の役目を果たした。

ギリシャ悲劇のもっとも印象的な劇的探索のひとつが、リー・ブルアーとボブ・テルソン執筆による『コロノスのゴスペル（*The Gospel at Colonus*）』（一九八三）である。『オイディプス王』『アンティゴネ』『コロノスのオイディプス』からのセリフを用い、ブルアーとテルソンはもとのギリシャ叙事的物語を現代の黒人ペンテコステ派教会の礼拝に移し替えた。ゴスペル音楽と、厳粛というよりも祝賀的な現代の宗教儀式を用いることで、本来のギリシャ悲劇の持つ宗教的・精神的な側面を、現代の観客にわかりやすく伝えている。主演はモーガン・フリーマンとブラインド・ボーイズ・オヴ・アラバマで、一九八五年ＰＢＳで放映された。音楽つきのこの芝居はアメリカ全土で上演され続けており、古い形式を現代の感覚に合わせて生き返らせることができる例を示した。

ギリシャ喜劇

悲劇とサチュロス劇の他に、アテネは独特な喜劇を生み出した。喜劇は、悲劇より五〇年ほど遅れてディオニュソス祭の正式な一部となった。喜劇はディオニューシア祭で悲劇とともに上演されたが、最終的には、別のディオニュソス祭であるレーナイア祭のほうがふさわしいとして喜劇の拠点となった。レーナイア祭は冬季に開かれたため外部の人々はほとんど参加せず、劇作家はアテネの出来事をより鋭い舌鋒で嘲ることができた。

毎年レーナイア祭で五人の劇作家が競ったが、出品するのは一人につき一作のみだった。喜劇の表現方法は悲劇とは大きく異なった。通常ギリシャ喜劇は社会や政治の時事問題、戦争と平和、あるいは作家が嫌っている人物や出来事などを扱った。時には風刺のための枠組みとして神話的題材を用いたが、通常は物語は自作だった。喜劇は二四名のコロスを使ったが、外見は必ずしも同じではなく、性別も同性というわけではなかった。コロスは普通の市民として描かれることもあるが、人間以外（鳥、スズメバチ、蛙、雲）のことが多い。男性の役の多くは、肉色のタイツの上に、ピチピチにきつくて短すぎるキトンを着け、身体の一部を露出することによる滑稽な効果を演出した。この効果を強調したのは、ほとんどの男性登場人物の衣裳に留めつけられた巨大な男根である。これはユーモアの源であるだけでなく、ディオニュソス祭の目的である豊穣の祝賀を始終思い出させるものでもあった。仮面もまた登場人物の滑稽な外見を作る役に立った。

古喜劇とは前四〇四年以前に書かれた喜劇を指す名だが、この分類に入る作品を書いた劇作家は多数いる。しかし現存するのは一一作のみで、全てアリストファネス（前四四八－三八〇）の手による。アリストファネスの芝居は、スラップスティック、ファンタジー、抒情詩、個人攻撃、文学および音楽のパロディ、そして、当時の時事問題に対する真面目な批評といったものを混ぜ合わせている。古喜劇のプロットは「嬉しい発想」（起こりそうにない前提）と、それを実践したことによる結果を中心に展開する。例えば、おそらくもっとも有名なギリシャ喜劇『女の平和（*Lysistrata*）』（前四一一）は、ギリシャの女性たちが、戦争終結のためにセックス・ストライキを行って成功するという話である。古喜劇にはいくつかの典型的な特徴がある。

・プロローグで嬉しい発想が提示される
・パロドス、つまりコロス登場
・アゴン　嬉しい発想の価値を議論し、採用が決まる
・パラバシス　コロスが観客に向けて語りかける部分で、もっとも多く登場するのは市政の問題や時事問題に関するアドバイス
・実践された嬉しい発想のエピソード群
・コモス　宴会と酒盛りに向けて退場

古喜劇の統一性は、微妙に関連しあう出来事にではなく、中心となる考えにある。場面と場面の

間に数日あるいは数週間が経過したと推定できる場合があるし、また、場所も頻繁に変わることがある。登場人物たちが直接観客に向かって、あるいは観客について批評をするため、舞台の幻想が破られることも多い。

前五世紀が終わると、ギリシャ劇は質が低下したが量は変化しなかった。前四世紀の間、特にアレクサンドロス大王が中東の大部分とエジプトを征服した後は、ギリシャの劇場が地中海東部全域に建設され、ディオニュソス神を称える以外の祝祭で芝居が上演されるようになっていった。中でも喜劇がもっとも大きな変化を遂げ、重要な政治的、芸術的、社会的問題を扱うことをやめ、日常の家庭生活における人間関係に関心を向けた。古喜劇（アリストファネスが書いたような作品）は、後継者である新喜劇より優れていると現在は考えられているが、最盛期が過ぎた後は古喜劇はほとんど影響力を持たなかった。新喜劇は、特にローマ人に乗っ取られ、適応され、拡張されていった後はパターンを確立し、現在にまで続く大衆喜劇のほとんどはそのパターンを倣うことになった。

ローマ演劇の体験

『オイディプス王』初演からほぼ二〇〇年後、ローマが一大勢力となり、最終的にはギリシャ、地中海東部全域、西ヨーロッパのほぼ全域、そして北アフリカを支配下に置いた。七〇〇年の間、ローマ人が広大な帝国に君臨したのである。

ギリシャ同様、演劇上演は宗教的祝祭の一部であったが、ローマでは複数の神々を称えた。こういった祝祭をローマ人はルディ（ludi＝「遊戯」）と呼んだ。ルディでは宗教儀式や捧げ物の他に、神を称えもてなすため、また同時に、ローマ人にとっての気晴らしとして（神々はローマ人と好みが同じだと考えられた）多くの活動が奉納された。そしてだんだんと、最大公約数［の人々］に好まれる演劇的供物が作り出された。（儀式や捧げ物以外の）活動は祝祭ごと、年ごとに異なったが、全てに共通したのは技術を試す場があることで、もっとも優れた技術を持つ者、あるいはもっとも人気のある出場者に賞が与えられることが多かった。観客から一番人気を得た劇団は追加の報酬を手に入れた。戦車レース、競馬、動物いじめ、曲芸の技、などといったものの勝者と同じである。一般的に、ローマ人は演劇上演を、スポーツをはじめとする気晴らし的娯楽と同じ分類に入れていた。

ローマ人は同化を得意とし、役に立つ、あるいは望ましいと思えば、受け入れ、借用し、変化させた。前三世紀半ばにギリシャ劇と出会うと、ローマ人はギリシャの作家リウィウス・アンドロニクス（前二八四－二〇四頃）を連れてきて、ギリシャ劇をローマ人の感覚に合うように翻案させた。アンドロニクスの最初の芝居は前二四〇年に上演され、その後じきにローマ人自身が芝居を書くようになった。しかしこのギリシャ風劇への関心はすぐにピークを迎えたようである。このタイプのローマ劇の最盛期は前一五〇年には終わっていたからである。一般的に、ローマの観客は目新しさとヴァラエティを好んだ。前二四〇年にギリシャ風劇が入ってきた当時は、その目新しさに手を加えたり、利用することが求められた。魅力が衰えてくると他の娯楽に取って代わられたが、かといって完全に消滅したわけではなかった。

前二世紀中盤以降、台本のある長編劇の上演は大きく減少したが、その他の演劇的娯楽の需要は着実に増えていった。次のような娯楽である。短い喜劇、踊り、歌、ジャグリング、綱渡り、曲芸、動物の芸、剣闘士競技、動物いじめ、水中バレエ、模擬海戦、その他多数。前二四〇年には、演劇的娯楽に使う日程は一日だったが、紀元三五四年には一〇〇日に増え、その他戦車レースと剣闘士のイベントに七五日をかけた。

文字で書かれた戯曲は時を経て残るが、演劇的娯楽に伴う戯曲以外の人工物は残らないことが多いため、演劇活動の記録は通常文字で書かれた長編台本に基づく上演のほうを重視する。ローマ演劇の記録は、通常、プラウトゥス（前二五四―一八四頃）とテレンティウス（前一九五―一五九頃）が、現存するローマ喜劇の二六本を執筆した期間にあたる、前二〇五年から一五九年の間の演劇制作に集中している。プラウトゥスとテレンティウスの時代の演劇体験を詳しく調べることで、当時広く行われていた慣習についての洞察を得られる。

ローマ演劇の背景

ローマ演劇は多くの点でギリシャ演劇に類似していたが、重要な相違点もある。現存するローマ喜劇の全てが、ギリシャの新喜劇の翻案である。これらの翻案作品では、場面設定と人物はギリシャのままでありながら、芝居に描かれた風俗や習慣はギリシャよりも相当にローマ寄りである。

ローマ喜劇が執筆された当時、ローマは市民に対して、目的の真剣さ（グラヴィタス）[5]を大いに強調した。歴史家は、喜劇にギリシャという場面設定を残したのは、祝祭とその内容を管理するローマ当局を怒らせないためだったのではないかと示唆している。

ギリシャの場合同様、国家が演劇上演の経費を負担した。政府が各祝祭について全体の支出予算を決めた。担当の役人は、たいていはローマ人民のご機嫌取りのためにこの機会を利用する裕福なローマ市民で、彼らが追加の資金を供出することが多かった。ギリシャの場合は役人が戯曲を選択する習慣だったようだが、ローマの役人は劇団の主宰者と制作契約を交わした。役人は公開前に作品を鑑賞したようだが、芸術性を判断するためではなく、不適切な素材が使われないようにするためであったと思われる。

紀元前 30 年から 12 年の間に建築された最古のローマ劇場の例（ローマ近くのオスティア）。推測にもとづく再現図。

出典：D'Espouy, *Fragments d'Architecture Antique*, I, 1901

上演経費を負担する以外に、ローマ政府は上演用の劇場も供給した。プラウトゥスとテレンティウスの時代、劇場は全て仮設建造物だった（常設劇場はローマでは前五五年まで存在しなかった）。仮設建造物の外観を確実に知る手立てはないが、八一ページのイラストに示したものより若干素朴だったとするのが通説である。数千人を収容する階段席が半円形のオーケストラを囲んでいたようである（ギリシャのオーケストラは全円形なので、その半分ということだ）。オーケストラ部分は、コロスを使わなかったローマ喜劇ではおそらく使用されなかったであろう。舞台はおそらく横一〇〇フィート［一フィートは約〇・三メートル］以上、奥行き二〇フィート以上、オーケストラからは約五フィート高いところにあった。舞台はまた、両端と後部を、スカエナエ・フロンスというファサードで囲われた。スカエナエ・フロンスの背壁には三から五枚、両脇には二枚の扉があったらしい。ローマ喜劇は場面設定が屋外で、もっとも多いのは街路や一軒もしくはそれ以上の家屋の前である。舞台は街路と見なされ、背壁の扉は街路に面する家の玄関になり、両端の扉は街路の続きとして使われた。さらに、ファサードには窓と二階部分があり、物語の展開の必要に応じて使用されたと思われる。ローマ劇場の規模はギリシャ劇場に比肩する。ローマ劇場も屋外建造物だったが、舞台上の建物（ステージ・ハウス）と観客席は連結していた。

演劇の入場料は無料で、観客は往々にしてあまりにも粗暴だったため、秩序を保つ警備が入っていた。『小柄なカルタゴ人（*Little Carthaginian*）』（年代不詳）のプロローグで、プラウトゥスは、ローマ人観客の中によく見られたらしい迷惑行為のタイプをリストアップしている。「くたびれた売春婦を客席の前方に座らせてはならない、警備員は武器をガチャガチャさせてはならない、座席案内係に観客の前をうろうろさせてはならない、役者が舞台に立っている時に客を席に案内させてはならない……自由人用の座席に奴隷を座らせてはならない……、乳母兼女中は幼い子どもたちを家に置いてこなければならない」。さらに、ルディでは、ローマ人が劇を上演する際には演劇以外のアトラクションと競わなければならなかった。俳優たちには、観客の大群を満足させなければ別の娯楽にさらわれてしまうというリスクがあったのだ。例えば、『義母（*The Mother-in-Law*）』（前一六五）のプロローグで、テレンティウスは、この芝居の上演企画は今回が三度目だと述べている。前の二回は破棄されたというのだ。一回は観客が綱渡りとボクシングの試合を見に出ていってしまい、もう一回は剣闘士ファンがやかましくて中断されたという。全体として、アトラクションの置かれた状況はテレビの複数のチャンネルと似ている。視聴者は一番楽しいものを求めて、チャンネルからチャンネルへと動いて構わないわけである。

プラウトゥスとテレンティウスが活動した時代にはすでに、多くの劇団が存在していたようである。祝祭で上演していた時以外に何をしていたかは判明していないが、おそらく旅巡業や、裕福なローマ人のために私的上演を行なっていたものと思われる。いずれにせよ、祝祭では複数の劇団が雇われて上演していた。一旦雇われると、彼らは制作のあらゆる細部に関する責任を負った。すなわち、脚本探し、俳優、衣裳、音楽家調達などである。どの劇団も一定の支払いを約束されたが、観客に一番人気の劇団には特別報奨金が出された。

喜劇では俳優はギリシャ人が日常的に着用するようなギリシャ風衣裳をつけたが、喜劇的にするため若干の誇張があったと思われる。ほとんどの登場人物は類型であるため、特定のグループに特定の色が結びつけられるようになった。例えば、赤は奴隷、黄色は高級娼婦という具合である。こういった伝統的な色の使い方はかつらにも適用されるようになり、観客が即座に人物たちの類型を見分けられるようになった。演者は全員男性で仮面をつけた。

ローマ喜劇は政治・社会問題を扱うことはなく、日常的で身近な問題を扱う。必ずといってよいほど、プロットは様々な誤解を中心に展開する。人違い（長い間見つからなかった子どもが登場することが多い）、動機の誤解、あるいは意図的なごまかし、といったものである。裕福な中流階級（自身の富や子どもを気にかける年長者や、権威に逆らう若者）と、彼らを取り巻く人々（奴隷、奴隷商人、取り巻き、高級娼婦、卑怯な兵士）が登場する。登場人物全てのうち、もっとも有名なのはおそらく「賢い奴隷」で、主人を手助けするためありとあらゆる計画を企てる。しかしそのほとんどがうまくいかずに、問題をさらにややこしくする。ローマ劇には品行のよい女性はほとんど登場しない。また、芝居の筋の始まりが恋愛にあったとしても、関係する女性たちが舞台上に登場することはほとんどない。

ローマ劇を読む際は、音楽的要素も覚えておくようにすべきである。プラウトゥスの芝居では、セリフのほぼ三分の二にフルートの伴奏がついていた。フルート奏者は芝居の上演全編を通して舞台上にいたが、俳優たちは奏者がいないものとして演技した。登場人物たちが歌う歌も数多くあった（ギリシャ劇での習慣のようなコロスによる歌唱ではない）。上演として見た場合、ローマ喜劇は現代のミュージカルのほうに近かったといえる。

『メナエクムス兄弟』

ローマ喜劇の中でも、プラウトゥスによる『メナエクムス兄弟（*The Menaechimi*）』（年代不詳）がおそらくもっとも人気が高い。『メナエクムス兄弟』は、ほとんどのプラウトゥス作品同様、物語の背景を念入りに提示するプロローグで始まり、重要なポイントを何度も繰り返す。芝居が始まる前に、観客はそれまでの物語のあらすじを知らされるわけだ。双子の兄弟（両方ともメナエクムスという名前）はまだ子どもの時に別れ別れになり、一人（メナエクムスII）はもう一人を探し続けるうち、エピダマスにやってくる。彼は知らないがここに双子の片割れ（メナエクムスI）がいる。導入の場面で現状が設定され、喜劇が始まる舞台が整う。メナエクムスIと妻の不仲、メナエクムスIが高級娼婦エロティウムを訪ねる場面、妻から盗んだドレスをエロティウムに贈る場面、二人がその日のうちに手の込んだ食事とパーティを開こうと計画する場面があり、メナエクムスIがフォロ・ロマーノに向かい、続いてメナエクムスIIと奴隷のメッセーニオが登場する。メナエクムスIIが、エロティウムとその召使いたちに名前で呼ばれると、メナエクムスIIとメッセーニオは、自分たちを乗せた船が着いた港で、メナエクムスの名を知った誰かが自分を詐欺のカモにしようとしているのだと思う。その後は、二人のメナエクムスが交互にもう一人と勘違いされる場面が続く。どちらももう一人がしたことのせいで責められるため、わけがわからず腹を立てる。二人は最後の場面まで出会わないように仕組まれ、ようやく出会ったところで謎が解け、問題が解決する。

プラウトゥスは、社会風刺にはほとんど関心を持たない。その代わりに、人違いから生まれる滑稽な状況に注意を集中させる。その結果、登場人物が不倫、盗み、詐欺にふけっても、それらははなはだしい女性嫌悪を込めたたんなる陽気な皮肉という全体的なトーンを作る役に立つだけである。

大多数のローマ喜劇同様、『メナエクムス兄弟』の登場人物は個人ではなく類型である。役によっては名前にそれが表現されている。ペニクルス（「ブラシ」）は、寄生虫（つまり、お世辞ばかりのたかり屋）がテーブルをきれいに掃除できることを示し、料理人の名前はシリンダルス（「ローラー」つまり、のし棒）、高級娼婦の名前はエロティウム（「セクシー」）である。どの役柄も、動機の数は限られている。双子は物理的欲求を満足させたいと思い、妻は夫を改心させたいと思い、義父は家庭内の平和を維持したいと思い、メナエクムスＩの気が違ったと妻が思い込んで呼びにやったヤブ医者は、高額な長期治療を施せる患者を探している。

『メナエクムス兄弟』でセリフのある一〇人の役は、俳優六人のグループで難なく演じられる。ローマ演劇では役を兼ねるのは普通で、役を入れ替わる際には、仮面、伝統的に様式化した衣裳、衣類やかつらの色分けといったものをどの役者も利用することができた。様々な感情を微妙に演じ分ける技量を持った俳優が必要な芝居はなかった。それよりも、所作と対話の正確なタイミングを生み出す、高度な喜劇的技術が必要だった。口論、酔っ払い、狂気のふりの場面は、機敏な身体が必要不可欠だったことを示している。また、ほとんどの俳優が優れた歌唱技術を持たなければならなかった。主役は、最初に登場する際に「登場の歌」があり、物語の流れで追加の歌を歌うこともあったのである。伴奏は二〇インチほどの長さの二本笛のフルートが演奏した。演奏者が演奏に使う手を解放するため、このフルートは頭に結ばれることもあった。音色は現代のオーボエに似ていた。

コラム　昔と今

◇ローマ喜劇と現代の舞台

　ギリシャ演劇と異なり、ローマ劇はこんにちでは滅多に上演されることはない。しかし、ローマ喜劇に素材を取ったミュージカルが、一九六〇年代最大のヒット・ミュージカルの中にある。『ローマで起こった奇妙な出来事（*A Funny Thing Happened on the Way to the Forum*）』（一九六二）である。このヒット・ミュージカルを生み出した作曲家のスティーヴン・ソンドハイム（音楽と歌詞）、台本作家バート・シェヴラヴとラリー・ゲルバートは、プラウトゥスの笑劇『プセウドーロス（*Pseudolus*）』『ほら吹き兵士（*Miles Glorioso*）』『幽霊屋敷（*Mostellaria*）』に着目した。このミュージカルはこれら複数の原作の登場人物とプロットを取り混ぜ、奴隷のプセウドーロスが自由を手にするために、主人に手を貸して、ほら吹き兵士と婚約している若く美しい乙女を勝ち取る物語となっている。ダジャレ、人違い、変装、喜劇的な動作、滑稽なやりとりなど、娯楽的要素の多くがローマ喜劇起源のものである。

　オリジナル・プロダクションはブロードウェイで二年以上の興行を続け、トニー賞五部門で受賞し、そのスター、ゼロ・モステルをプセウドーロスに配した映画版も大成功を収めた。（映画版は、バスター・キートン最後の出演作としても有名である。）一九七二年にブロードウェイで再演されたフィル・シルヴァーズ主演作も好評を博し、また、一九九六年のリバイバルはロングランとなり、プセウドーロスを当初ネイサン・レインが、続いてウーピー・ゴールドバーグが演じた。ブロードウェイのプロダクションそれぞれの初演でプセウドーロスを演じた俳優（モステル、シルヴァーズ、レイン）は、親しみやすく賢い奴隷の役の演技でトニー賞を受賞している。概して、『ローマで起こった奇妙な出来事』は、忘れられた過去の作品を、現代のアーティストたちが翻案、変更し、現代の観客を惹きつけるヒット作を作り上げたよい例である。

その他のローマ劇と劇場

キリスト教時代が始まる頃には、ローマはかつてグラヴィタス〔真剣さ〕に重きを置いていたことをすっかり忘れ去ってしまったようである。皇帝と軍が権力をほぼ完全に掌握するようになると、人々はますます大量の大衆娯楽を提供されるようになった。その多くが血なまぐさいものだった。この時期に、西ヨーロッパのほぼ全域、北アフリカ、中東に広がる帝国全土に、劇場や野外劇場が建造された。

喜劇以外に、ローマ人は悲劇も執筆した。ローマ悲劇の唯一現存する例は、セネカ（前五－紀元六五）による九本の作品と、無名の作家による一本で、その全てがこの時代のものである。しかし多くの学者たちが、セネカの悲劇は公の上演を目的としたものではないと考えている。ギリシャ悲劇同様、セネカの悲劇は神話に基づくが、誇張した感情と舞台上の暴力行為に力点を置く。これらの特徴は、何世紀も後、シェイクスピアの時代の悲劇作家に影響を与えた。

ローマ人はヴァラエティ娯楽と短い芝居を好んだため、普通の喜劇や悲劇は舞台から追いやられた。ローマ後期に人気だった形式はマイム、つまり、短く、話題性があり、たいていは滑稽で、しばしば即興的な寸劇であった。（こんにちと異なり、当時のマイムは無言ではなかった。）マイムでは女性が女性役を演じたが、おそらく女性演者が舞台登場を許された最初の形式だったと思われる。（ギリシャのマイムの中にも、女性を含むものがあったと思われる。）マイム俳優は誰も仮面をつけなかったようである。マイムは、悲劇や喜劇よりも写実的な表現方法を用いた。ローマ後期のマイムにおける劇的展開は性的体験を中心とすることが多く、掛け合いは卑猥なものが多かった。キリスト教が広がるにつれ、マイムはその秘蹟や信仰を嘲ることが多くなった。

マイムに加え、ローマ後期の祝祭ではブラッド・スポーツがますます目立つようになった。ブラッド・スポーツは、紀元四〇〇年頃までマイムやヴァラエティ娯楽とともに宗教的祝祭の必須要素だった。新興のキリスト教会が強力な演劇反対の立場を取るようになったのは、当然のことかもしれない。演じられた内容に反対というだけでなく、異教の神々への信仰に結びつくものだったからである。

ローマ帝国は、紀元四七六年に侵略者たちに制圧された後、急速に崩壊した。そのひとつの結果は、一〇〇〇年以上演劇を支えてきた国家的、経済的支援の喪失である。続く五〇〇年の間、西ヨーロッパにおける演劇活動は、各地を旅して機会があればどこでも上演する俳優の小さな集団や、個人の活動に縮小した。こういった演者たちは（その頃には支配的で非常に安定した組織となっていた）キリスト教会からしばしば糾弾され、秘蹟を受けることも拒否された。しかし皮肉なことに、演劇復活の最大の力となったのは、聖書物語のドラマ化が効果的な教化方法であるという教会の（一〇世紀後半における）発見だったのである。

コラム　実践と様式

◇ローマの超演劇的娯楽

ローマの宗教的祝祭には演劇的上演の枠をはるかに超える娯楽が含まれていた。そしてその多くははなはだ暴力的で血みどろだった。中でも最古にして最大の人気を誇ったのは戦車レースで、戦車一二台が横一列になって競走できる専用の構造物（キルクス［円形競技場］）が作られたほどである。そのひとつであるキルクス・マクシマスは、六万人を収容できた。キルクスはまた、他の娯楽にも用いられた。競馬（曲乗りが含まれることもあった）、騎兵戦、徒競走、曲芸、賞金付きボクシング試合、レスリング、野生あるいは訓練した動物の見せ物、動物同士の戦い、動物対人間の戦いなどである。

野生動物の戦いはベナティオーネと呼ばれ、時に手の込んだ演劇的効果が用いられた。闘技場は、雰囲気を出すために木々、小丘などの景色が整備され、そこで狩人たちが動物を追い詰めて殺した。同様に、闘技場に演劇的な装置を作り、神話物語の再現が行われることもあった。登場人物の衣裳をつけた犠牲者たちは、野生動物によって無惨な死を迎えるのである。

もうひとつの人気娯楽は、剣闘士の競技である。本来、剣闘士の戦いは葬儀の際の競技会に限られ、紀元前一〇五年までは国家の宗教的祝祭に含まれることはなかった。戦闘員の人数は着実に増加してゆき、紀元一〇九年には、一回の祝祭に五〇〇〇組が出場するというのが呼びものだった。円形劇場は主に剣闘士競技と動物の戦いに用いられた。中でももっとも有名なのがコロッセオ（五万人収容）で、紀元八〇年に開場し、一〇〇日間の開場記念プログラムの間に、九〇〇〇頭の動物が殺された。また、娯楽と宗教的迫害のためキリスト教信者がライオンとともに入れられ、あっという間に餌食となったのもコロッセオである。

娯楽の中でももっとも華々しいもののひとつがナウマキア、つまり模擬海戦である。湖で行われることもあったが、円形劇場に水を入れてこういったイベントに使うこともあった。最大のナウマキアは紀元五二年、ローマ東部フチーノ湖で開催された。海戦に参加した一万九〇〇〇人のうち、一部が戦闘で死亡した。

中世におけるドラマの復活

歴史家は、通常、中世を大きく三つの時期に分ける。

・初期　紀元九〇〇年から一〇五〇年
・中期　紀元一〇五〇年から一三〇〇年
・後期　紀元一三〇〇年から一五〇〇年

こういう分類は社会の変化を示すものだが、三つの期間全てが比較的安定した信念と価値観を共有するため、全体として中世というラベルをつけることができる。最初の二つの時代には、劇は主に教会や修道院内部で上演された。通常は「典礼劇」と呼ばれる。三つめの期間に、演劇は手の込んだ屋外プロダクションの形で花開いた。そのうちのいくつかは、一五〇〇年（通常一五〇〇年は中世が終わる時期）以降まで続いた。この種の演劇は通常「現地語による宗教劇」と呼ばれる。ここで説明するほとんどの劇とプロダクションは、中世後期に生まれたものである。しかし、それらの作品を細かく見る前に、簡単に典礼劇を見ておくべきであろう。典礼、つまり宗教儀式の一部として教会内部で上演された劇である。

典礼劇の例として最古の『誰を探しているのか（*quem quaeritis*）』というトロープス[6]は、紀元九七〇年に遡る。これは、キリストの墓に三人の女性がやってくるとキリストが復活したことを天使に告げられ、それを喜ぶという物語の劇化である。この短い劇（歌となっている対話が四行のみ）は、イースター礼拝の一部として上演された。これに続いて他の多くの聖書物語も劇化されたが、通常の礼拝に統合するためにいずれも短いものだった。これらの短い劇には共通する次の特徴があった。

・ラテン語で書かれている（西ヨーロッパ全域において、教会の言語であった）
・詠唱あるいは歌唱された
・少年合唱隊か、聖職者たちが演じた
・教会が経費を負担した

一二〇〇年頃、宗教劇の中に、教会の外で上演されるものが現れた。そして一三七五年には、宗教劇は典礼とは別に発展を遂げていた。この新しいタイプの芝居は西ヨーロッパほぼ全域で上演されたが、一六世紀には、宗教上の信条と実践に関わる論争（プロテスタントがローマ・カトリック教会を離脱したことに見られるような）によってほとんどの地域で押さえ込まれた。しかしその頃には、こういった宗教劇は西ヨーロッパにおける主たる演劇的表現として、すでに二〇〇年もの時を経ていたのである。こういった芝居は現地語による宗教劇と呼ばれるようになり、いくつかの点において典礼劇およびその上演方法と異なる。

・地域の現地語（つまり日常のことば）で書かれた
・詠唱や歌唱ではなく、しゃべるために書かれた
・聖職者ではなく、主に平信徒が演じた
・教会ではなく、共同体が経費を負担した

中世で発展した宗教演劇は、ギリシャやローマの祝祭演劇と全体的な目的において似通っている。特別な行事につながる共同体全体の祝祭という形で、宗教的信条を祝うことである。しかし目的は共通しても、中世の祝祭はギリシャやローマのものとは構成、経費、上演の方法が異なっていた。

コラム　社会と芸術&文化

◇最初の女性劇作家

記録にある限り、史上初めての女流劇作家が作品執筆を行っていたのは、典礼劇が上演され始めた時期とほぼ重なる。ロスヴィータ（九三五－九七五頃）はガンダースハイム（ドイツ）の女子修道院の修道女で、本人の記述によれば、ローマの喜劇作家テレンティウスの作品に惹かれたが、それと同じような作品を執筆すればむしろ逆効果となるとおそれ、キリスト教信者の処女や殉教者が俗世の誘惑に打ち勝つような作品を書くことにしたという。彼女が書いた六作品、『パフヌティウス（*Pafnutius*）』『ドゥルキティウス（*Dulcitius*）』『ガリカヌス（*Gallicanus*）』『アブラハム（*Abraham*）』『カリマクス（*Callimachus*）』『サピエンティア（*Sapientia*）』（おそらく全て九六二年から九七三年の間に執筆されたもの）が彼女の存命中に上演されたかどうかは不明である。これらの作品は押韻のあるラテン語で書かれ、そのほとんどに、キリスト教信仰のために殉教した人物や、肉体の誘惑を克服した若い女性が登場した。一五〇一年に出版されて以後、一六世紀に学校で上演された説教演劇に多大な影響を及ぼした。ロスヴィータは、古典期後に名が残る最初の劇作家であり、また、演劇における女性の歴史を回復することを目指す人々にとっては、特に関心のある人物である。

ロスヴィータが独特の存在だったということは、さらに、ルネサンス前の演劇が本質的に男性の領分であったという事実を強調する。女性の登場人物に注目する作品であっても、男性が書いただけでなく、演じたのも男性だった。概して、女性は男性より大いに劣ると見なされていた。中世では、女性は通常イブの娘と見なされた。つまり、弱く、誘惑にたやすく屈服し、また、自身が誘惑者にもなる。そして、父あるいは夫の導きと規律が必要な存在だと見られた。もちろん、聖母マリアは例外として扱われた。

同職ギルドと聖体祭

イングランドにおける屋外宗教劇の制作は、通常、一三世紀初頭に盛んになってきた同職ギルドと関わりがある。何世紀にもわたった戦争や全般的な不安定感の後で、相対的な安定が戻ってきたことにより、一二〇〇年頃にはヨーロッパ各地において商取引が盛んになり、それが次に、膨れ上がる需要をまかなうために手工業の増加につながった。最終的に、労働条件、給料、製品の品質その他の事項を規制する必要から、様々な職業（パン屋、醸造者、金細工職人、仕立て屋など）で、各職業において公益を促進するためのギルドを設立するようになった。ギルドの組織は親方、年季明けの職人、徒弟というヒエラルキーにより構成された。

どの同職ギルドも親方たちの評議会が管理していた。親方は職場を所有し、職場の職人たちの仕事を監督し、経営者につきもののリスクと利益の両方を手にした。親方のもとには、大勢の年季明け職人（技術を持ち、給金で働く職人）と徒弟（少年または若者で職業を学ぶ間、たいていは七年間、部屋代と食費を支給される）がいる。ギルドの登場をもたらした流れは、町の発展も促進した。町とギルドが発展するにつれて、それぞれの町の権力は主にギルドが握るようになった。通常彼らが自分たちの中から町長と評議会を選出したからである。

世俗的な集団が目立ちはじめたことは、教会が一般人を自らの活動の中により全面的に取り込みたいと思うようになった、少なくともひとつの原因だろう。その結果生まれたもののひとつが、新しい宗教祝日である聖体日（「Corpus Chrisri［キリストの体］」）である。この祝祭は一三一一年に正式に認可され、一三五〇年にはヨーロッパ全域で祝われるようになっていた。これはパンとワイン（キリストの肉と血）の秘蹟が持つ贖いの力、存在に意味を与える神秘、すなわち、キリストという人間の中に人間と神が結合したこと、そしてキリストの犠牲による贖いの約束を祝うものである。聖書の出来事は全てこの祝祭と関連づけることができ、最終的に聖体日は天地創造から最後の審判までを網羅するドラマを見せる機会となった。（かつては、キリスト誕生の劇はクリスマスに、キリスト復活の劇はイースターにというように、教会暦にしたがって上演されていた。）イースターの六〇日後に祝われる聖体日は、五月二一日から六月二四日までのどこかになる。暖かい陽気の時節、昼の時間が最長になる日に近い頃とあって、屋外上演にはうってつけだった。

聖体日祝祭の最大の呼びものは、聖別されたパンとワインが町を通り抜けていく行列である。教会は、この祝祭に全ての人を取り込もうと、行列にあらゆる階級と職業の代表者（聖職者、貴族、商人、職人）を入れた。この共同事業から生まれた関係が、いずれ、ギルドの主導による屋外宗教劇上演につながっていくのである。行列はまた、イングランドの数ヶ所の町で採用される上演形式の先駆けとなったとも考えられる。それはワゴンに芝居を載せてあちこちの停車場所で上演するという、行列と上演を合わせた形式である。

ブリテン諸島では、およそ一二五の町が中世のいずれかの時期に芝居を制作していた。しかし現存するものはわずかである。そのほとんどはサイクル劇（多数の短い劇で、全てをまとめると、天地創造から最後の審判までの聖書物語の劇化となる）の一部である。現存するサイクル劇は四つの町のものである。ヨーク（四八本からなるサイクル劇）、チェスター（二四本）、ウェイクフィールド（三二本）、不詳の町（四二本）。これら全てはもともと一三七五年頃のもので、休止期間を含めて（つまり、定期的ではあるが毎年の実施ではないということ）、その後二世紀にわたって上演された。その間、サイクル劇は、個々の劇が書き換えられたり、新作が加わったり、削除される劇があったりと、多くの変化を乗り越えた。現存する台本は、サイクル劇が盛んに上演された時期の最終盤の姿を示している。全ての芝居が、基本的に同じ主題を持つ。つまり、聖書やその他教会関連文書で明らかにされている、キリスト教の視点から見た神による存在の秩序化である。執筆された場所に関わらず、どの作品も多くの共通した特徴と伝統的表現方法を持つ。

中世演劇の伝統的表現方法

中世劇の最大の伝統的表現方法は、時間の扱い方に現れる。中世を通じて、人類は二種類の時間に存在すると考えられていた。永遠の時と、地上の時である。神、サタン、人間の魂は永遠の時に存在している。すなわち、物理的存在とは異なり、始まりも終わりもない。したがって、地上の存在は短い幕間で、人間はそこにいる間に永遠の時を天国と地獄のどちらで過ごすかを決めなければならない。中世の演出は、人間のジレンマを視覚的に示すため、長い台の一方の端に天国、反対の端に地獄を表すことが多い。この状況は、特に最後の審判の芝居で描き出された。地上の時と場所はあまり重要ではなかったため、出来事の歴史上の日時や地理上の位置は取るに足らないことだった。芝居には史実性はほとんどなかった。古代のイスラエル人が中世の衣服をつけたり、また、旧約聖書の人物たちをキリスト教の聖人と呼んだりした。

時の流動性はサイクル劇の構成にも現れている。（ギリシャやローマのように）多くの神話の中のひとつの物語や、限定的な物語を扱うのではなく、中世のサイクル劇は天地創造から最後の審判までの、人類の聖書的物語を網羅する。サイクル劇の様々な劇同士が因果関係を持つことはほとんどなかった。出来事が起きるのは、たんに神の意志によると考えられたからである。時と場所はどちらも、必要に応じて縮小したり拡張したりされた。

演出にも多くの伝統的表現方法が用いられた。常設劇場というものはなかったため、演劇空間は間に合わせのものを使った。第一の必須要件は、大勢の観客を収容できる野外空間である。舞台は固定式も可動式もあった。通常、固定式舞台は町の広場か広い中庭の片側の建物に寄せて作られたが、時には、広場中央まで延ばされたり（観客は二方向あるいは三方向から鑑賞した）、ローマ式円形競技場の遺跡などの円形の空間に作られた（観客は周囲から鑑賞した）。可動式舞台はワゴンで、場所を移動することができた。

舞台の種類や場所にかかわらず、演出方法はどこでも同じだった。舞台空間はマンションとプラテアという二部からなる。マンションは舞台となる場所がわかる情景を表す構造物で、場所を示すには十分だが完全な再現を目指すことはない。ひとつの芝居で複数のマンションを要することがあり、サイクル劇全体では七〇ものマンションを必要とすることもある。プラテアは未分化の舞台空間である。一旦マンションを使って物語の場所が確立した後は、俳優たちはマンションを出て、物語に必要な隣接空間をいくらでも使用することができる。このように使用された空間は、その時点でマンションが表す場所の一部と見なされる。つまり、同じ空間であっても異なるマンションと関連づけるだけで、違う場所に変われるのである。すなわち、場所はほとんど時と同じほど流動的なのだ。プロセニアム・アーチなどの額縁の役割を果たす装置は存在しなかった。全体として、舞台装置は結局のところ、人間をはじめとする地球上の存在を天国と地獄という枠の中に入れることで、全宇宙を象徴（サイクル劇全体が示すように）しているのである。

衣裳は地上、天国、地獄の住人を区別するのに用いられた。史実的な正確性を求めることは全くなかったので、世俗的な地上の人物（物語中の時代や場所に関係なく）は、中世当時の衣服で、彼らの地位や職業、性別にふさわしいものをつけた。神、天使、聖人、そして聖書の特定の登場人物は、聖職者の衣服を身につけ、通常は装身具で区別した。天使は聖職者のガウンに翼をつけたものをまとい、神は教会の高位聖職者の衣服をつけて、顔を金色に塗ることが多かった。多くの聖人や聖書の人物たちは、特定のシンボルと関連づけられた。例えば聖ペテロは、「天の王国の鍵」を持ち、大天使ミカエルは炎の剣を振りかざした。中世の時代にはこういった視覚的シンボリズムは一般的でよく知られていたため、観客は即座に人物が誰か理解できた。デザインにおいて最大の想像力が発揮されたのは悪魔の衣裳で、悪魔は空想の産物として翼、鉤爪、くちばし、角、しっぽなどを備えた。悪魔は異形を強調するために仮面を被ることも多かった。

多数の華々しい特殊効果も頻繁に登場した。恐怖の地獄は、できる限り陰惨に見せるために細心の注意が払われた。地獄の入り口は、しばしば火を吐く怪物の口（「地獄の口」）で表現された。聖書に描かれた奇跡を上演するには、信仰心を強めるためにできる限り説得力のある演出が使われることが多かった。しかし現実と錯覚させることを必ずしも目指したわけではなかった。というのは、限られた舞台空間の中で、遠く離れた場所が並べて配置されたり、断片的な舞台装置で表現されることが常だったからである。中世の上演方法は、錯覚を起こさせるものから象徴的な工夫まで、様々だったということだ。総じてこの時代の伝統的表現方法では、大まかな輪郭から特定の細部へと急激に転換することが可能だった。観客は、現代の映画撮影術と類似した視線の動かし方を求められた。つまり、クローズアップ、引き、ひとつの場所から別の場所へのカットを観客自身が行ったというわけだ。中世の上演方法の大部分は現在では素朴に見えるかもしれないが、中世の人々が理解した人間の状態を想起させる表現方法を、当時としては効率的に利用していたのである。

コラム　実践と様式

◇宗教劇における特殊効果

華々しい効果を見せるには、ページェント・ワゴン上よりも、固定舞台上のほうがふさわしかった。奇跡を描く催事が急増し、聖書の記録にあるキリストの生涯が実際に起きたのだと信じる気持ちを強化した。こういった固定舞台での上演の中でももっとも手が込んでいたのが、一五四七年、フランス、ヴァランシエンヌで上演されたものである。（アンリ・ドゥータマンによる）ほぼ一〇〇年後に出版された記録には、その細部が詳しく記載されている。以下はそのほんの一部である。

上演は二五日間続き、毎日、見たことのない素晴らしいものを目の当たりした……「真実」や天使たちが頭上高くから降臨した。どうやってやったのか目に見えるものも、見えないものもあった。ドラゴンにまたがったルシフェルが地獄から飛び出したが、仕掛けは誰もわからなかった……イエスが四〇フィートの高さの塀の上まで悪魔に連れ去られた……イチジクの木は、我らが主が呪った途端、みるみる枯れて葉が落ちた。我らが主イエスの死の場面では、日食、地震、裂ける岩といった驚くべき光景が現れた。

一五〇一年にモンスで上演された別の芝居の記録には、建物の屋根の上に水を詰めたワイン樽を設置しておき、穴を開けた（舞台より上に設置した）パイプに水を流し込んで五分間の雨を降らせることで、ノアの劇の洪水を表現したとある。

拷問や処刑の場面では、生きた俳優の代わりに人形を用いた。バラバス火刑の場面では、人形に骨や動物の内臓を詰めてリアルな匂いを表現した。聖パウロの斬首を上演した別の作品では、切り落とされた頭は三回跳ねて、跳ねた跡の全てから泉が湧いた。ひとつからはミルク、ひとつからは血、そして三つ目からは水が湧き出したのである。

ウェイクフィールド・サイクル劇

中世宗教演劇をよりよく理解するためには、イングランド中部の町、ウェイクフィールドで上演されたイングランドのサイクル劇を詳細に見ていくのがよいだろう。このサイクル劇の現存する原稿には三二の劇が含まれ、天地創造から始まり最後の審判まで続く。全てのサイクル劇同様、作者（数名いたようである）は不明である。中世のアーティストは、ほとんどの場合、個人の栄光や認知を追い求めることはなく、神、教会、共同体に尽くすことで満足していたようである。ウェイクフィールドの劇は他のサイクルから借用したものと、様々な出所を伺わせる要素を備えるものがある。うち五作は氏名不詳の同じ一人の作家の作品で、通常この人物は「ウェイクフィールド・マスター」と呼ばれる。彼の芝居は日常生活の細部と、滑稽な場面が有名である。そのひとつ『ノアと息子たち（*Noah and His Sons*）』（一四二五－一四五〇頃）を後に詳しく見ていく。

ウェイクフィールド・サイクル劇の上演は町議会、教会、ギルドを巻き込む、共同体の取り組みである。町議会はある年に劇を上演するか否かを提案するが、芝居は教会祝祭の一部であるため、教会の承認を得ることが条件である。教会の承認はまた、劇の台本が教会教義を歪曲していないと保証するためにも必要だった。サイクル劇には正式な写本があり、上演に際してはそれに忠実でなければならない。芝居を上演する通常の論拠は、「神を称え、人を教化し、町の栄光を美化するため」であった。上演に関する実際の作業の大部分はギルドが担当した。

劇の上演決定は、聖体日の数ヶ月前になされたようである。公文書の日付に九月二九日と記されているものがあり、とすると八ヶ月から九ヶ月の準備期間があったことになる。ただし、その期間中のどれだけの時間を準備に費やしたかは定かでない。個々の芝居は、芝居に登場する出来事と、ギルドの専門分野との関連性から割り当てられたようである。ウェイクフィールドの割り当ては現存していないが、他の場所では、船大工、漁師、船乗りといったギルドがノア（方舟と洪水）を扱う芝居を割り当てられ、また、金細工職人ギルドは通常、東方の三博士が幼児キリストに贈り物を持参する芝居を与えられた。各ギルドは芝居制作費を負担することを求められ、町議会は、義務を適切に果たさなかった人々に罰金を課した。

ウェイクフィールドでは、上演方法として行列が用いられたと考えられる。それぞれの芝居はページェント・ワゴン（現代のパレード用山車と同じ）に載せられ、台本に示された順序で、町のある場所から別の上演場所へと引かれて通りを進む。ページェント・ワゴンの様子に関して信頼性のある説明は現存しない。ワゴンはおそらく通りを通れるほどの大きさで、特定の芝居を上演する条件に合うように設計されていたであろう。ワゴンは後日の祝祭で必要になった場合に備えて、保管と改造が可能だった。それぞれのワゴンは通常ひとつかそれ以上のマンションを運び、特殊効果用の装置類も必要だったかもしれない。各上演場所では、プラテアの役割を果たす定置舞台の横にワゴンを引いていったと考える学者もいる。俳優たちは通りで演じることもあった。

ページェント・ワゴンとその装備を提供するだけでなく、各ギルドは、演者と制作を監督する者も提供しなければならなかった。制作に関わる人々は全て素人だったが、時とともに相当な技術を身につけ、プロの地位に近づく者も出てきた。現存する記録によると、他の俳優たちより高い報酬を得ていた俳優がいる。それはつまり、その俳優が制作全体の責任を担った可能性が高いということである（つまり演出家ということだ）。ギルドによっては、サイクル劇のうちの自分たちが担当する箇所の上演のために、同じ人物と数年間にわたって契約することもあった。俳優は地元の人々の中から募集したが、その芝居を制作するギルドのメンバーに限ることはなかった。リハーサルが何回行われたかは不明だが、芝居は比較的短く、異なる祝祭で同じ俳優が同じ役を演じることもしばしばあった。俳優は全て男性で、女性の役は少年か若者が演じた。

衣裳はほとんどの場合、中世イングランドで一般的に使用されていた衣服で、通常は俳優が用意するか、借用した。聖職者役や天使役の衣裳を作るための出発点となった聖職者のガウンは、教会から借用したり賃借することができた。しかし悪魔の衣裳は製作しなければならなかった。

各ギルドは他のギルドとは別々にリハーサルを行って芝居を準備した。サイクル劇全体のドレス・リハーサル(7)は不要だった。個々の芝居をまとめあげるには、ページェント・ワゴンを正しい順番で並べるだけでよかったからである。

町議会が、芝居を上演する場所を定めた。ウェイクフィールドでは二、三ヶ所だったらしい。俳優たちは、おそらく開始時間と思われる朝五時に、ページェント・ワゴンで待機していなければならなかった。全ての準備が整うと、最初のワゴンが第一の上演場所に移動し、そこで俳優たちは芝居を上演し、終わると次の場所に移動した。このようにして、全ての劇が、指定された各地で、指示された順序で上演されたのである。

上演当日、あらゆる通常の仕事は一時停止となった。町の住民の大部分が、上演に指定された場所に詰めかけたに違いない。たいていは近隣の町にも上演の知らせが届いたため、ウェイクフィールドの外からもおそらく大勢の観客がやってきたであろう。観客対策は大々的なものではなく、群衆が集まれる場所を選択した程度であった。観客の大部分は立見だったが、ある程度の座席も作られたかもしれない。上演場所を見下ろす家の窓や屋根は大いに需要があり、おそらく賃貸しされたと思われる。町議会の告知では、芝居の邪魔をしたり、行列を妨害した者には相当な額の罰金が課せられることが規定されていた。武器の携帯は禁止された。上演開始が朝五時だったとしても、指定された全上演場所でサイクル全編を完了するには、日中の全時間帯が必要だったであろう（この季節のイングランド中部の場合、午後一〇時頃まで）。つまり非常に長い一日ということだが、観客もワゴン同様動くことができた。違う上演場所に行ったり、数本だけを見たり、道順を先取りしたり後退したり、一ヶ所に留まる時間を決めることもできた。畏敬の雰囲気と祝祭の雰囲気が混在していた。祝日であると同時に聖なる日なのだった。

ウェイクフィールド・サイクル劇のある一本は、イングランドのサイクル劇中最高傑作と言われる。サイクル中の三本目『ノアと息子たち』である。

『ノアと息子たち』

『ノアと息子たち』を見る前に、観客はすでに二本の芝居を見終わっている。『天地創造（*The Creation*）』と『アベル殺し（*The Killing of Abel*）』である。つまり『ノアと息子たち』は三二本の芝居からなるサイクルのかなり初めのほうだということである。五五八行のこの芝居は、聖書の創世記の一節に手を加えたものである（第六章から第一〇章）。

芝居は、ノアが神に祈るところから始まり、あらゆる生き物に向けられた神の善と、神が生み出したものたちによる恩知らずな対応を対比させる。そこには、人間だけでなく、反抗したために天国を追われたルシフェルも含まれる。ノアには姿を見せずに神がこの悲嘆の続きを語り、人間の邪悪をとがめ、信仰篤いノアとその家族だけを除いて、人間全てを滅ぼすことを約束する。それから神はノアの前に姿を表し、船を作るように命じ、船の大きさと設計図の詳細を指示する。神はまたノアに、家族と、この世の全ての獣をつがいで船に乗せるように命じる。船に乗っていない全ての生き物は洪水で滅ぼされるが、船上の彼らは助かるわけである。

冒頭のこの提示部は芝居のおよそ三分の一を占め、厳かなトーンで進むが、それはノアが妻の待つ家に戻ると突如壊される。妻は夫が戻った途端に、一家の稼ぎ手として無能だとガミガミ怒鳴り始めるのである。二人のやりとりはあっという間に殴り合いに発展する。この場面は、芝居のトーンを家庭喜劇（同時に、身体を使った喜劇）に方向転換させる。そして、聖書の物語を、イングランドの観客に馴染みのある世界の中に移し替えるのである。

ノアはそれから、神の命令を実行に移し、助けもなく、たったの二五行のセリフの間に、船を建造してしまう。その後の長々とした場面では、ノアの三人の息子とその妻たちが乗船し、ノアの妻にも乗るように説得する部分が続く。夫婦の間で再び滑稽な喧嘩が始まり、その最中にどうやらお互いを徹底的に叩きのめすようである。そしてようやく妻が乗船することを承知する（彼女の周りの水嵩が上がってきたからにすぎないのだが）。芝居はその後終わりまで船上が舞台となり、苦境に置かれた不安の中、一家は協調して一年を過ごす。その間、水の深さを測り、地面が出てきた印を求めて鳥たちを放つ。ついには水が引き、ノアの手本が人類の益になり、人々が神の意志に従うようにという祈りとともに芝居は終わる。

芝居の展開はほぼ三等分される。三分の一は冒頭の提示部、三分の一はノアと妻の言い争いの二場面、三分の一が船の建造と船上の場面である。第三部では時は著しく縮小されている。船の建造中にどれくらいの時が経ったかを示す手がかりはないが、最後の場面で、ノアが四〇日間の雨を耐え忍び、乗船して三五〇日たったと話す。

役は九つあり、そのうち六つは非常に小さい役である。ノアの息子たちとその妻たちの役で、セリフはほとんどなく、劇的機能もほとんどない。彼らは、聖書に出ていたというだけで登場したようである。主要な三役の人物造形は単純である。神は恩知らずな創造物に裏切られたという気持ちを尊大に述べる。神の博愛は、ノアとその一家に対する態度にのみ見られる。自称六〇〇歳を越すノアは信心深く素直である。彼の人生は、妻との関わりを除けばおそらく静かで穏やかなものだっただろう。この芝居の喜劇は、ノアが強情で自立心の強い妻に言うことを聞かせられないところから生まれる。ノアの妻（芝居の中では、彼女の名前はない）は、威張り散らすような人間には、それが誰であろうと抵抗し、うわさ話をする権利を主張するが、よく働き、いつも糸を紡いでいる。そして一旦乗船すると、ノアと仕事を平等に分け合う。全ての役は男性が演じたため、ノアの妻を男性が演じるということも、おそらく言い合いや喧嘩を許容範囲内の喜劇にするのに一役買っただろう。写実的な言い争いや、身体性の高い喧嘩は、どうやっても写実的にはならない場面――船の建造、四〇日間の雨、そして洪水の上を一年間浮かぶという場面――とバランスをとるのに役立つ。

この劇は、様式化したセリフ回しを要する。九行のスタンザ(8)が六二あり、それぞれが同じ構造である。最初の四行は二重押韻の形式を取る。つまり、行末の語が韻を踏み、行の半ばの語も韻を踏む形式である。五行目と九行目は短くて韻を踏み、六行目から八行目は五行目と九行目より若干長く、やはり韻を踏む。このように、リズミカルなセリフが基本的な構造要素である。

必要なマンションはひとつ、船だけである。ページェント・ワゴンは船を表す装備を備えていて、最初のうちは何らかの方法（おそらく布地で）隠されており、その後ノアが船を建造する場面で徐々に船の姿をさらしていったようである。また、船には動物を表す切り抜きや色を塗った布も装備されていたらしい。関係するセリフは「装具一式、家畜、仲間」を乗船させる、という一行しかないからである。冒頭の場面とノアの妻の場面にはマンションは必要ない。ノアは船を作るために退場しながら、道具を携行しなければならないと言う。その道具類と、糸車、殴り合いの場面に登場する革ひも、水深を測るために水中に下ろす測鉛線だけが、劇中で言及される小道具類である。生命の印を探しに飛ばされるカラスとハトは、本物を使ったかもしれない。衣裳は単純であった。神以外の人物は、当時の労働者階級の服装をした。神はローマ教皇などの高位聖職者の衣裳をつけた。

上演場所の周囲に観客が詰めかけたため、多くの観客が至近距離から俳優を見ることになった。また、上演会場全体が、様々な角度から見ることができる構造だった。ということは、観客と演者の空間関係と全体的な規模感は、ギリシャやローマの劇場とははっきり異なったということである。さらに、古典演劇に比べると形式化の程度は明らかに低かった。『ノアと息子たち』の上演要素のほとんどは、おそらくある程度誇張はされていても、観客の身近なもののバリエーションだったからである。

芝居が終わると、ワゴンは別の場所に移動し、アブラハムとイサクの物語を持った別のワゴンが交代する。『ノアと息子たち』の上演後その日が終わるまでに、さらに二九本の短い劇が上演された。

コラム　昔と今

◇中世演劇と現代の舞台

中世劇が上演されることは少ないが、芸術家が過去からインスピレーションを見出し続けるよい例が、ホンジュラスの劇団テアトロ・ラ・フラガ（www.fragua.org）である。アメリカ人のイエズス会士ジャック・ウォーナー神父（グッドマン演劇学校で演出の修士号を修得）が一九七九年に創立したテアトロ・ラ・フラガは、極度の貧困に苦しむホンジュラスで演劇的表現を広めるため、中世宗教劇を意識的に手本として用いている。

半年間は世俗的な作品（中央アメリカの歴史、ホンジュラスの民話、あるいは「ポポル・ヴフ」[9]をもとにした作品や、欧米の原作の翻案）に用い、残りの半年は、中世宗教演劇の習慣に着想を得た作品の上演を堅持している。毎年クリスマスまでの数週間、ラ・フラガは独自に発展を続けるサイクル劇を上演する。彼らの語るアダムとイヴの物語では、禁じられた果物にバナナが用いられ、幼児の虐殺に関するヘロデ王のセリフは、現在の独裁者とその暗殺集団の言葉遣いを繰り返す。もっとも感動的な作品のひとつはハリケーン・ミッチ（一九九八）の災害後に上演した、彼ら独自のノアと大洪水物語である。ハリケーン災害で家や家族を失った数千人のホンジュラス国民にむけて、地元の避難所で上演された。

イースターの期間中、ラ・フラガは毎年受難劇を上演し、全国を巡業する。同様に、一年を通じて定期的なワークショップを実施し、日曜の教会礼拝の範囲内で福音書を劇化する技術を若者に教えている（つまり典礼劇の現代版）。ある地域では、この学生グループが自作の短編聖書劇を組み合わせて、自分たちのサイクル劇に定期的に取り込んでいる。社会的、文化的、経済的難局は、それぞれに個別の演劇的解決が必要であることを、テアトロ・ラ・フラガは実証したといえる。現代のホンジュラスにおいては、中世宗教演劇の現代版が効果的な答えだと示されたわけである。

その他の中世演劇とドラマ

宗教劇以外にも、中世において人気のあった演劇が数種類ある。道徳劇、笑劇、幕間劇などである。道徳劇は一四〇〇年から一五五〇年まで盛んだった。聖書に登場する人々や聖人を扱う宗教劇と異なり、道徳劇は一般人に課せられる精神的な試練を扱う。全ての人間を悩ませる道徳上の誘惑の寓意劇である。主人公（エヴリマンあるいはマンカインドと呼ばれることが多い）が擬人化された善と悪に助言を受けたり甘い言葉でだまされたりする。一番多いのは、主人公が始めは誘惑に負けるが、最終的に、「信仰」「慈悲」といった人物たち、あるいは、神のめぐみによって正しい道に引き戻されるというストーリーである。もっとも有名な道徳劇は『エヴリマン（*Everyman*）』（一五〇〇頃）である。神が死神に命じてエヴリマンを呼び出す。エヴリマンは気楽に生きることに夢中で死を考えることがこれまでなかったのだが、仲間内（親類、いとこ、財産、知識、五感、美、力など）から、旅の道連れになってくれるものを探すことになる。しかしエヴリマンの目的地を知ると、彼らは誘いを断ってしまう。最終的に、善行だけがエヴリマンと連れ立って墓まで行く。この探索の旅を通して、エヴリマンは、自身の地上での生と救いの関係を理解するようになる。

一六世紀を通じて、道徳劇は世俗化していった。もともと道徳劇が取り上げていた道徳問題が、統治者の経るべき理想的な訓練とは何か、あるいは正しい教育の内容とは何かといった新しい問題に変化していったからである。そして宗教論争が勃発すると、プロテスタントもカトリックも、敵を攻撃するために道徳劇を使うようになった。自分の側に善を、敵側に悪魔を結びつけるというやり方である。こういった変化によって道徳劇はますます完全な世俗劇に移行するようになった。そして、宗教劇と、シェイクスピア時代の世俗劇の間の橋渡しの役割を果たすようになったのである。

笑劇は滑稽な世俗劇の一種だが、一三世紀頃に登場し始めた。しかしこの形式は公式に奨励されることがなかったため、人間の行動の馬鹿げて滑稽で下劣な側面を強調する非常に娯楽的要素が強いものながら、マイナーな存在であり続けた。もっともよい例のひとつは作者不詳のフランス笑劇『ピエール・パテラン（*Pierre Patelin*）』（一四七〇頃）である。貧乏弁護士が商人から布地を買い、代金の支払いをするからと言って商人を夕食に招待する。商人がやってくるとパテランは寝床の中で、妻が、夫は家から一歩も出ていないと断言する。パテランは狂気を装って商人を殴り、布地の代金を払わずに家から追い出す。この話は第二部とゆるやかにつながる。パテランは、羊泥棒で訴えられている羊飼いを弁護することに同意する。パテランは、裁判の間誰になんと言われようと「メェ」とだけ答えるように羊飼いに忠告する。告発者は偶然にも例の商人で、羊飼いとパテランを交互に告発するため、裁判の進行は大混乱に陥る。混乱と、一見して知能が低そうな羊飼いを考慮し、裁判官は訴えを棄却する。しかしパテランが羊飼いから弁護料を取り立てようとすると、羊飼いは「メェ」と言って逃げてしまうのだった。多くの笑劇同様、『ピエール・パテラン』は、賢い悪党がお互いに出し抜き合う様子を描くが、一見頭の弱い羊飼いが経験豊富な弁護士を出し抜くという滑稽なひねりが加わっている。

幕間劇は、非宗教劇で、真面目なものも滑稽なものもある。祝祭（通常は祝祭や特別なイベントの中の宴会部分）の出し物の合間に上演された。これは、王侯貴族の家で専門性の高い娯楽を披露する中で技を高めたプロの演者が存在感を増していったことと関わりがある。最終的に、使用人である彼らは、主人宅で用がない時は、有料の旅公演をすることが許されるようになった。このようにして、幕間劇はプロの俳優と演劇の登場と結びつけられるわけである。

中世という時代は、宗教と世俗どちらの儀式もが人々の人生における重要な役割を果たしたため、それ以外の多くの祝典でも演劇的要素が活用された。多様な演劇の中で、宗教劇がもっとも重要で特徴的である。他のどの種類の演劇よりも、宗教劇は人口の最大部に訴えかけ（そして活発に巻き込み）、この時代が理想化した、人間の歴史と運命の聖書的視点という関心事をもっとも完全に具現化したのである。

ギリシャ、ローマ、中世演劇を比較する

以上見てきたように、ギリシャ、ローマ、中世の演劇体験は、いくつかの点で類似しているが、大きく異なる点もある。ほとんどの場合、いずれもが特別な行事（つまり、現代のように毎日連続してではなく、特別な機会に上演された）であり、儀式的（宗教的祝祭の一部で、神々への供物と見なされた）であり、国家や宗教的・世俗的組織、あるいは富裕層市民が経費を負担し、そして誰にでも開かれていた。また、いずれも多くの同じ表現方法を用いた。演者は男性に限ること、楽器による伴奏が

あること、巨大な鑑賞空間、そして、様式的な舞台背景を持つことである。また、ギリシャとローマ演劇は全ての人物が（マイムを除き）仮面をつけた。中世演劇では、悪魔と、時に寓意的人物が仮面をつけた。

相違点は多い。ギリシャ演劇では、コロスと踊りが大きな役割を担った。ローマ演劇では、ギリシャ演劇よりも音楽的要素が劇中くまなく均等に配置され、また、コロスよりも俳優と大きく関わった。中世演劇では、音楽は多かったが、決まった計画に従うものではなかった。劇場構造も異なった。しかしもっとも重要な相違点は、基本的価値観を映し出す部分である。ギリシャ人は道徳的価値観や重要な問題に大きな力点を置いていたようだが、ローマ人は人気のある気晴らし的な娯楽に関心があった。そして中世演劇はキリスト教の教えと結びついていた。

訳注

（1）ユダヤ教、キリスト教の安息日。
（2）thespian（英語）。
（3）現代の「オーケストラ（orchestra）」の語源。
（4）観客から見える、俳優の演技空間。
（5）gravitas、真剣さ。古代ローマ人が美徳と見なした資質のひとつ。

（6）中世のミサ曲に挿入された装飾用の語句。
（7）本番と同じ衣裳をつけて行う、最終的なリハーサル。
（8）連（定型詩を構成する、数行をまとめたもの）。
（9）かつてホンジュラスを含む中央アメリカ各所に暮らしたマヤ族のひとつであるキチェ族の神話と歴史を綴った物語。「ポポル・ヴフ」は「共同体の書」あるいは「評議会の書」などと訳される。

〈年表 I〉

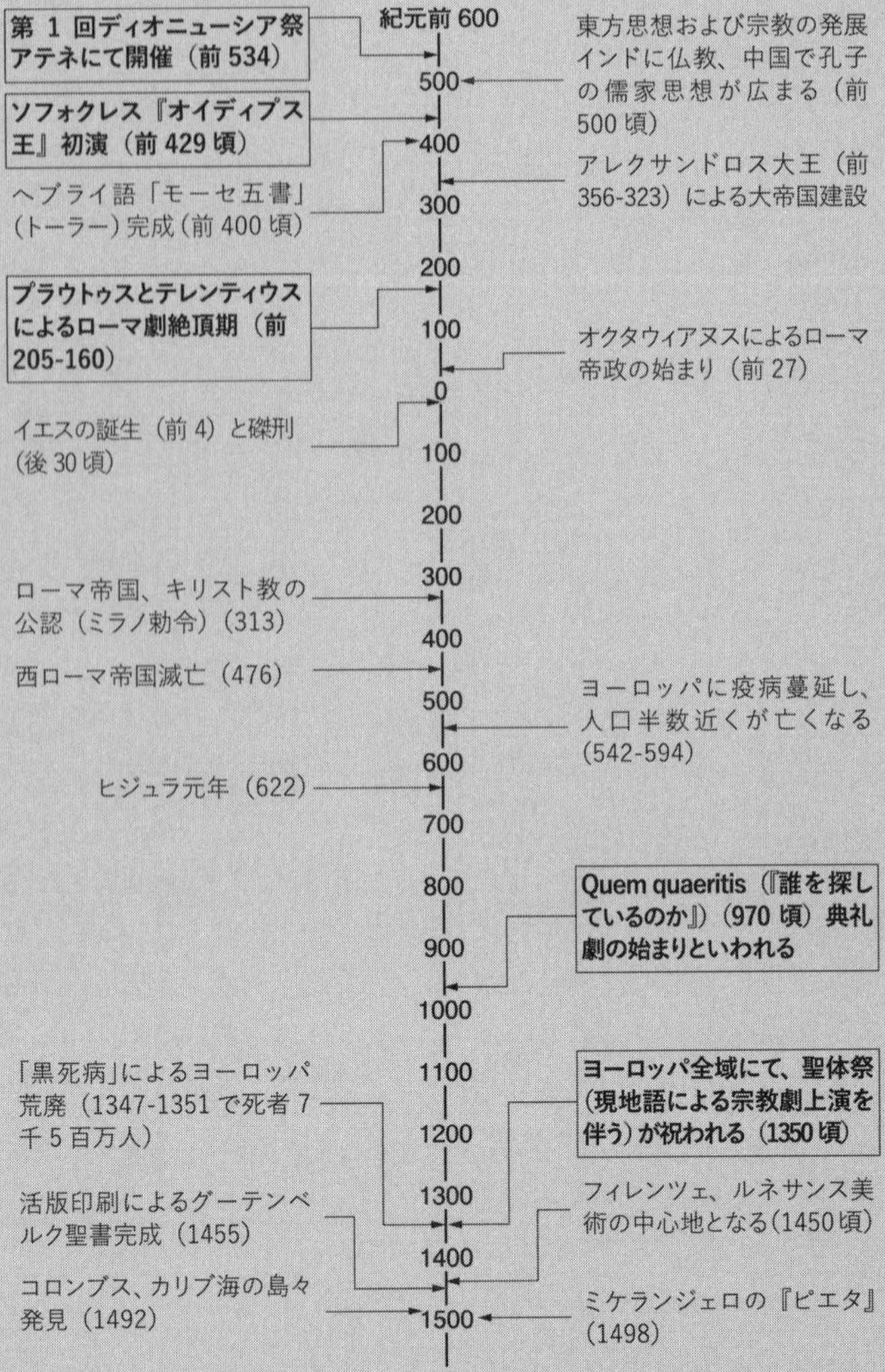

紀元前 600
500
400
300
200
100
0
100
200
300
400
500
600
700
800
900
1000
1100
1200
1300
1400
1500
第 1 回ディオニューシア祭アテネにて開催（前 534）
ソフォクレス『オイディプス王』初演（前 429 頃）
ヘブライ語「モーセ五書」（トーラー）完成（前 400 頃）
プラウトゥスとテレンティウスによるローマ劇絶頂期（前 205-160）
イエスの誕生（前 4）と磔刑（後 30 頃）
ローマ帝国、キリスト教の公認（ミラノ勅令）(313)
西ローマ帝国滅亡（476）
ヒジュラ元年（622）
「黒死病」によるヨーロッパ荒廃（1347-1351 で死者 7 千 5 百万人）
活版印刷によるグーテンベルク聖書完成（1455）
コロンブス、カリブ海の島々発見（1492）
東方思想および宗教の発展インドに仏教、中国で孔子の儒家思想が広まる（前 500 頃）
アレクサンドロス大王（前 356-323）による大帝国建設
オクタウィアヌスによるローマ帝政の始まり（前 27）
ヨーロッパに疫病蔓延し、人口半数近くが亡くなる（542-594）
Quem quaeritis（『誰を探しているのか』）（970 頃）典礼劇の始まりといわれる
ヨーロッパ全域にて、聖体祭（現地語による宗教劇上演を伴う）が祝われる（1350 頃）
フィレンツェ、ルネサンス美術の中心地となる（1450 頃）
ミケランジェロの『ピエタ』（1498）

第三章　職業演劇を作る

――エリザベス朝イングランド、イタリアのコメディア・デラルテ、一七世紀フランス

（演劇発展の第三段階とともに）世俗の流入がはじまった。ショーは規模を縮小し、演者の人数も減った……しかし専門化が忍び込んできた。職業意識の始まりである。季節的要素が減り、宗教的要素は風刺や哲学に座を譲った……そしてショーははるかに少ない特定の観客に向けて企画され、観客は屋内で鑑賞する場合も出てきた。

リチャード・サザン『演劇の七つの時代』

ここまで見てきた演劇体験は、行政や宗教機関が後援する祝祭の一部で、特別な行事で上演され、国家や富裕層市民が経費を負担していた。他の種類の上演もあったものの、下位に位置づけられていた。しかし一六世紀から一七世紀の間に、ヨーロッパ社会における演劇の役割が再定義された。

職業演劇を作る

変化をもたらした力のひとつが、思想の世俗化である。人々は「今、この場」の生に関心を移し、かつてのように死後の世界に向けた準備にのみ執着する傾向が減ったのである。宗教は変わらず重要だったが、この世の事柄への関心が増え、長く顧みられなかった多くの分野での学問の復活が起こった。この再生の時期をルネサンスという。学者、芸術家などが、ギリシャとローマに注目を向けた。ギリシャもローマも、中世においては比較的小さい役割しか果たさなかったが、それは古典の作品の非常に多くが失われたり破壊されたことが一因であった。また、そういう憂き目に遭わなかったものは危険な異端の作品として無視されたことも原因である。利用され続けた作品は、異端に起源を持つことを曖昧に見せるように解釈された。古典世界に対してよみがえった関心の対象には、ギリシャ・ローマの劇や演劇習慣も含まれた。とはいえ、彼らの古典演劇についての理解はひどく限られ、しばしば歪曲したものだった。しかし教養人たちは中世の習慣以外の選択肢に気づくようになり、ヨーロッパ中の劇作家が古典のテーマや形式を真似たり翻案したり、あるいは中世と古典の要素を取り混ぜて作品を書くようになった。

ルネサンスの探求精神は宗教にも向かった。一六世紀、教会の教義と慣例についての論争は、ローマ・カトリック教会離脱と、いくつかのプロテスタント教派結成につながった。じきに、演劇上演は有効なプロパガンダ媒体になることを様々な派閥が発見し（観客の大多数は文字を読めなかったのだから）、敵を嘲り自身の考えを支持する劇として活用した。論争はしばしば暴力に発展し、戦争さえ引き起こした。イングランドでは、一六世紀の間に国家の宗教が四度も変わり、そのたびに多くの人々が変化を拒んだために処刑された。フランスでは、カトリックとユグノーの間の宗教論争は暴力的な攻撃につながり、一六世紀の大部分の期間続いた。ヨーロッパのほとんどの統治者はこの宗教論争のどちら側につくかを選ばなければならないという、すさまじいプレッシャーのもとにあった。こういった状況の中では当然の流れだが、一五〇〇年代中盤には、教会と国家はいずれも争乱を減らす方法を探し始めていた。一五四八年、アンリ二世はフランスにおける宗教劇の上演を禁じた。イングランドでは、一五五八年にエリザベス女王が王座につき、翌年、同様に宗教と政治を扱う芝居を禁じる法令を出した。こういった法令は、事実上、宗教劇の公共上演の死を意味した。ヨーロッパのほぼ全域で二〇〇年以上にわたって非常な人気を誇ってきた演劇経験、つまり屋外の宗教劇が、それを奨励し支持していたまさにその組織（教会と国家）によって、今度は禁止されたのである。

宗教的なテーマの芝居を上演することを禁じられた演劇は世俗化に走り、そのテーマを、古典文学、歴史年代記、そして伝記に求めるようになった。必要に駆られたことも一因となって新しい種類の劇が生まれ、演劇は自ら商業活動に転身したのである。（宗教的祝祭の一部として）特別な行事の際に、（教会や国家の）公式支援を受ける本質的に素人演劇としてあり続けるのではなく、継続的かつ世俗的で、職業的な演劇となったのである。

宗教劇をもっとも熱心に支持していた人々が、職業演劇にもっとも猛烈に反発した。神の栄光、町の名誉、市民の教化のための芝居の上演は意味のあるものに思えたが、金銭のために人生を芝居の上演に捧げることは無駄で罪深いことだった。イングランドで多くのサイクル劇を制作していたギルドは、職業劇団を禁止に持ちこむべく運動した。人々を仕事から引き離し、不道徳な行いを奨励し、病気を蔓延させ、扇動的な活動の隠れ蓑になるというのがその理由である。つまりギルドは、中世のほぼ素人による演劇とは大きく異なった見方で職業演劇を見たということである。

生き残るためには、職業集団は頻繁な上演が可能でなければならず、限りある観客に何度も来てもらえるように充分な数で種類も豊富な芝居のストックと、大勢の有料観客を収容できる広さを備え、入場料を徴収できるよう入場を制限できる囲われた上演場所が必要だった。さらに、衣裳、舞台装置、その他の上演に用いるものを所有あるいは管理し、演劇制作と上演にフルタイムで従事できる俳優集団と制作スタッフを集めなければならなかった。

こういった仕事を成し遂げるのは難しかった。一六世紀には演技をするというのは職業として容認されていなかったからである。当時の主流だった同職ギルドの仕組みに収まらなかったからだ。同職ギルドには明確な責任のヒエラルキーがあり、親方は自分のところで働く熟練工と徒弟に関する責任があった。俳優はギルドに属さなかったため、当初は「親方を持たない者」と見なされた。すなわち、彼らに関する責任を持つ者がいないということである。彼らは浮浪者に分類され、社会秩序にとって脅威であるため、逮捕と処罰の対象だった。この問題を回避するために、劇団は貴族に請願して後援者となってもらった。厳密にいうと俳優たちはこの後援者の「使用人」となり、したがって、親方のいない身分ではなくなったわけである。このようなわけで、シェイクスピアとモリエールの時代、劇団は「海軍大臣一座」「宮内大臣一座」「国王一座」などの称号を持ち、合法的地位を持つことを示したのである。貴族と繋がりのある劇団は、ある程度の保護を得ただけでなく、切符の売り上げに役立つ地位も手に入れたわけだ。例えばモリエールの劇団は、ルイ一四世の後援を得て「国王一座」という名前を許可されるや、人気が高まった。統治者や貴族の後援がなければ、職業劇団の存続は難しかっただろう。

この仕組みは劇団を守ったが、同時に制限も課した。統治者は、全ての劇団が国王の勅許を得ることと、全ての芝居が上演前に承認を受けることを求めるようになった。勅許制度によって、統治者は劇団が政治的・宗教的論争を引き起こすような芝居を上演しない確約が得られるわけである。こういった問題はあったが、一六〇〇年代には、職業劇団はヨーロッパ全域において史上最高の演劇時代を作り出した。そしてそれがもっとも顕著だったのがイングランドである。

シェイクスピアとグローブ座

エリザベス朝演劇の名声は、なによりも、おそらく史上最高の劇作家であるウィリアム・シェイクスピア（一五六四－一六一六）の作品と、彼が所属した劇団（宮内大臣一座、その後は国王一座）があってのことである。シェイクスピアの同時代劇作家のうち、重要なのは次の人々である。トマス・キッド（一五五八－一五九四）、クリストファー・マーロウ（一五六四－一五九三）、ベン・ジョンソン（一五七二―一六三七）、ジョン・フレッチャー（一五七九―一六二五）、ジョン・ウェブスター（一五八〇―一六三四頃）。これらの劇作家（および他の劇作家も含む）が、一五八五年から一六四二年にかけてイングランド演劇の驚異的発展に貢献した。

演劇を取り巻く環境は、戯曲執筆を後押しした。一五八〇年代から一六四二年まで、ロンドン市内あるいは近隣で少なくとも二つ（時には最大四つ）の劇団が公演を行っていた。彼らは週六日（日曜を除く毎日）、午後（二時頃から）、通常の就業時間内に上演した。ロンドンはまだ比較的小さな都市（この時期に人口は一〇万から四〇万に増加した）だったため、劇団は観客を奪い合う熾烈な競争を繰り広げた。ロングランに頼ることはできなかった。通常、演目は毎日変わったのである。新作は二、三回上演されてから劇団のレパートリーに加わり、人気がなくなるまで時々再演された。一五九〇年代、ロンドンの劇団は一劇団でほぼ一七日ごとに新作を制作した。芝居の寿命は平均一〇公演（一シーズンあるいは数シーズンにわたる期間内で、レパートリーからはずされるまでの公演総数）だった。基本的に同じ人々からなる観客に劇場に戻ってもらうためには、常に新作が求められるという状況であり、劇作家にとって好都合だったわけである。シェイクスピアと彼の同時代人は、自分たちの作品を文学作品ではなく大衆娯楽と考えていたので、当初は出版を考えてはいなかった。一六一六年にベン・ジョンソンが自身の全作品集を出版した時にはじめて、戯曲は文学としての地位を得るようになったのである。シェイクスピアの戯曲は彼の死後数年してからようやく集められて出版された。

劇作家には戯曲を多数執筆せざるを得ない事情があった。劇団が作品の代金を劇作家に払うと、作品は劇団の所有となり、劇作家にはそれ以上の収入はない。生活費の全てを戯曲に頼るとすると、作家は年に四、五本の作品を執筆しなければならないわけである。シェイクスピアは年にほぼ二本執筆していたようだが、彼は役者も兼業し、劇団の大口株主でもあり（つまり、劇団の資産の部分所有者であり、劇団経営にも関わっていた）、一五九九年以降は、劇団が上演に使ったグローブ座の部分所有者だった。このように、シェイクスピアは演劇のほぼあらゆる側面に関わり、大多数の同業者たちよりも裕福になったのである。

新作の安定供給以外に、劇団は公演場所を必要とした。イングランドでは、君主の勅許と貴族の後援を得ることで劇団は法的地位を得ていたが、ロンドン市議会（演劇反対の立場のギルド会員で構成されていた）は、市内における公演禁止の道を探した。その結果、常設劇場を建てる際には、市境界線外ということになったのである。一五六七年から一六二五年にかけて、一二以上の劇場が建築された。イングランドの公衆劇場は、細部においては様々だったが、中世の慣習を下敷きに手を加えていったという共通の特徴があった。

エリザベス朝演劇の伝統的表現方法は、一五九九年以降シェイクスピアの劇団が使用し、シェイクスピアが部分所有者でもあったグローブ座を調べることで理解できるだろう。おおよそ円形で、外周直径はほぼ九九フィート。屋根付きの三階建て桟敷席は、奥行きおよそ一二フィート六インチ。この桟敷席は直径約七四フィートの屋根無しの空間（「ヤード」と呼ぶ）を取り囲む。舞台はヤードの中央に迫り出している。舞台は幅約四一フィート三インチ、奥行き約二四フィート九インチ、ヤードの地面から五〜六フィート高く、桟敷席と、ヤードの立見の三方から見ることができる。舞台前方の二本の柱が舞台上の屋根（「天」あるいは「影」）を支えた。

舞台後方には「楽屋」と呼ばれる複層のファサードがあった。舞台と同じ高さには最低二ヶ所に大きな扉があって登退場が可能で、小道具の出し入れ用にも使用した。この扉は非常に重要である。というのは、ある人物が一方の扉から退出して、別の人物が別の扉から登場することで、場所の変化を示すことが多かったからである。通常、この扉が明確にどの場所かということは示されないが、時に、家、市門、城その他の場所などを示すことがあった（扉が表すものが重要な場合は、対話の中で示された）。扉と扉の間には（決定的瞬間まで隠されていた物体や人の）「発見」という、シェイクスピアや同時代の劇作家の作品ではよくある出来事のための大きな空間もあったと思われる。「発見」のために楽屋出入り口が使われたと考える人もいるが、幕で隠したり開けて見せたりできる小さい奥舞台のようなものがあったと考える人もいる。「楽屋」の二、三階の正確な配置については議論がある。ここには（『ロミオとジュリエット（*Romeo and Juliet*）』に登場するような）バルコニー、窓、城壁、その他高所を表すためのアクティング・スペースがあった。また、「貴族の間」というもっとも高価な座席や、おそらく二階か三階にあったと思われる音楽家のギャラリーなどがあった。

再建されたグローブ座　撮影：訳者

つまり、概してこの舞台は中世の表現方式の応用である。ファサードは中世のマンションの役割を果たし、舞台はプラテアの役割を果たした。テーブル、王座、テント、ベッド、祭壇、処刑台といった小道具は、場所を示すというよりも物語の展開上の必要から、時々持ち込まれた。この舞台は、ギリシャ・ローマ時代のものと共通する点もある。全ての場面の背景は様式化されたファサードで、特定の場所は主に対話で示されたという点だ。場所がどこかということが重要であれば、人物が地名を言ったり説明するなどした。この表現方法を「セリフによる舞台装置」と呼ぶ。「セリフによる舞台装置」を用いるエリザベス朝演劇の構造や表現方法は、場面転換のための中断を行うことなく、ひとつの場面が途切れなく次の場面に流れていくことができるため、非常に円滑な演出を可能にした。

衣裳と照明の表現方法もまた、中世演劇と類似している。ほとんどの人物は、物語の歴史的時代に関係なく、地位、年齢、職業にふさわしいエリザベス朝衣裳をつけた。他の種類の衣裳の使用は控え目だった。ギリシャやローマの登場人物はエリザベス朝衣裳の上に布地を重ねることで表現することが多かった。亡霊、魔女、妖精、寓話的人物は、当時の人々がそういった生き物の外見に関して持っていた認識に合う非現実的な衣裳をつけた。人種的、国民的ステレオタイプ（ユダヤ人、ムーア人、トルコ人）は服装で示されることがあった。エリザベス朝演劇の色彩や華やかさのもとは、ほとんどの場合衣裳や軍旗だった。行進、戦闘、祝典が多く登場したからである。十分な衣裳を維持することが劇団の最大の支出のひとつだった。照明は大きな問題ではなかった。なぜなら上演は日光のある時間帯に屋根のない場所で実施されたからだ。闇を示すためには、対話もしくは、松明、ランタン、ロウソクを登場人物が持ち運んだ。

もっとも重要なのは、劇団そのものである。およそ二五名で構成され、そのうち約半数が株主（劇団資産の部分所有者）だった。株主は全ての最重要事項の決定を行い、主要な役の大部分を演じ、全利益を分配した。俳優、プロンプター、音楽家、裏方、衣裳管理者として大勢が週給制で雇われた。また、四名から六名の見習いがいて、女性役を演じた。劇団員は全員男性である。（一六六一年まで、イングランドでは女優は存在しない。）大勢の登場人物がいることが多いため、ダブル・キャスティングも多かった。また、劇団は通常毎日違う芝居を上演したので、俳優一人ひとりが、相当な数の役を担当した。総じて上演スタイルはおそらく現代的意味合いにおける写実的なものではなかったが、行動や外見は、ギリシャ演劇よりは日常的に目にするものに近かった。例えば、エリザベス朝の俳優は仮面を付けなかった（変装の場合を除く）。コロスは存在せず、また、古典演劇では音楽伴奏付きでセリフを語ることがあったが、エリザベス朝ではセリフは全て音楽伴奏なしで語った。

写実からもっとも遠い表現方法は、大部分が韻文で書かれた対話、女性役を演じる男性、そして、汎用性のある背景である。

エリザベス朝演劇には音楽的要素が相当程度含まれていた。王の登場を知らせるため、重要な告知に注目させるため、戦闘での合図などのためにトランペットがファンファーレを奏した。劇中の歌や踊りに音楽の伴奏がついた。幕切れには（真面目な芝居であっても）、ジグ（短い快活な音楽と踊り）が披露されることが多かった。

エリザベス朝の劇団は、完全な職業集団となる方法、大勢の人々にとって魅力的かつ利益のあるものになる方法を素早く学んだ。入場料を支払う観客も重要な要素だったが、彼らは背景も趣味も大きく異なった。たいていの場合、芝居は誰でも楽しめる要素を何かしら含んでいた。シェイクスピアの芝居は現代のソープオペラにも劣らぬ複雑なプロットを持ち、テレビの警察シリーズにも負けぬほど大量のバイオレンスが登場した。しかし同時に、詩的言語などの文学表現方法を使って出来事の重要性に注意を向けさせ、また、人間の行動について極めて深い洞察を示すことで、作品にいつまでも色褪せぬ魅力を与えた。

小額の一般客入場料を支払えば、ヤードで立ち見ができた。着席したければ、より値段の高い桟敷席入場料を払わなければならなかった。また、三分の一ペニーを払えばクッション付きのボックス席で見られた。「貴族の間」の座席は数に限りがあり、六ペニーだった。新作であれば入場料は高くなったようである。グローブ座はおそらく三〇〇〇人程度収容できたようだが、そこまでの人数が入ったことはほとんどない。舞台の配置（舞台がヤード中央に突き出している）から考えて、舞台からあまり遠く離れた人はいなかったろう。幕間の休憩はなく、ワイン、ビール、エール、ナッツ、トランプカードなどは、上演中に場内を巡回する売り子が販売した。雰囲気は現代のスポーツ・イベントに似ているかもしれない。観客を黙らせ、注意を向けさせるのは芝居と演者の力に任されていた。

シェイクスピアが執筆したかあるいは共作した現存する三八本の芝居のひとつ、『ハムレット（*Hamlet*）』（一六〇〇－一六〇二）は、四〇〇年以上も注目され続けた作品である。物語、構造、表現方法においてエリザベス朝演劇の代表作であるが、当時の作品のほぼどれよりも優れている。

コラム　社会と芸術&文化

◇新グローブ座

一九九七年、ロンドンにて、初代グローブ座が建っていた場所からほんの二〇〇ヤード離れたところに再建されたグローブ座が開場した。この劇場は二〇角形で、直径一〇〇フィート、白い漆喰のハーフティンバーの壁と、茅葺き屋根を持つ。舞台は地面から五フィートの高さにある。十二宮のシンボルを描いた「天」を、大理石模様を塗装した二本の円柱が支える。舞台面を見ると、背景のファサードには両側に大きな扉があり、中央にはさらに大きい開口部がある。二階には、俳優、音楽家、あるいは（時に）観客が使える広い空間がある。芝居の上演には舞台装置も、マイクもスポットライトもない（ただし、夜公演の間に日光を模すためにフラッドライトは使われる）。シェイクスピアの作品に加えて、同時代の他の作品も上演される。劇場にはおよそ一五〇〇名を収容できる。五〇〇人は屋根のないヤードに、一〇〇〇人は三層のバルコニー席に収容される。

新グローブ座で演じる俳優は、この環境（と芝居）が、観客参加を大いにうながすことに注目する。一人の俳優はこう述べている。「観客がこれほど声や身体を使って関わってくるような芝居に出演したのは初めてだ」。サー・ピーター・ホールはロイヤル・シェイクスピア・カンパニーと、ロイヤル・ナショナル・シアターの元演出家であるが、新グローブ座での上演についてこう話している。「シェイクスピア劇のエッセンスは、昼の時間帯に、狭い空間にすし詰めになって想像力の駆使を迫られる観客との生《なま》の交流だ。英国でそんなことが起きている場所は、他にない」。

シェイクスピア時代の上演条件を復元するというプロジェクトは継続しており、その一環として二〇一四年にサム・ワナメイカー劇場を開場した。これはブラックフライアー劇場という、シェイクスピアの後期劇の数本が初演された屋内空間に似せた、三四〇席の小規模劇場である。当時の習慣を守り、舞台照明はロウソクである。

『ハムレット』

『オイディプス王』同様、『ハムレット』は世界最高の悲劇のひとつで、王殺しの犯人を罰する義務を負う人物を描く。しかしシェイクスピアはソフォクレスよりも大きなキャンヴァスを用い、ドラマの中に、より多面的な物語、より多くの登場人物、より広大な時と場所を盛り込んでいる。

物語の展開をまとめるシェイクスピアの技術は見事だ。ハムレットの父の亡霊が深夜の城の胸壁に登場する冒頭の場面は瞬く間に注意を引き、ミステリーの雰囲気と、いずれ発覚する真相への期待感を確立する。第一幕の残りは、主要人物の紹介と、劇的状況の確立に使われる。ハムレットの父である前王が、弟であり現王であるクローディアスに殺害され、クローディアスがハムレットの母の新しい夫となった。しかし、亡霊、クローディアス、ハムレット以外にそのことを知る者は一人もいない。亡霊は自身が殺害されたことをハムレットに明かし、それとともに殺人（クローディアスの）の復讐を命令することで、この芝居の中心的展開が動き始める。ハムレットは亡霊の告発を信じたいと思う一方、悪魔がハムレットの魂を地獄に落とす行為に誘い込もうと亡霊を送り込んだのではないという確信が持てない。そこでハムレットは亡霊の告発が正しいことを立証しようとする。ハムレットの苦悩があまりに激しいため、第二幕で人々はハムレットが正気を失ったのではないかと疑うほどであるし、また母の行動に激しく幻滅したハムレットは愛する女性オフィーリアまで拒む。亡霊の告発の正しさを立証する筋は、第三幕第二場でクライマックスに達する。ハムレットの父殺しそっくりの劇中劇を見た時のクローディアスの反応が、彼の罪を立証するのである。しかしこの場面は同時に、ハムレットが殺人を知っていることをクローディアスに示してしまう。その結果ハムレットは、この時点までは追う者だったのが、逆に追われる者になる。以降の場面では、クローディアスが自身に疑いを向けさせずにハムレットを殺させようと企む様子が示される。ハムレットは、自分と母の会話をポローニアスが盗み聞きしているのを、クローディアスだと思い込んで殺す。クローディアスはこれを口実にハムレットをイングランドに送り込む。付き添いとしてハムレットの友人という触れ込みのローゼンクランツとギルデンスターンも伴わせるが、彼らには、ハムレットを殺す命令をしたためたイングランド王への手紙を持たせる。ハムレットは脱出してデンマークに戻るが、ちょうどオフィーリアの葬儀に出くわしてしまう。

シェイクスピアは、このメインプロットを、ポローニアス一家を中心とするサブプロットと巧みに織り合わせる。二筋の物語は、ポローニアスの娘オフィーリアへのハムレットの愛、王の第一顧問としてのポローニアスの立場、そして、ハムレットがポローニアスを殺しオフィーリアが狂気に陥ってしまったために生まれた、レアティーズの復讐心という要素で結び合わされている。最後の場面、ハムレットをレアティーズの手で殺させよう（フェンシングの試合で、レアティーズは毒を塗った剣を使う）というクローディアスの企みは、ハムレットの死だけでなく、ガートルード、レアティーズそしてクローディアス自身の死で終わり、それによってメインプロットとサブプロットの両方が決着する。

『ハムレット』の主要人物は全員が貴族階級である。シェイクスピアは、人物たちの特定の年齢を観客に伝えることもなく、身体的な外見についても多くを明かさない。しかし、年齢とコントラストは重要である。若く無垢な者、つまりハムレット、オフィーリア、レアティーズの苦しみがもっとも大きいのである。

多くの人々が、『ハムレット』は悲劇俳優にとってもっとも難しい役のひとつだと考えている。そのひとつの理由が、ハムレットを演じる俳優は他の人物たちに向けて一連の行動や反応を示し、一方観客に対しては別の一連の行動や反応を示さなければならない点だ。この両者は絶妙なバランスを保っているため、解釈上の問題点について今でも議論が続いている。

・ハムレットは第二幕、第三幕で狂気を装っているのか、あるいは一時的に本当に正気を失ったのか?
・ハムレットは母にどのような感情を抱いているのか?
・ハムレットはなぜ父殺しの犯人に対する復讐をそれほどまで遅らせるのか?

ハムレットを演じた様々な俳優が、それぞれの上演において、これらの問いに色々な答えを出してきた。この役の大きな特徴のひとつは、異なる解釈を許しながらも説得力と一貫性を持つことだろう。ハムレットを演じる俳優は、広範囲にわたる複雑な感情的反応を表現し、曖昧な長台詞と行動を演じ、最終場面では途方もないエネルギーを維持し、しかも身体的な負担まで(フェンシングと戦い)求められるのである。

ハムレット同様、オフィーリアも繊細である。世間知らずで、父ポローニアスに簡単に誘導される。ハムレットが彼女を振ったように見えること、そして父を殺したことは猛烈な衝撃で、そのため本当に気が触れて、どうやら自殺してしまう。ハムレットと年齢が近い兄レアティーズは、ハムレットと同じような状況に直面した時、ためらわずに行動に突進する。クローディアスはレアティーズの衝動的な性質につけこみ、本人の性質と相容れない策略（毒を塗った剣を使うこと）を実行するように説得してしまう。レアティーズはそれを後悔するが、時すでに遅しである。クローディアス、ガートルード、ポローニアスは当然の報いを受けたのに対して、若者は年長者たちの弱さの犠牲となったと考えてよいだろう。

クローディアスは疑いなく、人当たりがよく魅力的である。そうでなければ、なぜそれほど大勢の人々を欺くことができたのか納得するのは難しい。宮廷の支持を勝ち取り、ガートルードを口説き落とし（彼が夫を殺したことを知らないように見える）、レアティーズも楽々と味方につける。登場人物の多くは、クローディアスの悪事に、最後の場面でようやく気付くのである。クローディアスの表面的な立派さは、ハムレットが急いでおおっぴらに行動することをためらう説明にもなる。ハムレットはおそらく、クローディアスを殺人者だと告発しても信じてもらえなかっただろう（ハムレットがクローディアスの殺人について知ったのは亡霊の告発を聞いたからだが、ハムレット以外にそれを聞いた者はいない）。

ハムレットの母ガートルードは、夫の死後急いでクローディアスと結婚した。ポローニアスは頼んでもいないのに助言を押しつける冗長な政治家で、根拠のない結論を導き出す。ポローニアスは馬鹿者と演じられることがよくあるが、彼の馬鹿馬鹿しさを誇張するのは危険である。ハムレットが乗り越えなければならない障害物を小さくしてしまうからだ。

シェイクスピアの劇詩は、英語で書かれた最上のものと一般に認められている。通常の表現手段はブランク・ヴァース（無韻詩）で、普通の会話の柔軟性をほとんど維持したまま、同時に高めて形式化できる。しかし多くの部分が散文で、特に、墓掘り人夫や役者たちのような社会の下層階級の人物が登場する場面に用いられている。こういった場面はしばしば言葉遊びや俗語が使われているため、詩に比べて理解するのが難しいことが多い。

シェイクスピアの対話でおそらくもっとも重要なのは、比喩的言語である。劇詩における比喩表現の第一の目的は、直接的あるいは間接的な比較を提示することである。劇詩においてシェイクスピアが他の劇作家を凌ぐのは、シェイクスピアが劇的状況から注意を逸らせることなく、比較を用いて重要性を拡大している点である。シェイクスピアの詩的技法は、一部、中世の舞台における天国と地獄の視覚表現と同じ役割を果たしているといえる。それは、人間の行動と、宇宙における神と悪魔の力を関係づけ、人間に関わる事柄をあらゆる創造物にとって重要な事柄であると見せているのである。

シェイクスピアの言葉は俳優に特別な要求をする。強烈な感情を実際に体験しているからこそ強い言葉が自然と口から出てしまうという様子を俳優が見せられなければ、シェイクスピアの比喩表現は不自然で大袈裟に聞こえてしまうだろう。シェイクスピアの芝居は、彼の詩が求める感情の高みにまで俳優が上らなければ、つまらない上演に見えてしまうだろう。つまり、表現の豊かさそれ自身が、演者や読者にとってのつまずきの原因となりかねないのである。

『ハムレット』の物語は様々な場所で展開するが、シェイクスピアはそれを全て、小道具、衣裳、俳優の動作といったものを用いて描いた。舞台装置は重要ではなくとも、場所の転換は重要であった。主舞台、発見の場所、二階部分は、ひとつの場面から次の場面への流れを円滑に進める役に立った。どちらかといえばむきだしの舞台は絶えず様々な場所に変化する。例えば冒頭の歩哨や亡霊の登場の場面、第一幕の凝った行列や宮廷儀式、第三幕の劇中劇、第五幕のオフィーリアの埋葬と、ハムレットとレアティーズが開いたままのオフィーリアの墓で見せる喧嘩（舞台床のトラップ・ドアを使う）、そして、舞台の上に死体がゴロゴロすることになるフェンシングの試合である。

衣裳も視覚効果に役立つ。人物のほとんどはおそらくシェイクスピアの時代の衣服を着ていたと思われるが、ハムレットは黒の喪服を着ることで、他の人々の中にあって際立つ。亡き王への服喪の期間はクローディアスとガートルードの結婚への祝賀に変わり、人々は華やかな色の服を着ているからである。

音も全体の効果を盛り上げる。トランペットのファンファーレ、大砲、そして、第四幕では舞台外で群衆の声が聞こえる。しかしもっとも重要なのは、シェイクスピアの詩を語る俳優たちの声である。

『ハムレット』は言外の意味が多いが、もっとも重要なものは、もっとも信頼していた人に裏切られる衝撃にかかわる。全編に裏切りが充満している。弟が兄を、妻が夫を、親が子どもを、友人が友人を裏切る。おそらく穏やかな青年期を過ごしたハムレットは、突然一連の衝撃的な事実の発見に見舞われる。父が叔父に殺され、母は父に対して不義を働き、母はハムレットのものになるはずだった王座を叔父が簒奪することを許し、友人のはずの者たち（ローゼンクランツとギルデンスターン）が叔父のスパイとなる。こういった発見のせいでハムレットがほとんど全員を、愛するオフィーリアさえ疑惑の目で見るようになるのは当然だろう。また、それらの裏切りがどういうもので、しかもどれほど立て続けに起きたかを考えれば、ハムレットもハムレット以外の人々も、ハムレットが狂気に陥ったのも無理のないことと思うだろう。第二のテーマは、ハムレットに求められる事柄が、相反しているということである。すなわち、父の死の復讐（そのためにおそらくハムレットは叔父を殺さなければならない）と、キリスト教の教えを守ること（叔父を殺すことは死に値する罪である）である。第三のテーマは、犯罪は、犯人がそれを隠そうとすれば、次々と負の出来事を引き起こすということである。『ハムレット』の中の全ては、元をたどればクローディアスの兄殺しと、クローディアスがそれを隠そうとして考え出した一連の欺瞞が原因なのだ。それこそが、二つの家族の完全な破滅を導いたのである。

もうひとつ暗示されるのは、王というものの本質と、他者を支配しようとするならばその前に自分自身を支配しなければならないということである。このモチーフは、特にクローディアスの行為に見られ、また、クローディアスとその亡き兄、あるいはハムレットとフォーティンブラス（国家に秩序を取り戻すことを任される、力強くわかりやすい性格の王子）の間のコントラストに特にはっきり見ることができる。これらは劇的展開の中の暗示のいくつかであるが、他にも数多く見るけることができる。『ハムレット』ほどに豊かな芝居は、種が完全に尽きてしまうことはない。だからこそ、『ハムレット』は時と場所を超越し、後代に訴える力を持ち続けてきたのだろう。『ハムレット』は、歴史上、上演レパートリーからはずされたことのない数少ない作品のひとつなのだ。

コラム　昔と今

◇シェイクスピアと現代の演劇

四〇〇年以上も前に執筆されたものでありながら、シェイクスピアの芝居は世界で今もまだもっとも数多く制作されている。八〇以上の言語に翻訳され、世界中で四〇〇以上の映画やテレビ版が制作されている。その中には、ティーンエイジャー向けの翻案、『ロミオ＋ジュリエット（*Romeo+Juliet*）』（一九九六）や、『恋のからさわぎ（*Ten Things I Hate About You*）』（一九九九）、『O』（二〇〇一）などもある。

シェイクスピア劇上演に関してはイングランドとドイツが長く先頭に立っていたが、二〇世紀にはアメリカでのシェイクスピア・フェスティバルが大幅に増加した。「詩人」(1)を記念するこうしたフェスティバルには、通年のものと夏季限定の両方がある。二〇一五年には、アメリカのおよそ一〇〇のプロ劇団がシェイクスピア・シアター・アソシエーションの会員になっていた。彼らはシェイクスピアにのみ焦点を当てているわけではないが、どの劇団もレパートリーの相当数をシェイクスピア作品の上演に使っている。もっとも名高いものの例を挙げるならば、オレゴン・シェイクスピア・フェスティバル（アメリカ最大のレジデント・カンパニーの拠点）、シカゴ・シェイクスピア・シアター、オールド・グローブ座（サン・ディエゴ）、ユタ・シェイクスピア・フェスティバル、シェイクスピア・シアター・カンパニー（ワシントンDC）で、この全てがトニー賞リージョナル・シアター部門賞を受賞している。どの劇団も現代的解釈を提示するのをならいとしているが、アメリカン・シェイクスピア・センター（ヴァージニア州ストーントン）のような劇団は、現在「オリジナル・プラクティス」といわれる、シェイクスピア時代の上演条件の再現を数多く試みる方式を取っている。

シェイクスピアの劇は、五〇を越える芝居やミュージカルの材源やインスピレーションの源となっている。もっとも有名なものに、『ロミオとジュリエット』に基づくミュージカル『ウェストサイド物語（*West Side Story*）』（一九五七）、『じゃじゃ馬ならし（*The Taming of the Shrew*）』に基づくミュージカル『キス・ミー・ケイト（*Kiss Me, Kate*）』（一九四八）、シェイクスピアの「全」作品を縮約パロディ化し、三人の俳優で演じる『シェイクスピア全集（要約版）（*The Complete Works of William Shakespeare (Abridged)*）』（一九八七）、トム・ストッパードの『ローゼンクランツとギルデンスターンは死んだ（*Rosencrantz and Guildenstern Are Dead*）』（一九六七）がある。『ローゼンクランツとギルデンスターンは死んだ』は、『ハムレット』の脇役二名についての実存主義的喜劇で、受賞作品[2]である。

イタリア・ルネサンスにおける演劇体験

シェイクスピア時代に作られた劇は今でも制作されるが、イタリア・ルネサンスの演劇は、また別種の影響力を発揮した。イタリア・ルネサンスの表現方法は、いずれシェイクスピア演劇のものに取って代わり、一九世紀まで西洋演劇のもっとも重要な表現手法となる。ギリシャ・ローマの思想、文学と芸術に対する関心の復活は一四世紀に始まり、一五世紀後半までには、当時のイタリアを分割支配していた多くの小規模都市国家の宮廷で、時折ローマ喜劇が上演されるまでになっていた。一六世紀初頭には、古典形式を模倣した劇がイタリア語で書かれるようになった。そのような芝居を上演することは、統治者が文化的に啓蒙されている印と考えられ、また、演劇的娯楽はまもなく、王家の子女の婚約、結婚、誕生や、外国使節の訪問その他同様の行事のための宮廷祝祭につきものになった。つまり、演劇は古典あるいは中世に果たしたのとやや似通った役割を担ったのである。違ったのは、これが世俗的な催しであって、統治者の栄光を称えることが目的だったという点である。芝居の題材や多くの祝祭行事のテーマは、通常は古典神話からとられた。

こういった祝祭を開催するために、イタリア人は古典に情報源を求めた。中でも特に参照されたのがウィトルウィウス（紀元前一世紀頃のローマ人建築家）の『建築について（*De Architectura*）』（前一五頃）で、これは劇場の設計や、三種類の劇、すなわち悲劇、喜劇、牧歌劇にふさわしい舞台装置について説明している。イタリア人芸術家はウィトルウィウスの論文に書かれていたものを再現しようとしたが、その過程で大幅な改変を行い、その結果生まれた劇場構造や舞台装置の慣行は二〇世紀までヨーロッパ演劇の中心的存在となった。

イタリアには常設劇場がなかったため、当初は仮設の上演会場を設置した。通常は国事用の大ホールが使われた（大きさと形は現代のホテルの大宴会場に似ている）。一五四五年、セバスティアーノ・セルリオは『建築書（*Architectura*）』を出版し、その中で既存の部屋の中に上演会場を作る方法を示している。また、ウィトルウィウスによる、悲劇、喜劇、牧歌劇の舞台装置を描き直したものも掲載している。これらの図面は古典的劇場建築とルネサンスの透視図法絵画を融合させたものである。

透視図法の原理は一五世紀に発展した。こんにちでは、透視図法に対するルネサンス人の興奮を実感するのは難しいが、当時の人々は透視図法をほとんど魔法のように捉えていた。二次元の表面に、芸術家が空間と距離を生み出すように思えたからである。透視図法が熱烈な反応を呼んだことを思えば、一六世紀までに舞台に応用されるようになったのは驚くにあたらない。

透視図法による舞台装置を取り入れたということは、大変な重要性を持つ。汎用舞台を離れ、具象的・絵画的な舞台への移行が始まった印だからである。ギリシャ、ローマ、エリザベス朝の舞台は全て、あらゆる芝居の基本的背景として汎用的な建築構造上のファサードを用いた。これらの劇場では、ファサードは小さな要素を追加することで変更可能であっても、固定されたファサードを小道具や絵画的要素で隠しきることはできなかった。（写実的に表現せず）要素を追加することで暗示できたのは、その場面が設定されている場所だけである。中世演劇のマンションは形式的伝統と絵画的伝統の間のどこかの地点に属する。しかし、どんな場所でもその全体が示されることはなく、場所と場所の間のギャップは縮小される。透視図法の登場によって、どんな場所も、固定した視点から見た全貌を再現されるようになった。一ヶ所以上の場所が登場する場合は、同時にではなく連続して登場させた。一七世紀の間、絵画的に場所を示す方法はヨーロッパ全域で舞台装置の標準となり、それは二〇世紀まで続く。

二次元の図面をいかにして三次元空間に設置する舞台装置に置き換えるかというのが、ルネサンスの芸術家たちが解決しなければならない問題だった。最終的にあらゆる地域で受け入れられた解決策は、図面を分割し、三つの舞台背景部分、つまり袖幕（サイド・ウィング）、背景幕（バックドロップ）、一文字幕（オーバーヘッド・ボーダー）のそれぞれに描くことだった。袖幕、背景幕、一文字幕に描かれたものは全て、観客席のどこかの地点に固定した視点から（元来は統治者の座席）見たように描かれていた。舞台床は後部に向かって高く傾斜し、そのためアップステージ（舞台奥）、ダウンステージ（舞台手前）という用語が生まれた。加えて、両袖の天辺は観客席か

テアトロ・オリンピコ（透視図法を用いた舞台美術の例） 撮影：古橋祐

ら遠くなるにつれて低くなる。こういった特徴を備えることで、透視図法は限られた空間において見かけ上の深度を作り出すことができた。目指したのは、完璧で説得力のある絵を生み出すことだった。

絵画的に作られた装置には額縁が必要だった。そうしなければ、観客は装置の周囲や上を見てしまい、それによって見かけ上の縮尺が無効になってしまうからである。この必要からプロセニアム・アーチが生まれ、舞台開口部の額縁として使われるようになった（「額縁舞台」）。もともと、額縁は舞台装置同様に仮設構造だったが、最終的に、常設構造部としての額縁の利点が認められるようになった。常設のプロセニアム・アーチを備えた最古の劇場は、イタリアのパルマに一六一八年に建設されたテアトロ・ファルネーゼである。プロセニアム・アーチはまもなく劇場の標準的な特徴となり、最近まで続いている。こんにちでも、額縁舞台はもっとも一般的な種類である。

ひとつの場所の全体を描く舞台装置は、別の問題を生

イタリア、フィレンツェのベルゴラ劇場（プロセニアムアーチの例）　撮影：古橋祐

み出した。ある場所から別の場所への場面転換の問題である。最終的な解決策は、二次元の袖を舞台の前面と平行して、舞台前から奥まで複数枚立てることだった。各袖幕の位置に、上演中に見せる場面の枚数のフラットを備えておく[3]（一枚のフラットのすぐ後に次のフラットを置く）。ひとつの舞台背景セットから次のセットに転換するには、見えている袖幕を舞台外に引き込んで、次の場面を表す背景セットを出す。舞台装置は絵を描いたフラットの後部に配置されていて、左右のフラットは中央で合わさるようになっている。背景（あるいはシャッター）も複数設置しておいて、袖と同様に転換することができた。（最終的には、背景の代わりに上下に動かせるドロップが使われるようになった。）ボーダー（二次元の布地で、雲や空の表現に用いられることがもっとも多い）は各袖幕の上部に吊られ、頭上の装置を隠した。一九世紀まで、場面転換は通常観客が見ている中で行われた。一番前の幕は、上演開始時に上げられた後は最後まで降ろされなかった。このように、場面転換は視覚体験全体の中の一部だった。

場面転換への欲求は、スペクタクルや特殊効果の愛好によって生まれた。イタリア人は主に、普通の劇（通常、場面転換も特殊効果も要さなかった）の幕間のインテルメッツォ（幕間劇）の中でスペクタクルや特殊効果を十分に生かした。インテルメッツォは敬意を表現するための精巧な仕掛けで、祝祭で祝われる主役と、何かしらの神話上の人物が類似していると暗示するものである。たいていは、神話からとられた主人公が、手の込んだ特殊効果を含む魔法のような技を使って、混沌の力を打ち負かす。音楽と踊りが主な目玉である。劇よりも、その添え物であるインテルメッツォの演出のほうに、より大きな努力が注がれるのが常だった。

インテルメッツォの魅力は、最終的にオペラという一五九〇年代に生まれた新しい形式に吸収された。オペラは、ギリシャ悲劇の中にあった音楽とセリフの関係を再現する試みから生まれたものである。オペラはまもなく、劇、音楽、踊り、スペクタクル、特殊効果を盛り込んだ人気の形式となっていった。オペラは透視図法の舞台美術と額縁舞台を広める主な媒体となった。透視図法の舞台美術と額縁舞台は、イタリアの洗練された宮廷の雰囲気の中で発展した。こういう上演は一般大衆には非公開だった。一六三七年、ヴェネツィアの公共オペラハウスが、宮廷演劇の楽しみをイタリアの大衆にも体験可能にした。大変な成功を収めたため、ヴェネツィアではまもなくオペラハウスが四館登場することになった。

ヴェネツィアのオペラハウスは様々な点で、後続の、オペラだけでなく演劇用の劇場の原型となった。プロセニアム・アーチと透視図法の美術を融合させただけでなく、客席の分割と配置の方法についても、一九世紀末期まで変わることなく主流だったからである。客席は、ボックス、ピット、桟敷に分割され、ヨーロッパの階級構造を反映した。この構造のおかげで、各階級が別の階級の人々と混ざることなく劇場に行くことができたのである。客席を取り囲むのは二、三階のボックス席で（満員の場所の中でも、ある程度プライベートな空間を裕福な観客や俗物的な観客に提供した）、一階はピット（こんにちのオーケストラ・ピット）で、ここはボックス席より安価で、他人からどう見られても構わない人々が好んだ。そしてボックス席の上部が、桟敷というもっとも好まれないもっとも安価な席で、たいていは労働者階級の観客が座った。オペラの人気は一七世紀に成長し、ヨーロッパ中に広がり、それとともにイタリアの舞台上演技術を広めたのである。

コラム　実践と様式

◇イタリアのインテルメッツォとイングランドのマスク

イングランドは、イタリアのインテルメッツォのバリエーションとして独自の「マスク」を生み出し、ヘンリー八世の宮廷で初めて上演した。マスクが完全な姿に発展したのはスチュアート朝のジェイムズ一世からチャールズ一世までの、一六〇五年から一六四〇年の間である。マスクは宮廷人のみを観客としていて、イタリアのインテルメッツォとあらゆる重要な側面において同じだったが、インテルメッツォと違うのは、芝居と芝居の間に挿入されるのではなく、独立して制作された点である。イタリアのインテルメッツォ同様、スチュアート朝のマスクの主題は主に古典の神話や歴史上の伝説である。主題の展開は、神話上あるいは伝説上の人物と、このマスクが称える人物とを並列させるように進む。マスクは君主制と貴族制の理想像を発展させたが、それはマスクでは物語は無秩序から秩序へ動き、大抵の場合は神話上のヒーロー（つまり王や貴族を舞台上に表現した姿）がその変換をもたらす者として描かれたからである。かくして、マスクは娯楽にとどまらず、政治機構の正当化にも用いられたわけである。

マスクは豪華なショーであって、莫大な上演経費、誇張された音楽、踊り、衣裳、舞台装置、そして精巧な特殊効果などを要した。俳優や音楽家はセリフや歌唱のある役を演じたが、踊る役は、宮廷人が受け持った。当時の劇作家として第一人者だったベン・ジョンソン（一五七二－一六三七）

が短いマスクの英文台本の大多数を執筆したが、そういった台本の主な役割は神話の枠組みを確立することだった。マスクの最大の魅力は、宮廷建築家イニゴー・ジョーンズ（一五七三－一六五二）の手による華麗なスペクタクルである。ジョーンズはイタリアに学び、インテルメッツォの上演方法を実地で見てきたのである。イタリアの舞台美術の実践法は主にジョーンズを通してイングランドに伝わったが、一六六〇年以前は宮廷の外に出ることはなかった。

コメディア・デラルテ

ルネサンス期のイタリアの演劇的活動の大部分は職業的でもなく、一般に向けて開かれたものでもなかったが、ひとつの形式——コメディア・デラルテ——だけは、その両方を備えていた。これは commedia dell'arte all'improviso（即興技術の喜劇）の略であり、宮廷の素人俳優（コメディア・エルディタ＝学問的演劇）と一線を画す、特定の専門家集団を指す。コメディア・デラルテがどのようにして、いつ生まれたか、正確なことは誰にもわからない。一説では、その起源はローマ時代のマイムなどのエンターテイナーで、ローマ時代後にもその伝統が小さい旅まわり劇団によって守られてきたとする。別の説は、プラウトゥスやテレンティウスのローマ喜劇を元にした即興が進化したという。さらに別の説は、中世の笑劇（ファルス）に起源を求める。起源が何にせよ、コメディア・デラルテが歴史記録において初めて明確に言及されたのは一五五〇年代のことである。一六〇〇年には、イタリア中のみならず、フランス、スペインその他ヨーロッパ諸国でいくつもの劇団が上演していた。どこへ行こうと、彼らは一般人にも支配者層にも簡単に観客を見つけることができた。

俳優こそがコメディア・デラルテの心臓部であり、唯一といってよい不可欠な要素である。コメディアの劇団はほぼ場所を選ばずに上演できた。街広場、宮廷、屋内、屋外、仮設舞台、常設舞台。手の込んだ背景が使えれば使うし、ただの幕を背景にしても（登退場に使う切れ目を入れて）同じくらいうまくできた。適応性こそが彼らの大きな財産だった。

台本は「あらすじ」(scenario［シナリオ］)で、設定、問題、結果を簡潔にまとめただけのものだった。俳優たちは対話を即興で語り、物語に肉づけした。大まかな筋はいつも同じだが、細部は上演ごとに、その時々のインスピレーションや観客の反応によって変わった。多くのあらすじが残っている。悲劇、メロドラマ的、音楽つきはごく少数で、大多数を占めるのは喜劇で、恋愛、策略、変装、行き違いといったものを中心に進む。

イタリアのコメディア巡業劇団では、どんなあらすじに登場する際でも、俳優は同じキャラクターを演じた(キャラクターの標準的な属性や衣裳も変わらない)。そこで演者は自分の演じるキャラクターに通暁することになる。それによって、コメディアの顕著な特徴である即興が盛んになった。何年もかけて、俳優たちは、いつでも必要に応じて取り出せる、百発百中で決められる対話や所作を作り出していったと思われる。滑稽な所作(lazzi［ラツィ、ネタ］)の中には、筋書きのなかに、恐怖のラツィ、ずだ袋のラツィ、喧嘩のラツィなどと指示されるほど標準的になったものもある。コメディア・デラルテに関する文献を読むと、演者たちが上演中に何でもかんでも即興で生み出していったという印象をたやすく持ちかねない。しかし、即興はリハーサルを経た枠組みの中で生まれたものなのだ。効果的な即興のためには、各場面がどこへ向かっているのか、プロットをひとつの作品に仕立て上げるために何をすべきかということを、演者は常に意識していなければならない。物語の筋を知っていなければならないし、ラツィを挿入する場合は、滑稽な所作をやりすぎて物語の筋をかすませることがないように注意していた。また、おしゃれな若者や若い女性を演じる俳優たちは、ふさわしい心情を詩や大衆文学からとってきてメモ帳に記録するよう奨励された。同じセリフや同じ動作が様々な芝居で繰り返されたことだろう。とはいうものの、舞台はその場でその瞬間に生まれたような印象を与えた。俳優は相手の俳優が実際にどう言うか、その瞬間まで確信を持てず、また、繰り広げられる物語に集中し間違いなく反応するためには一瞬一瞬が緊張の連続だったからである。

コメディア・デラルテのもっとも有名な特徴であるストック・キャラクター〔お決まりの登場人物〕は、三つのカテゴリーに分けられる。恋人たち、主人たち、そして召使いたちである。恋人たちの役がもっとも写実的である。若くて見栄えのよい恋人たちは仮面をつけず、たいていは最新流行の衣裳をつけた。どの劇団も最低一組、ほとんどの場合は二組の恋人たちを擁した。恋人たちは主人役のキャラクターの子どもで、父親が彼らの恋愛に反対するので召使いの助けを借りるという構図が典型だった。

三人の主人がもっとも頻繁に登場する。パンタローネ、ドットーレ、カピターノである。パンタローネは高齢のヴェネツィア商人で、しばしば若い恋人の父親か、自分自身が自称恋人である。彼の衣裳はぴちぴちの赤いベスト、赤いズボンとストッキング、柔らかいスリッパ、くるぶし丈の黒いコート、柔らかい縁無し帽子、大きな鉤鼻をつけた茶色い仮面、白髪混じりのモジャ髭である。ドットーレは、大抵の場合はパンタローネの友人かライバルの弁護士あるいは医者で、（滑稽な間違いだらけの）ラテン語のセリフを散りばめた、見掛け倒しの学をひけらかす。知恵者という触れ込みながら、信じやすくて簡単に騙される。衣裳は当時の学者がつけた帽子とガウンである。カピターノはもともと恋人の一人だったが、徐々に自慢屋の卑怯者に変化してゆき、恋愛や戦争で勝利を上げたと自慢するものの結局はどちらも疑わしいことが判明する。カピターノはたいていいつもマント、剣、羽根のついた頭飾り姿だが、大ぼら吹きのうぬぼれであることを示すため、ひどく大げさな格好のことが多い。若い女性にとっての、お呼びでない求婚者として登場する。

コメディアの中でもっともバリエーションが豊富なタイプは召使い（ザンニ――英語のzany［道化師のようにおどけた］の語源）である。ほとんどの劇団は最低でも二人（一人は賢くもう一人はそれほど世知にたけていない）、多い時は四人まで抱えていた。彼らは物語の展開に大きく関わる。彼らが主人を助けたり妨害したりする策謀によって物語が進み続けるのだ。召使いのほとんどは男性だが、一人かそれ以上の女中（ファンテスカ）が、若い女性に仕える場合もあった。通常は若くて粗野なウィットを持ち、陰謀に加担することをいとわないこういった女性の召使いは、女主人を助けながら同時に男性召使いと恋愛関係にある。時に、片方が年上で宿屋のおかみを務めていたり、年配の男性たちの恋愛対象となったりする。

ザンニの中で、アルレッキーノ（ハーレクイン）はもともとあまり重要ではなかったが、最終的には一番人気を得るようになった。狡猾でありながら愚かでもあり、曲芸と踊りの達人という役柄で、必ず策謀の中心にいる。衣裳は当初は多色の切れ端を不規則に配置した服だったが、赤、緑、青のダイヤ模様に進化した。黒い仮面の上に粋な帽子をかぶり、木剣かスラップスティック（真ん中を切り込まれていて、誰かをそれで叩くと鋭い音がすることから名づけられた。「スラップスティック・コメディ」の語源）。スラップスティックは喧嘩や殴打の場面でおおいに目立った。劇団ごとにハーレクイン的なキャラクターを擁したが、全ての劇団がハーレクインと呼んだわけではなかった。トラファルディーノ、トリヴェリーノのようなバリエーションもある。

ハーレクインの相手役としてもっともしばしば登場するのは、皮肉なウィットの持ち主で、みだらで、時に残酷な召使いである。鉤鼻と髭のついた仮面をつけ、緑の編み紐飾りのついた上着とズボンを着た。この役柄は、ブリゲッラ、スカピーノ、メゼッティーノ、フラウティーノなどの名前がある。また別のキャラクターのプルチネッロは必ずナポリ人だが、台本上の役割は様々である。時に召使い、時に宿屋の主人、または商人。巨大な鉤鼻に曲がった背で、とがった帽子をかぶった。彼はパンチというイギリスのパペットの先祖である。(4) 劇団ごとにそれぞれがこの手の役柄を作り出していったため、ザンニは名前も属性も多くのバリエーションがある。

コメディア劇団は平均一〇人から一二人の団員を擁した（男性が七、八名、女性が三、四名）。ほとんどの劇団は利益分配制で運営されたが、若い俳優や助手たちは給料制だったかもしれない。ほとんどの巡業劇団は頻繁に巡業したが、相当な長期にわたって同じところに落ち着くことのできた劇団もあった。例えば、モリエールはパリの劇場をコメディア劇団と共有し、交互に公演を行った。（モリエールは同時代の多くの劇作家同様、喜劇の技術をコメディアから学び、自身の作品の多くにコメディアのキャラクターや設定を取り入れている。）

コメディアがもっとも活発で人気を博していたのは一五七五年から一六五〇年の間だったが、一八世紀後半までは続いていた。最後の砦はヴェネツィアで、当地の二人の劇作家が、コメディアを改革・保存しようとして、かえって破壊の一因を作った。カルロ・ゴルドーニ（一七〇七ー一七九三）はイタリアのもっとも有名な喜劇作家だが、一七三四年頃からヴェネツィアのコメディア劇団にあらすじを書き始めた。コメディア作品中の設定が使い古され下品になったと考え、キャラクターと設定を洗練し感傷的なものにした。また、通常の即興の水準が不十分だと考え、劇団を説得して、対話の大部分を書き込んだ台本を受け入れさせた。さらに、仮面は俳優の顔の表情を隠す障害であると考え、仮面の廃止運動を行った。ゴルドーニは、コメディアのキャラクターを使った作品を数多く執筆した（その多くが現在でも上演されている）。ゴルドーニが唱えた変革の全てが実行されていたら、コメディアの基本的な伝統的表現法のほとんどが捨てられてしまっただろう。もう一人の劇作家、カルロ・ゴッツィ（一七二〇―一八〇六）はゴルドーニに激しく反対し、自身の台本ではおとぎ話と即興を際立たせた。しばらくの間二人の戦いによってコメディアへの新たな関心が生まれたが、一七七五年頃には、この演劇形式はほぼ完全に消えてしまった。コメディアの死は、二〇〇年もの間続いたために身近な存在になりすぎたことが原因だったかもしれないし、あるいは、一八世紀の洗練された雰囲気の中で、相当に雑駁でしばしば粗暴な笑劇のユーモアが魅力を失ったのかもしれない。しかしコメディアは二〇世紀後半に再び浮上する。

コメディアが頂点にあった時期の数多くのあらすじが残っているが、コメディアの上演の色合いを伝えるにはあまりにもそっけない。ゴルドーニの『二人の主人を一度に持つと（*The Servant of Two Masters*）』（一七四三）は、コメディア最後の日々の作品であり、即興の要素をほとんど失っているが、コメディア・デラルテの不朽の魅力の証拠となる作品である。

『二人の主人を一度に持つと』

ゴルドーニは、対話を書くのを許可してくれたヴェネツィアのコメディア・デラルテ劇団のために、『二人の主人を一度に持つと』を執筆した。書かれたセリフは即興的要素のほとんどを除いてしまったが、即興が完全に失なわれたわけではない。俳優たちは滑稽な所作は即興して良かったし、トラファルディーノを演じた主演俳優は当初はセリフの即興も許されていた。台本が一七五三年に初めて出版された際には、セリフは全て記されていた。台本にはゴルドーニが加えた他の改変も含まれ、特定の登場人物のおおげさな部分が取り除かれている。例えば、以前のあらすじではしみったれな性質が特徴的だったパンタローネだが、ゴルドーニはその性質を完全に無くしている。また、ブリゲッラはみだらで残酷な性質を奪われている。実際この二人はほとんど馬鹿げた面を持たない、堅実な市民になっているのだ。ゴルドーニがコメディア以外に執筆した戯曲同様、『二人の主人を一度に持つと』では中流階級が敬意を込めて描かれ、女性は男性よりはるかに分別がある。ゴルドーニはまた、以前のコメディアにあった、がさつでしばしば猥褻なユーモアや性的ほのめかしなども避けている。

しかし、人物たち（そしてそれぞれの基本的な性質）は、明らかにコメディアのものである。二組の恋人たち（クラリーチェとシルヴィオ、ビアトリスとフロリンド）、二人の主人（パンタローネとドットーレ）、そして三種類の使用人（トラファルディーノ、ブリゲッラ、スメラルディーナ）が登場する。ただしブリゲッラは宿屋の主人に格上げされている。シルヴィオは、他の台本のカピターノと似通った性質を与えられている（大袈裟な脅し文句や、ビアトリスとの喧嘩でさっさと負けるようなところ）。その他四人の脇役（ポーター二名とウェイター二名）が登場するが、この四役は俳優二名で十分演じられる。カンパニーはおそらく一一名から一二名で、コメディア劇団の通常の規模である。

『二人の主人を一度に持つと』のプロットを支えるのは、変装、偶然の一致、誤解、そして情報の留保である。芝居の幕開きで、娘クラリーチェの婚約者フェデリーゴ・ラスポーニが死んだと信じているパンタローネが、娘と、ドットーレの息子シルヴィオとの結婚を許す。パンタローネが結婚を許可したところへ、フェデリーゴがやってくる。（実はフェデリーゴの妹ビアトリスで、兄の身分をかたっている。それは自分の婚約者フロリンドの後を追うためなのだが、フロリンドはフェデリーゴを決闘で殺したとされていて、トリノからヴェネツィアに逃亡したのである。）シルヴィオとフェデリーゴ／ビアトリスはパンタローネに約束を守らせると宣言する。

ビアトリスと、彼女が道中で雇った使用人トラファルディーノは、ブリゲッラが切り盛りしている宿屋に泊まる。フロリンドも同じ宿屋に泊まっており、やはり使用人を必要としていてトラファルディーノを雇う。トラファルディーノは、金銭的に得をしたかったというだけでなく、二人の主人に仕えながら二人にそのことを悟られないという挑戦に燃えたのである。芝居はそれ以降、トラファルディーノが正体を知られず頑張る様子が大部分を占める。最終的に真実が露見し、ビアトリスとフロリンドは再会し、シルヴィオとクラリーチェも再会し、トラファルディーノとスメラルディーナ（クラリーチェの女性のお手伝い）も結ばれる。

ゴルドーニはプロット展開の達人である。冒頭の場面に全てがきちんと設定され、登場人物たち自身がますます混乱していく中でも、問題はひとつずつ慎重に準備された上で観客にわかりやすく明確に示される。ゴルドーニはさらに、登場人物たち自らが多くの問題を作り出すさまを巧みに描く。パンタローネがクラリーチェを別の人と結婚させるよう慌てて手配したことが、一連のトラブルの始まりとなる。別のトラブルは、ビアトリスが変装をすると決めたことが原因で、変装によってフロリンド探しは長引くばかりである。また別のトラブルは、シルヴィオとドットーレが慌てて結論に飛びつく癖があることから生まれる。偶然の一致も、同等に重要な要素である。ビアトリスは、婚約が整った瞬間にパンタローネのところにやってくる。ビアトリスとフロリンドは同じ宿屋に泊まって同じ使用人を雇う。トラファルディーノはご主人のトランクを開けて荷物を出したり入れたりするうちに、両方の中身を入れ違え、そのおかげで二人はお互いを見つける、という具合である。

もっとも重要な人物はトラファルディーノである。トラファルディーノはアルレッキーノの特徴を全て備えている。賢いと同時に幼稚で、黒い仮面とまだらの衣裳、そしてスラップスティックを持っている。ストーリーラインは恋人たちを追うが、トラファルディーノの愚かさこそが様々な問題を引き起こし、同時に、彼の賢さがしばしば解決を導くのである。トラファルディーノはユーモアの最大の源で、他のどの人物よりも舞台に長く登場する。また、ラッツィを即興で生み出すチャンスももっとも多い。パンを噛み砕いて手紙に封をしなおそうとするのに、空腹なためにいくらやっても飲み込んでしまう。二人の主人のトランクを開けて、中身をごちゃまぜにしてしまう。そして一番は、二人の主人に同時に食事を給仕する（主人たちは別々の部屋にいて、お互いの存在に気づいていない）場面である。滑稽な所作を即興で生み出すチャンスは他の人物にも用意されている。パンタローネとドットーレの口論（コメディアの伝統的な特徴）、ビアトリスと失望した恋人シルヴィオの剣闘（ビアトリスが勝つ）、そしてごちゃごちゃの原因となったトラファルディーノを叱って殴るビアトリスとフロリンド、などである。

ゴルドーニは当時の典型的な公共劇場での上演に向けて台本を執筆した。ボックス、ピット、桟敷を配した客席、額縁舞台、透視図法の袖とドロップという舞台美術などを備えた劇場である。『二人の主人を一度に持つと』は三幕に分かれ、場面は全部で一〇あるが、舞台装置は五セットで足りる。パンタローネの家の部屋、パンタローネの家の中庭、ブリゲッラの宿屋の前の通り、ブリゲッラの宿屋の部屋、そして街路である。これらのいずれもが、特段の具体性を持たない。パンタローネの家の家具については全く言及がなく（おそらく家具は何も置かれなかった）、ブリゲッラの宿屋の装置で必要なのは看板と入り口だけ、宿屋の部屋に実際に実用的な装置として必要なのはドア四ヶ所のみ、中庭と街路については具体的な説明はまったくない。宿屋の看板を除けば、必要な舞台美術は当時の劇場が持っていたストックの装置で十分まかなえた。照明はロウソクかオイルランプだった。

『二人の主人を一度に持つと』は、高度な人格造形や社会批判を達成してはいないが、ゴルドーニは奥深さを求めていたわけではない。ゴルドーニの関心は、長く親しまれてきた形式の慣習を手直しして、一般の観客に娯楽を提供することに向けられていた。ゴルドーニがその目的を達成したことは、彼の芝居がこんにちまで演じ続けられる人気を博していることから明らかだ。リチャード・ビーンは『ワン・マン、トゥー・ガヴナーズ（*One Man, Two Guvnors*）』（二〇一一）というタイトルで英語の翻案を作り、舞台を一九六三年のイングランド、ブライトンに移した。この作品はロンドンとニューヨークで好評で、興行的にも成功を収めた。

コラム　昔と今

◇コメディアと現代の即興喜劇

コメディアは長く喜劇作家に影響を与えてきた。モリエールの『タルチュフ（*Tartuffe*）』に登場するウィットがあって賢い使用人ドリーヌは、古典演劇の多くに登場する例のひとつといえる。同様に、サイレント映画のスターであるチャーリー・チャップリン（一八八九–一九七七）や、バスター・キートン（一八八五–一九六六）は、多数の映画に登場するアイコニックな人物を作り出した。そういった作品の人気のおおもとは身体的喜劇とラッツィで、それらはコメディアの技術に多くを負っている。より最近では、多くのアニメ映画がコメディアの原型的特徴を大いに利用して成功している。ワーナー・ブラザーズの漫画映画『ワイリー・コヨーテとロード・ランナー（*Wile E. Coyote and The Road Runner*）』から、現代の古典『シンプソンズ（*The Simpsons*）』などだ。これらはどれも書かれた台本があるが、コメディアの即興的要素も復活している。

一九五〇年代のシカゴで、現代的な即興演劇ゲームとコメディアの技術を詳しく調べた若い演劇アーティストのグループがある。この即興劇団、ザ・カンパニー・プレイヤーズのメンバーにはマイク・ニコルズ（一九三一–二〇一四）と、イレイン・メイ（一九三二–）がいた。一九五九年には、コンパス・プレイヤーズのメンバーたちは劇団結成を決めて、セカンド・シティ・カンパニーと名乗った。劇団は大成功を収めてゆき、彼ら流の即興コント喜劇の生の舞台を提供するだけでなく、滑稽な即興の授業やワークショップも始めるようになった。テレビ番組『サタデイ・ナイト・ライヴ（*Saturday Night Live*）』の初期の成功は、セカンド・シティの出身者、ダン・エイクロイド、ジョン・ベルーシ、ジルダ・ラドナー、ビル・マーレイによるところが大きい。より最近のセカンド・シティ出身者には、スティーヴ・キャレル、ティナ・フェイ、エイミー・ポーラーがいる。

一九六〇年代、セカンド・シティの数名のメンバーがカリフォルニアに移り、即興劇団ザ・コミティを結成した。一九七四年、ザ・コミティのメンバー、ギャリー・オースティンはロサンジェルスに自身のコメディ劇団を作り、ザ・グラウンドリングズと名づけた。有名な出身者に、リサ・カドロウ、マイク・マイヤーズ、コナン・オブライアンがいる。一方、演出家デル・クローズ（ザ・コンパス・プレイヤーズ、セカンド・シティ、ザ・コミティのメンバー）は、シカゴに戻り、一九九〇年代初頭、エイミー・ポーラー、マット・ベサー、マット・ウォルシュ、イアン・ロバーツを指導した。この四人は後にアップライト・シティズンズ・ブリゲイドを結成する。一九九八年ニューヨークで始まったアップライト・シティズンズ・ブリゲイドからは、ウィル・フェレル、セス・ローゲン、セス・マイヤーズ、サラ・シルヴァーマンといった著名な卒業生が出ている。

フランスの背景事情

宗教論争から始まった内戦のおかげで、一六、一七世紀フランスの演劇の発展は一旦中断された。安定が戻ったのは一六二〇年代になってからのことで、その頃には、ルイ一三世の宰相だったリシュリュー枢機卿は国王の絶対権力を確保し、フランスをヨーロッパの文化の中心地にすべく行動を開始していた。それまでフランス演劇は中世の影響下にあった。パリでは一五四八年に宗教劇は違法となってはいたが、舞台となる場面が多い当時の芝居を上演するため、連立舞台装置が引き続き使用されていた。

リシュリューはフランスの演劇には大幅な改革が必要だと考え、イタリアに手引きを求めた。リシュリューは、プロセニアム・アーチの舞台、透視図法の装置、そして、一六世紀イタリアで明確化された理論的原則に忠実な戯曲の採用を主張した。これらの原則を総合して以後ネオクラシシズムの理想と呼ぶようになる。

・ジャンルは厳密に悲劇と喜劇に限定し、悲劇と喜劇を混ぜてはならない
・悲劇は王侯貴族を扱わなければならない。喜劇は中流・下流階層を扱わなければならない
・登場人物はその社会階級、性別そして民族にふさわしい態度で振る舞わなければならない（品位）
・全ての芝居は五幕で書かれなければならない

・全ての芝居は時の一致（二四時間以内に起きる）、場所の一致（一ヶ所）、行動の一致（プロットはひとつのみ）を遵守しなければならない

・全ての芝居は「詩的正義［ポエティック・ジャスティス］」を守らなければならない（勧善懲悪）

守るべき事柄は他にもあったが、上記がもっとも重要だった。ネオクラシシストは全ての芝居の目的は、教え、喜ばせることだと考えた。

リシュリューたちの支持は得ていたが、これらのルールが広く知られ受け入れられるようになったのは、一六三六年、ピエール・コルネイユ（一六〇六－一六八二）の『ル・シッド（*The Cid*）』がフランス史上最大の人気芝居となった時である。この芝居は大変な人気を博したが、ネオクラシシズムのルールに従わない点があるとして激しく攻撃された。議論に決着をつけるため、リシュリューはその頃設立したアカデミー・フランセーズ（会員は当時もっとも著名な文人四〇名に限定されていた）に、この芝居についての判断を下すよう求めた。アカデミーは多くの点において『ル・シッド』を称えたが、ネオクラシシズムのルールから逸脱している点を欠点とした。例えば、時の一致は守られているものの、二四時間以内に起きる出来事が多すぎる（戦争がひとつ全部含まれている）。貴族階級の女主人公が、数時間前に父親を殺した男との結婚に同意するというのは品位に欠ける。アカデミー・フランセーズが『ル・シッド』に下した判断は、フランス演劇における分水嶺であった。ネオクラシシズムの考え方を事実上正当化したからである。一六四〇年以降、コルネイユはこの新しい様式を採り、のちにジャン・ラシーヌ（一六三九－一六九九）が特に『フェードル（*Phaedra*）』に

よって完成させた。コルネイユとラシーヌの悲劇は、一九世紀までの期間、ヨーロッパにおいて真面目な演劇作品の基準となる。ヨーロッパ大陸では、一八〇〇年頃までこれらの悲劇のほうがシェイクスピアの悲劇より上だと考えられていた。

新たな理想への移行により、新しい劇場建築が必要となった。模範を示すため、一六四一年、リシュリューは自分の邸宅に、フランス史上初めてのプロセニアム・アーチ付きの劇場を建てた。一六五〇年には、パリにある公共劇場、宮廷劇場は全てイタリア式の額縁舞台に変わった。こうして一七世紀半ばには、イタリア式秩序が中世の遺産に取って代わったのである。

コラム　実践と様式

◇スペインの職業演劇

一四九〇年代まで、現在のスペインは北部のキリスト教領土と南部のムーア人［北アフリカ出身のイスラム教徒］の領土に分かれていた。一五〇〇年までには、スペインは南部領土を征服したフェルディナンドとイザベラの統治のもとに統一された。新しい統治者たちはスペインの宗教的純粋を維持するため宗教裁判を設置した。一六世紀ヨーロッパ諸国では宗教・政治論争が宗教劇禁止につながったが、スペインでは議論を芽のうちに摘んだために「アウト・サクラメンターレス［聖体劇］」と呼ばれる特定の形式の宗教劇が繁栄することができた。

アウト・サクラメンターレスは、聖体祭［コーパス・クリスティ祭］と関連があり、道徳劇とサイクル劇の特徴を兼ね備えていた。登場人物には、人間、聖書の人物、超自然の人物、寓意的な人物（運命、悲嘆、美、罪など）があった。これらの人物が物語の中で関わり合うが、物語のほうは秘蹟と教会教義の価値観を支持するものでさえあれば、出典は何でも構わなかった。アウト・サクラメンターレスは、聖体祭開会を示す行列が終わった後のどこかの段階で、ページェントのワゴン（carros）上で上演された。

アウト・サクラメンターレスは、当初は教会や行政と関わりのあるギルドが制作していたが、一五〇〇年代後半には、行政が資金拠出を引き受けるようになった。行政はプロの劇団を雇ってアウト・サクラメンターレスの上演を依頼し、ワゴンその他上演に必要なものを、衣裳や手持ち道具を除いて提供した。

スペインにおける職業劇団の最古の史料は、宗教劇やアウト・サクラメンターレス上演との結びつきを示す。アウト・サクラメンターレス上演以外に、これらの劇団は世俗作品の上演も許可された。したがって、ヨーロッパの他の諸国とは異なり、スペインにおける職業演劇の登場は直接的に宗教演劇と関わりがあることになる。

職業演劇の始まりは、スペインの演劇黄金時代（一五九〇－一六八一頃）を産んだ。破格に多作な時代で、一万から三万の芝居が書かれた。スペイン演劇黄金時代のもっとも重要な劇作家はロペ・デ・ベガ（一五六二－一六三五）と、ペドロ・カルデロン・デ・ラ・バルカ（一六〇〇－一六八一）である。ロペはおよそ八〇〇本の戯曲を書いたと推定されている。ロペの不朽の作品はおそらく『フエンテ・オベフーナ（*Fuente Ovejuna*）』（一六一三頃）だろう。封建社会の殿様に反乱を起こすフエンテ・オベフーナの村人たちの物語である。一方カルデロンは二〇〇本ほどの戯曲を書き、アウト・サクラメンターレスの達人だった。世俗劇の中でもっとも有名な『人生は夢（*Life Is a Dream*）』（一六三五頃）は、人間の条件と生の不思議についての哲学的寓話である。カルデロンの死によって、スペイン黄金時代は終わりを告げる。スペイン演劇が再びトップに返り咲くには、二〇世紀に入り、フェデリコ・ガルシア・ロルカ（一八九八－一九三六）の登場を待たなければならない。

モリエールと一七世紀フランス演劇の慣習

コルネイユとラシーヌが悲劇の基準を作ったように、モリエール（一六二二―一六七三）は喜劇の基準を作った。モリエールは一六四三年に俳優として演劇界に入った。パリでは成功しなかったため、モリエールは劇団を連れて何年もの間地方を巡業した。その間にコメディア・デラルテの劇団と競うことも多かった。モリエールはコメディアから、劇作と観客を楽しませる方法を多く学んだ。パリに戻るとモリエールの劇団は、リシュリューが建て、枢機卿の死後王室の財産となった劇場で上演した。通常パレ・ロワイヤルと呼ばれるこの劇場は、額縁舞台、ボックス席、ピット、そして桟敷席を備えていた。つまりモリエールは、王の所有物でありながらも一般に開かれた劇場で上演したのである。彼はまた、この劇場を（上演日を交代で）コメディアの劇団とともに使った。

エリザベス朝とフランスの舞台は異なるが、劇団には多くの共通点があった。フランスの劇団は、イングランドの劇団同様、利益分配制度で運営された。通常一〇名から一五名の株主を持ち、俳優、音楽家、舞台監督などを雇った。収益から上演経費を差し引いた残額を株主で分配した。フランスとイングランドの劇団における最大の違いは、フランスの劇団には女性がいて、男性と同様の権利を持ち、同等の報酬を受け取ったという点である。さらに、パリの主要な劇団（たいてい二、三の劇団があった）は王室から助成金を受けたが、損失の出た場合の補償になるほどの金額ではなかった。

芝居の朗読［本読み］を聞いた後、株主が投票によって上演作品を選んだ。一六五〇年代までは、作家は決まった額の支払いを受けた。その後は、初演時の収益から作家に歩合を支払う方法になり、以後作品は劇団の所有物になるという形になった。劇団はたいていはレパートリーに五〇以上の作品を持ち、観客が絶えないように交互に上演した。

各俳優が演じるキャラクターの範囲が限られていたため、キャスティングは簡略化されていた。一八世紀まで、俳優は「業種」（彼らが演じるキャラクターのタイプに分けられる）によって雇われ、引退するまで同じ業種を続けた。劇団に入る新人俳優はたいていは彼らがアンダースタディ（代役）をしていた人からキャラクターを学ぶので、多くのキャラクターが世代から次の世代へ受け継がれる、伝統的な方法で演じられるようになった。こういう習慣は、フランスだけでなくヨーロッパ全土において一九世紀になるまで続いた。

フランスでは俳優は衣裳は自前というのが当たり前で、俳優にとっては最大の出費だった。エリザベス朝演劇の舞台同様、ほとんどの衣裳は当時の服装だった。ただし特に中東、ムーア人、古典世界の人物などの場合は例外である。フランス劇の非常に多くが古典の神話や歴史に基づくため、古典的キャラクターの衣裳は特に注意が必要だった。古典的英雄の典型的な服装はローマ人の服装（*habit à la romaine*）で、ローマの甲冑、チュニック、ブーツを基本にしていたが一七世紀後期には極めて様式化されたものになっていた。対して古典的な女性キャラクターの場合は、フランスで流行していた服装に、ダチョウの羽根の頭飾りなどのエキゾチックな装飾を加えて着用した。

普通の喜劇や悲劇の舞台装置は簡便なものだった。通常はネオクラシシズムのルールに準じ、芝居の起きる場所は一ヶ所に設定され、場面転換の必要はなかった。（オペラやその他「規格外」の形態では、多くの場面転換や複雑な効果などが許された。）ほとんどの装置は一般化された外観で（特定の種類の芝居に適するが、個別の特徴的細部は備えない）、同じ装置を異なる複数の芝居に使うことができる。特定性を持たせない舞台には、物語の展開上必要最低限の舞台道具（椅子、テーブル、ベッドなど）のみを用いた。そのため舞台は大部分がむきだしである。このように一般化された場所を重視することで、舞台装置の経費を抑えることもできた。

この頃には演劇上演は屋内で行われていたため、照明は懸案事項だった。使える光源はロウソクとオイルランプだった。客席はたいていはシャンデリアで照らされ、舞台の前方に吊るされたシャンデリアは特に重要だった。このシャンデリアと、舞台ツラの端に置かれたフットライトの列が俳優たちにとって主な光源だったため、俳優たちは通常舞台の前のほうで演技した。俳優も観客も上演中は照明の中にあったため、観客席と舞台の間には相当な交流が生まれた。シャンデリアが舞台上に吊るされることもあったが、頭上や脇のマスキングによって舞台上の光源は隠されることのほうが多かった。両サイドには、プロセニアム・アーチの裏の袖に垂直の柱があり、オイルランプが縦に複数設置された。プロセニアム・アーチの上部の位置に、頭上のボーダーの裏に水平に渡したパイプにランプを設置することもあった。舞台上に届く光量を増やすため、反射板を用いることもあった。舞台を暗くするには少なくとも三つの方法があった。照明を消す（再び照明をつける必要がある場合は面倒だが）、両端が開いた円筒をランプ上部に吊り、舞台を暗くする時には下げて、明るくする時には持ち上げる。回転する柱にランプを取りつけ、舞台の可視部に向けたり反対に向けたりする。ランプやロウソクの光の強さには限界があるため、適度な照明を供給することが舞台照明のその他の機能全てに優先した。現代の基準からすると、当時の照明は非常に暗かった。

一六三六年から一七五九年の間のパリの劇場の観客席配置は、イタリアのものと同じだったが、一点大きな相違点がある。観客の中に、上演中に舞台に座る人たちがいたという点である。この慣習はおそらくコルネイユの『ル・シッド』論争中に始まったとされる。この芝居を見たい観客があまりに多かったため、袖に座ったり立ったりすることが許されたのである。舞台に座るというのは、じきに、芝居を見るためではなく自分の姿を見せるために劇場に来るような人々の間で流行し始めた。フランスの劇団はこの習慣を許可したが、それは、舞台上の座席の料金を他の座席より高くすることができたからである。

こういった習慣が一六五八年から一六七三年まで、モリエールがパリで舞台を踏んでいた頃の主流だった。モリエールは（シェイクスピア同様）、演劇の全てに関わった。モリエールは自身の劇団の主宰者であり、看板役者であり、そして、第一の劇作家だった。モリエールはいくつかのタイプの芝居を書いたが、その多くがコメディアに似ており、コメディアのキャラクターを使っていた。しかしモリエールのもっとも有名な作品は性格喜劇であり、中でも『タルチュフ』がもっとも名高い（初版一六六四年、最終版一六六九年）。

『タルチュフ』

『タルチュフ』が扱うのは宗教的偽善である。タイトルロールの人物は周囲の人々を世俗的な快楽を追い求めていると非難しながら、その実本人自身が隠れてそういった快楽を求めている。モリエールがおそらく風刺の標的としたのは、聖体秘蹟協会という当時の秘密結社で、彼らは他人の私生活をスパイする「精神の警察」となり道徳を向上させることを目的とした。モリエールの劇団は一六六四年に『タルチュフ』の最初のバージョンを宮廷で上演した。協会はただちに攻撃を計画した。論争があまりに激化したため、ルイ一四世はその後の上演を禁じた。一六六七年、モリエールは芝居を改訂し（現在『ペテン師』という題名になっている）、ルイ一四世がフランダースで戦争の準備をしている間に上演を試みた。しかし、国会の議長がただちにこの改訂版の上演を禁止し、パリ大司教は、この芝居を公にでも私的にでも、朗読したり上演した者は教会を破門すると脅した。一六六九年には、この芝居を中傷する人々の影響力が弱ったため、モリエールは三度目にして最後の改訂を行って（『タルチュフ』という題名に戻って）上演した。これは当時としては記録となる三三回の上演がなされた。以後この作品の人気は衰えたことがない。

モリエールが聖体秘蹟協会を念頭に置いていたかどうかはともかく、自分たちだけが本当の信心と偽の信心を見極められると思い、そのためかえって偽善が横行する状況を生み出した聖体秘蹟協会のようなグループが頭にあったことは明らかだ。モリエールの全ての作品と同様、『タルチュフ』は、人生に対するバランスの取れた見方を支持している。モリエールにとって本当の信心は、快楽の放棄ではなく、快楽の正しい使い方を求めるものだ。本当に信心深い人は、信心深い演説ではなく、正しい手本を示す行いによって世界の改革を求めるのである。

『タルチュフ』における対立は、冒頭の場面で早々に確立される。オルゴンの母、ペルネル夫人が、タルチュフの信心を褒めないと言って一家全員を非難しながら憤然と家を出ていく場面である。対立が明確になるのは、一家の主人であるオルゴンが留守から戻り、自分の妻よりもタルチュフのほうが元気でいるかと心配する場面である。オルゴンの義理の弟クレアントがオルゴンを説得しようとするが、オルゴンは家長の権限をふりかざし、ヴァレールに嫁がせることを約束していた娘のマリアンヌを、タルチュフと結婚させると発表する。この結婚話のせいで、ヴァレールはマリアンヌと口論になってしまう。ヴァレールはマリアンヌが結婚話に反対しなかったと思い込んだからである。しかし二人の仲違いは、遠慮のない物言いをする女中ドリーヌの介入で結局はおさまる。オルゴンの息子ダミスも、父の正気を取り戻そうとして、タルチュフがオルゴンの妻エルミールを口説こうとしているところを目撃したと告げる。しかしタルチュフが傷ついた素振りで謙虚な様子を見せて自己弁護を拒むと、オルゴンはダミスを非難し、さらにタルチュフが今後攻撃を受けないようにと、自身の資産全てをタルチュフに譲渡してしまう。

エルミールはオルゴンが途方もなく騙されていることに気づき、間違いに気づかせるためオルゴンをテーブルの下に隠す。タルチュフが彼女の貞節を攻撃する様子を見せようというのである。ようやく納得したオルゴンはタルチュフに家を出るよう命じるが、すでにこの家の所有者となっていたタルチュフは、自分が出ていくのではなく一家全員を退去させるという。タルチュフが勝ち誇るかに見えたその時、役人たちがタルチュフを悪名高い詐欺師として逮捕する。国王はかねてからタルチュフを監視していたのである。そして資産をオルゴンの手に戻す。

『タルチュフ』のプロットは五段階に分けることができる。タルチュフがオルゴンを完全に支配していることを示す場面、タルチュフの計画失敗の場面、タルチュフの化けの皮をはがす場面、タルチュフの復讐未遂の場面、そしてめでたい解決である。三つの重要な逆転がある。その一（タルチュフの化けの皮をはがす）によって、登場人物全員が本当の状況に気づく。しかし、その結果生まれる幸せは、オルゴンがタルチュフの言いなりにならざるを得ない状況に陥ることで瞬く間に消えてしまう。最初の二つの逆転（オルゴンとタルチュフの形成が逆転し、次にその逆が起きる）は入念に伏線が張られているが、この芝居の解決部となる最後の逆転には伏線がない。不自然な結末（デウス・エクス・マキナ。ここではタルチュフが悪名高い犯罪者と判明する）には、正義が勝利するという点では感情的満足感を覚えるが、ここまでの劇的展開の中に全く仕掛けが準備されていない。

タルチュフの性質についてどんな誤解も生まないために、モリエールは二幕を費やしてタルチュフ登場の準備を整える。最初の幕は、明らかにモリエールの視点を代弁する登場人物、クレアントの長々とした弁舌が続き、真の信心が偽の信心と区別される。『タルチュフ』の構造は様々な人物の使い方を調べることで明確になる。クレアントは第一幕で登場するが、そこが彼の最大の活躍の場で、常識的な視点の提示という役割を果たす。クレアントはその後四幕まで登場しない。第四幕と第五幕で登場するが、第一幕で述べた意見を補強するだけである。クレアントは物語に影響を与えることはなく、テーマを明確にするのである。

女中のドリーヌは全幕に登場し、第三幕冒頭までは重要な人物だが、彼女の役割はこの場面でほぼ完了する。彼女の率直さと遠慮のない物言いのおかげで、オルゴンの信じやすい性格、恋人たちのかんしゃく、タルチュフの偽信心が際立つ。ドリーヌのウィットと常識は、他の人物たちの大げさな行動を正しく見極めさせてくれる。

二幕分の準備を整えたのちに登場するタルチュフも、一風変わった扱いを受ける。タルチュフが舞台に登場している時間のほとんどは、エルミールとの二回の「ラブシーン」に使われる。モリエールは、他の人物たちが語るタルチュフ像を当然観客が受け入れると、そして、劇中ではタルチュフの偽善の一面のみを強調すれば十分だと思っていたようだ。タルチュフがたくらみをすっかり明らかに示すのは、ダミスに非難された時に、自己弁護をせず一見謙虚なそぶりで非難に耐える場面だ。この場面が、オルゴンがタルチュフにいかに騙されていたかをもっともはっきりと示す。

ヴァレールとマリアンヌという恋人たちは、第二幕で登場し、その後はあまり重要ではない。オルゴンが娘とタルチュフの結婚計画を立てることで、オルゴンがいかに信じやすいか、その結果が他の者たちにどんな影響を及ぼすかを示すために、二人の恋人が使われるわけである。この後の恋人たちの喧嘩は、芝居のその後の展開とはほとんど無関係な笑いを提供する場面である。

エルミールは初めのほうの場面にも登場するが、ほとんどのセリフは第四幕で、タルチュフの化けの皮をはがす道具の役割を果たす。出番に偏りがあることから、エルミールの道徳性を疑問視する声があった。エルミールはタルチュフに言い寄られても当初は平然としていたからだ。モリエールはおそらくエルミールを、そこそこ世知にたけながらも公正な女性で、騒ぎ立てずに自分の身を守れる女性と描くつもりだったのだろう。

オルゴンは芝居全般にもっとも均等に現れる。タルチュフのような連中は危険だが、彼らが存在するのはオルゴンのような人々がいてこそである。偽善的ペテン師は、愚か者のだまされやすさにつけこむのだ。モリエールは、タルチュフの計算づくの信心を強調すると同時に、オルゴンの衝動性と頑固さも強調する。オルゴンが間違いを犯すのは、問題についてその様々な側面を十分検討せずに行動する点が大きな原因である。タルチュフの化けの皮がついに剥がされた時にも、オルゴンの性格は常に一貫している。偽善と信心を見分けられないオルゴンは、こう言う。「信心深い連中とはもう手を切る。これからは、偽の同胞愛の全てを憎むことにする」。中庸に戻るのではなく、オルゴンはやはり大げさな（反対側ではあるが）立場を選ぶのである。

人物たちの年齢や身体的特徴については、ほとんど指示がない。モリエールは自分の劇団を念頭に置いて書き、そして自ら演出をしたので、戯曲の中にあらゆる細部を示しておく必要はなかった。タルチュフの役はデュ・クロワジーという血色のよい大柄な男のために書かれた。間違いなくその外貌がユーモアの源だったであろう。タルチュフは懲罰の鞭だの断食だのとさんざん話すくせに、見るからにぽっちゃりした体つきと好色なところが矛盾しているのだ。表現力豊かな顔と身体が有名だったモリエールがオルゴンを演じ、一六六九年当時二七歳だったモリエールの妻がエルミールを演じた。滑稽な高齢女性役の通例通り、男性がペルネル夫人を演じた。つまり、快楽を非難するなどというのは馬鹿げた行為であると示すためにペルネル夫人の役が作られたことは間違いない。

人物たちは全員中流あるいはそれより下の階級の人々である（ネオクラシカルの喜劇理論通りである）。『タルチュフ』で、モリエールは当時すでにフランス劇では標準となっていたアレクサンドル格（一行一二音節、隣り合う二行に押韻）の詩形式を用いた。英語でアレクサンドル格にもっともよく似ているのは二行連だが、これはフランス語のアレクサンドル格に比べてはるかに不自然に聞こえる。英詩はフランス語の詩とは異なり、詩行の中で強いアクセントを繰り返す方式で、これに行末の押韻を合わせると、歌唱のような効果を生む。フランス語の詩では、詩行内でアクセントを繰り返すというパターンは存在しないので、行末の押韻はあまり煩わしくない。モリエールは、近代にいたる他のフランス語劇作家同様、新しい場面の始まりを示すには人物の登退場を用いた。舞台上の人物たちが生み出す動機や焦点の変化の合図というわけである。このようにして、物語は連続しているが印刷された台本は多くの場面に分割されている。（このような分割方法を、通常「フランス式場面」と呼ぶ。）

時と場所の一致は『タルチュフ』において厳格に守られている。場面は一部屋のみ、そして必要なものは、オルゴンを隠せるテーブル、ダミスを隠せる箪笥で、そのどちらもタルチュフがエルミールを口説こうとするのを目撃する時に用いる。この二つの場面以外で舞台装置を特定の目的で用いる指示はない。物語はほとんど連続していて、一日の間に起きる。全ての出来事は、恋人の喧嘩を除き、芝居の主たるテーマに直接的に関わる。『タルチュフ』は、明らかにネオクラシカルの伝統に属する作品である。この作品は常に上演レパートリーのひとつであり続け、モリエールの他の作品よりも上演頻度が多い。

コラム　実践者と理論家

◇モリエール

モリエールは本名をジャン＝バティスト・ポクラン（一六二二―一六七三）といい、裕福な室内装飾業者兼家具職人の家に生まれた。優れた教育を受けた後、モリエールは二一歳の時、父のもとでの明るい将来を捨て、九人の若者とともに「盛名座」を結成した。その時モリエールという芸名をつけた。劇団はパリで失敗を喫したため、その後一五年にわたって地方を巡業し、時にコメディア・デラルテ劇団と競いながら、技を磨き、観客を喜ばせる方法を身につけていった。

一六五八年、劇団は国王に招かれて芝居上演を行った。国王に気に入られた彼らは宮廷の劇場を用いて一般向け公演を行える許可を得た。その後モリエールはパリにとどまり、偏執的な行動や弾圧的慣習を風刺する芝居上演でしばしば議論を巻き起こしたが、その一方で国王の覚えはめでたく、国王の主催する祝祭のために娯楽作品を執筆し、劇団は毎年助成金を受けていた。モリエールの敵は悪質で、二〇歳年下の妻のことを婚外でもうけた娘だなどという噂を撒き散らすことすらあった。モリエールは舞台上で死を迎えたと言っても過言ではない。『病は気から（*The Imaginary Invalid*）』（一六七三）のタイトルロールを演じている最中に病に倒れ、その数時間後に亡くなった。俳優であったため、当初キリスト教信者にふさわしい埋葬を拒まれたが、国王の介入によって、最低限の葬式を許され聖別された土地に埋葬された。

エリザベス朝、イタリア、フランスそれぞれの伝統

シェイクスピアとモリエールは世界最高の劇作家であり、ほんの数十年しか活動時期が違わないが、異なる演劇的伝統の中で活動した。シェイクスピアの作品は非常に順応性が高かったが、一七世紀末までにモリエールの作品が取って代わった。おそらく、時代の好みが具象性を求める方に着実に進んでいたためである。

イングランドの公共劇場はシェイクスピアの時代の習慣の大部分を一六四二年まで続けていたが、内乱のため劇場は一六六〇年まで強制閉鎖となった。一六六〇年に再開したイングランドの劇場は、一七世紀イタリアに始まりフランスで広まった表現方法のほうを反映するようになっていた。つまり、イングランドは初めて女優を受け入れ、額縁舞台、透視図法の舞台美術、そしてネオクラシシズムの視点（ヨーロッパの他の地域ほど完全にではないが）を採用したのである。王政復古期、シェイクスピア劇の数本がネオクラシシズム的理想に近づけるべく翻案された。例えば、ネイアム・テイト翻案の『リア王（*King Lear*）』（一六八一）の幕切れでは、死ぬのは悪者たちだけだった。リア、グロスター、ケントは田舎に隠居し、コーデリアとエドガーが結婚してイングランドの統治者となる。一八四〇年代までイングランドの劇場で上演されていた『リア王』は、この翻案版である。

通常王政復古期と呼ばれる一六六〇年から一七〇〇年の間のイングランドの演劇は、主に風俗喜劇が有名である。風俗喜劇は、裕福で怠惰な上流階級の人々の無道徳な行いやウィットに富んだや

りとりに焦点を当てたものである。王政復古期喜劇はとりわけ、性的征服、有利な結婚（愛はほとんど無関係な結婚）、最新流行、なんでもないことでもショックを受けてみせる態度、などが中心である。嘲笑の対象となったのは、しゃれ者、若い女性を妻にする老人、若く見せようとする老女、ウィットと高度な教養を持っているふりをする偽物、そして自己欺瞞に陥っている者である。この時代の芝居は無道徳なトーンを持ち、そのため執筆当時から常に賛否両論の的であった。王政復古期喜劇は、ジョージ・エサリッジ『やれるならやりたい（*She Would if She Could*）』（一六六八）と『当世風の男（*The Man of Mode*）』（一六七六）から始まり、頂点に達したのはウィリアム・コングリーヴの作品で、とりわけ『愛には愛を（*Love for Love*）』（一六九五）と『世のならわし（*The Way of the World*）』（一七〇〇）が代表作である。

コメディア・デラルテは多くのヨーロッパの劇作家に影響を与えた。シェイクスピア時代のイングランドの作家に対する影響については現在でも議論があるところだが、一八世紀イングランドの演劇、特にパントマイムにおける影響は明白である。コメディアの、モリエールその他フランス人劇作家に対する影響は確実であり、この影響は一八世紀全体から一九世紀に入るまで、つまりコメディアが独立した形式ではなくなった後にも継続していた。

一八世紀には、ヨーロッパ各国の劇場の間には明らかな相違があったが、基本的な表現方法、つまりネオクラシシズムの思想は共有していた。演劇は、祝祭の捧げ物から、職業的・世俗的な娯楽へと転換したのである。

訳注

（1）The Bard つまりシェイクスピアのこと。
（2）一九六八年トニー賞受賞。
（3）張物。
（4）パンチとジュディ（*Punch and Judy*）というイギリスの伝統的な人形劇の登場人物。

〈年表 2〉

1500

- ルターの 95ヶ条（宗教改革のいとぐち）（1517）
- ヘンリー8世、首長令発布（1534）
- コペルニクスの地動説(1543)
- **エリザベス1世即位、宗教・政治的内容の芝居上演を禁じる（1559）**
- 日本、外国船来訪を許可する（1570）
- イングランド、スペインの無敵艦隊を破る（1588）
- フランスではナントの勅令発布、信教の自由が確立(1598)

1600

- **ウィリアム・シェイクスピア『ハムレット』（1600-1601）**
- **ロペ・ド・ベガ『フエンテ・オベフーナ』（1613 頃）**
- ガリレオ・ガリレイ、宗教裁判を受け、地動説を放棄する（1633）
- **ペドロ・カルデロン・デ・ラ・バルカ『人生は夢』（1635 頃）**
- **アカデミー・フランセーズによる『ル・シッド』判断により、ネオクラシシズムがフランスで主流となる（1638）**
- イングランド内戦、イングランドの劇場閉鎖（1642）、チャールズ一世処刑、王政復古（1660）
- ニュートンによる引力の実験（1664）
- **フランスのルイ十四世、モリエールの『タルチュフ』公共上演を許可する（1669）**

1700

- バッハによる最初のカンタータ（1729）
- **ゴルドーニ『二人の主人を一度に持つと』（1743）**
- 大英帝国、インドへ拡張（1757）
- エカチェリーナ2世ロシア皇帝となる、ルソー『民約論』、6 歳のモーツァルト神童としてヨーロッパ巡業（全て 1762）
- ワットによる蒸気機関発明（産業革命）（1765）
- アメリカ独立戦争（1775-1783）
- フランス革命（1789-1799）

1800

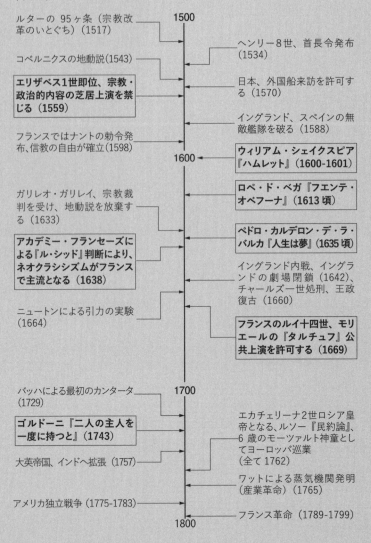

第四章　一八〇〇年代の演劇

芸術は単なる娯楽以上のもの、つまり洞察の源、議論の仕掛け人、そして考えの伝達者であるべきだ。

ヘンリク・イプセン

一八世紀末から一九世紀初頭にかけて、一七世紀中盤以降の劇的著作物を支配したネオクラシシズムの規則に対する反発が起きた。この規則は常に守られたわけではないが、ひとつのドラマの展開を二四時間以内、場所は一ヶ所（二四時間以内で到着できる場所という条件付きで、場所の追加は許された）、そしてひとつのプロット（サブプロットが許されるのは、明らかにメインプロットが枝分かれしたものである場合のみ）に制限しようとしたものである。ネオクラシシズムはファンタジーや超自然的要素の排除も求めた。また、ネオクラシシズムは人間の本性はいつの時代でもどの場所でも同じであるという信念に基づくため、（歴史的正確さ、個別化ではなく）普遍的な特質、行動、視覚的要素を描こうとした。舞台装置は非常に一般化されていたため、多くの異なる上演で用いることができた。例えば、物語の場所が牢獄であれば、特定の牢獄ではなく、牢獄の本質を描くことを目指した。そのため同じ装置をどのような牢獄の場面にも用いることができた。同様に、物語の時代がいつに設定されていても、人物たちは通常上演当時の衣服をつけた。それは、人物を特定の歴史的環境に置いてしまうと、芝居が描き出す人間の行動が、その特定の時と場所にのみ当てはまると暗示してしまいかねないからである。そういった事情で、一八世紀のハムレットは一八世紀に流行していた服装をし、マクベスは英国の将軍の制服を着たのである。

ネオクラシシズムの拘束の大部分は、「正規の」ドラマ（つまり、喜劇と悲劇という古典的なジャンルで、五幕構成で書くことが求められるようになっていた）にのみ当てはまった。そのせいで、多くの「非正規」な形式が一八世紀に人気を得たのだろう。そしてその多くはおそらくオペラの影響を受けていた。オペラは何の規則も課されることなく、正規の芝居では最低限に抑えられていた特殊効果、場面転換、音楽、踊り、その他の魅力を数多く持ち合わせていたからである。オペラはもとは中流階級向けの娯楽だったが、一八世紀には、高価な切符代のおかげでヨーロッパのほぼ全域で上流階級の娯楽になった。その結果、オペラの特徴の多くが形を変えて新しい形式の音楽劇として大衆演劇に持ち込まれた。イングランドはバラッド・オペラを発展させた。これはセリフ劇に、流行歌やバラッドのメロディに合わせた多数の歌詞を取り込んだものである。もっとも有名な例はジョン・ゲイの『乞食オペラ[1]（*Beggar's Opera*）』（一七二八）である。フランスではそれに比するものはオペラ・コミークであるし、ドイツとオーストリアではジングシュピール（モーツァルトの『魔笛（*The Magic Flute*）』（一七九一）がもっとも有名な例であるが、現在では『魔笛』はオペラとして上演されている）である。人気を博したもうひとつの形式はパントマイムで、通常はハーレクインがその中心人物である。ハーレクインのスラップスティックは魔法の杖となり、人や場所をめざましく変貌させた。物語は全編が音楽伴奏つきで、通常は踊りが何回か登場した。こうして「非正規」な芝居はネオクラシシズムが課した規則を乗り越えていったが、「正規」の演劇より劣ると見なされていた。

ロマンティシズムの登場

一八世紀終盤、ネオクラシシズムを支持してきた考え方が変化し始め、ドイツの数人の劇作家、とりわけシュトルム・ウント・ドラング（疾風怒濤）運動のメンバーたちが、冒険的なテーマと、ドラマティックな形式を実験する真面目な戯曲を書き始めた。一九世紀初頭には、演劇作品における妥当性に関わる考え方はほぼ一八〇度転換し、最終的にロマンティシズムと合体した。真実は「規範」のうちに見出せるはずとする当初の考え方に代わって、真実とは創造の無限の多様性の中に見出せるはずという確信が登場した。ロマンティストによれば、神は自身から宇宙を作り出しそれによって自身を凝視しようとしたという。したがって、全ては同一の始まりを持ち、大きな全体の一部なのである。すなわち、細部を除外して規範に到達するのではなく、全ての多様な細部を受け入れるべきということだ。ロマンティストはさらに、こうも考えた。損なわれていないものは――つまり、そのものの自然な状態からの逸脱の度合いが少ないもの――より真実に近い。ロマンティシズム作家は自然に関する詩を著しく好み、演劇においては、原始の時代に生きる損なわれていない人間の物語や、社会が強要する制約に反抗する人々のドラマを好んだ。ロマンティストは、直感的に宇宙の複雑さを把握し、ネオクラシシズムが課した拘束を拒絶する天才作家を賛美した。

おそらく、批評眼の変化はシェイクスピア作品の関連においてもっとも簡潔に見ることができるだろう。イングランドにおいてはシェイクスピア作品は常に人気だったが、一八世紀後半まで他のヨーロッパ諸国で上演されることはほとんどなかった。ヨーロッパ大陸においては、シェイクスピアの作品はネオクラシシズムのルールを遵守しないため無視されていたのである。イングランドでさえ、多数のシェイクスピア作品をネオクラシシズムの要求に答えた形に近づけようと書き直したのだ。イングランドの批評家はシェイクスピアを自然の天才と呼んで、ルールに無知でありながら、欠点はあるものの印象的な作品を書き上げたところが魅力だと説明しようとした。とはいえ、彼らの言外の意味はシェイクスピアがルールを知っていて遵守していれば、なおよい作品が書けただろうということである。

一八世紀最後の四半世紀の間に、シェイクスピアの芝居は他のヨーロッパ言語に翻訳上演されるようになった。といっても当初は甚だしく修正された版が用いられた。シェイクスピアの名声が上がるにつれて修正は少なくなり、一九世紀初頭にはシェイクスピア作品はヨーロッパ中で手本とされるようになった。一九世紀の間、シェイクスピアは史上最高の劇作家という名声を得て、以降それは変わらない。ネオクラシシズムのルールにこだわることなく作劇したシェイクスピアは、ネオクラシシズムのルールを無視する論拠となった。そして、時・場所・筋の一致はなくなり、何ヶ月、何年にもわたる物語が、様々な場所を舞台に、複雑な筋立てで起きるようになった。統一よりも多様性が優先されることが多くなったわけである。神秘的で超自然的な事柄はネオクラシシズムでは激しく非難されたが、新しい演劇では当たり前になり、特定の時代や場所の持つ特徴の登場も当然となった。また、場面設定や衣裳の歴史的正確さが好まれるようになった。とはいえ、常にそれが実現されるようになるには、一八五〇年頃まで待たねばならなかった。批評家によるシェイクスピア劇の受け入れは、ネオクラシシズムの衰退と、美学としてのロマンティシズムの興隆の証明である。

ロマンティシズムは大衆に対して魅力を持たなかったわけではないが、一般大衆に、統一感ではなく多様性を持つ演劇を提供したのはメロドラマである。メロドラマは、容易に性格を見分けられる人物、サスペンスに満ちた展開、明瞭な道徳観念、スペクタクルの登場などの特徴を持つ。

〈表1〉ネオクラシシズムとロマンティシズムの比較

ネオクラシシズム	ロマンティシズム
社会的に認められた規範を好む	自然の多様性とその個別な表現を好む
演劇における超自然的要素は、理性ではなく幻想のあり得ない産物として顰蹙を買った	神秘的・超自然的要素は、合理性の枠の外にある存在の側面として受け入れられた
登場人物の行動は、年齢、社会的地位、職業、人種、性別にふさわしい、社会的に認められた規範に準ずる	登場人物の行動は、社会的に認められた規範に逆らうことが多い。主役たちは、しばしば互いに正反対の資質を持つ
三一致の法則の遵守	三一致の法則には従わない
汎用性のある舞台装置や衣裳で、特定のものではなく本質を強調	特定の舞台装置や衣裳を用い、実生活における場所や衣裳などの細部によって、登場人物の個性の表現の萌芽を示す

メロドラマ

メロドラマは大衆文化におけるロマンティシズムの現出であり、一九世紀においてもっとも人気のある演劇形式に育った。メロドラマでは明快でサスペンスに富むプロットが強調された。悪人が有徳の主人公につきまとい、主人公は生命、名声、幸せを脅かされるような出来事を立て続けに経験し、どう見ても乗り越えられそうにない障害を克服する。重要な出来事は全て舞台上で起きる。典型としては、手の込んだスペクタクル（地震、燃え上がる建物、爆発など）が少なくとも一回は登場し、また、その土地の特徴となる場面（絵になるような風習を映す祭りや踊り、あるいは特定の国や街の状況など）を登場させることもある。よくあるプロットの仕掛けは、人違い、誘拐、謎の偶然、隠された文書といったものである。また、召使、味方、主役の仲間といった人物がコミック・リリーフをもたらすことがよくある。おそらくもっとも重要なのは、詩的正義［ポエティック・ジャスティス］がきっちり下されるという点だろう。悪い人間は罰せられ、よい人たちは報われるのだ。悪党は最後の場面まで勝ち誇って見えるが、最終的には敗北する。

メロドラマ［melodrama］は文字通り「音楽ドラマ」の意味で、上演には多量の音楽的要素が含まれた。もともと芝居には数多くの歌が入っていたが、さらに重要なのは、物語の展開に楽譜がついて（一九世紀の劇場はどこもピット・オーケストラを雇った）、場面の展開や感情のトーンを高めたということである。シンプルながらパワフルな物語、間違いようのない道徳観念、スペクタクル、そして音楽を持つメロドラマは、一九世紀の大衆観客に感動的で現実逃避的な娯楽を提供したのである。

一九世紀におけるメロドラマの人気の理由のひとつは、産業革命に端を発する社会・経済状況の根本的な変革である。蒸気機関、機械式織機、蒸気船、機関車のような発明品が活用され、中世以来商品の主な製造者だった個人の職人に代わって、徐々に大量生産の工場方式が増えた。労働者は工場の近くに住まなければならなかったため、都市化が急速に加速し、演劇的娯楽の潜在的観客を大量に生み出した。ヨーロッパ最大の都市ロンドンが一八世紀に維持できた劇場は二、三軒にすぎなかったが、一八〇〇年から一八五〇年の間に人口は倍増し、劇場数は二〇軒以上に増加した。ロンドンの人口と劇場数は一八世紀末まで増加し続けた。今日のテレビ番組編成同様、劇場は可能な限り最大数の観客動員を目指した。そしてメロドラマとバラエティ娯楽がその答えだった。多くの批評家が、大衆の好みに迎合することは演劇作品の質の低下を招くと主張した。しかしそのうち、劇場支配人たちはあらゆる人々の関心を惹く必要はないと気づき、一九世紀後半、各劇場は特定のグループや特別な嗜好に向けて演目編成を行うようになっていった。

メロドラマのパターンは決まっている（善が悪に脅され、最終的に善が勝つ）ため、変化をつけるには、エキゾチックな土地、華々しさを増す一方のスペクタクル効果、物語の展開への最新発明の導入、大衆小説や悪名高い犯罪のドラマ化などによる目新しさに頼った。ロンドンのある劇場は「乗馬を伴うメロドラマ」専門で、会場は乗馬設備を備え、馬術の妙技と、馬上の騎手による危機一髪救出劇が呼び物だった。別の劇場では「水のメロドラマ」を上演するために水槽を設置した。メロドラマの最初の重要な作家であるフランス人ジルベルト・ド・ピクセレクール（一七七三－

一八四四）の書いた作品のひとつでは、舞台に押し寄せる火山の溶岩流によって悪党が破滅して決着した。ダイオン・ブーシコー（一八二〇―一八九〇）は、一八四〇年から一八九〇年の間、英語圏の演劇界でもっとも人気の高い劇作家の一人だったが、『オクトルーン（The Octoroon）［八分の一黒人の混血娘］』（一八五九）で、当時発明されたばかりのカメラを用いて殺人犯の正体を暴いた。アメリカ人劇作家オーガスタン・デイリーの『ガス灯の下で（Under the Gaslight）』（一八六七）には、登場人物が線路に縛りつけられ、そこへ機関車がやってくるが間一髪で救出されるという場面があった。

一八八〇年代に電気が一般的になってからは、電気モーターをトレッドミルとつなげて、競馬や二輪馬車競走を舞台に上げた。レースに現実味を持たせるため、動くパノラマ（連続した場面を描いた長い布）が舞台後方の頭上のレールから吊られ、舞台両側に垂直に立てたスプールを引っ張って動かした。このパノラマの動きはトレッドミルと同期していて、馬はトレッドミルによって舞台上にある一方で、パノラマに描かれた場面がその背後を流れてゆき、まるで馬がトラック上を競争しているような効果を出した。時代の流れはますます写実的な効果を求めていった。二〇世紀初め、映画がこの伝統を受け継ぎ活用していった。映画の可能性が確立されると、演劇はこういった類の上演をほとんど捨てた。

メロドラマでは、写実的なスペクタクル、スリル満点の効果、目新しさ、サスペンス、そして善の証明が主な魅力だった。メロドラマは演劇の視覚面においては錯覚的表現を促進したが、一方で、人物や道徳についてははっきり見分けがつく心安らぐ紋切り型にしがみついたのである。

『モンテ・クリスト』

『モンテ・クリスト（*Monte Cristo*）』はアレクサンドル・デュマ・ペールによる『モンテ・クリスト伯（*The Count of Monte Cristo*）』（一八四五）という、世界でもっとも人気の高い小説のひとつの戯曲化である。デュマ自身が一八四八年に戯曲化したが、二〇幕もあり、上演には二晩を要した。いくつか他の戯曲版が作られたが、最終的に上演が続けられたのは、シャルル・フェヒター（一八二四－一八七九）という、フランス、イングランド、アメリカで長く有名だったフランス人俳優の作品である。一八八五年、ジェイムズ・オニール（一八四七－一九二〇）がこの版の権利を購入し、その後大幅な改訂を加えた。現在の台本は、数なくとも数人による合作である。オニールはタイトルロールとあまりにも同一視されるようになってしまったため、別の役で出演した芝居には客が集まらないほどだった。オニールはこの作品上演のためにアメリカを三〇年間旅公演で周り、六〇〇〇回以上演じた。オニールの陥った苦境は、現在の多くの俳優がテレビシリーズで演じた役と同一視されるあまり、その後の仕事がなくなってしまうか、あるいは同じタイプの役しか回ってこないことがあるのと同じである。オニールが役に囚われてしまったという感覚を持っていたことは、息子のユージーン・オニールの『夜への長い旅（*Long Day's Journey into Night*）』（一九五六）の中で強く示されている。

数百ページにおよぶ小説を二、三時間で上演可能な戯曲に縮めるというのは手強い作業だが、一九世紀には珍しくなかった。というのは、大衆小説は発行されてすぐに戯曲化されるのが通例だったからである。チャールズ・ディケンズの小説はほとんど全てが舞台に翻案され、また、ジョージ・エイキンの『アンクル・トムの小屋（*Uncle Tom's Cabin*）』（一八五二）は、ハリエット・ビーチャー・ストウの小説の翻案である。この習慣は映画とテレビが継続している。

『モンテ・クリスト』の流れは、ソフォクレスやモリエールの芝居よりもシェイクスピアの芝居に近い。多くの出来事があるが基本的なパターンは比較的単純である。ヒーローである船員のエドモン・ダンテスは、婚約者メルセデスと結婚する心づもりで船旅から戻る。ダンテスは三人の悪漢と衝突する。ダングラール（船の積荷役人）、フェルナン（メルセデスを愛している）、そしてヴィルフォール（退陣させられた皇帝ナポレオンからエドモンが預かった手紙を、自身の兄ノワルティエが手に入れてしまったら自分のキャリアは終わりだと恐れている検察官）である。この三人はエドモンが反逆者として逮捕されるよう仕組み、エドモンはシャトー・ディフという悪名高い懲罰の島に監禁される。エドモンは監獄に一四年間入れられるが、その間に年上の囚人ファリアと友人になり、モンテ・クリスト島というファリア家の巨万の富のありかを打ち明けられる。ファリアが死ぬと、エドモンはその遺体と入れ替わりに麻袋に入り（監獄の葬儀の習慣）、海に投げ込まれる。この策略でエドモンは脱出し、ファリアの財産を取り戻し、自分を陥れた者たちに罰を下し始める。エドモンが監獄にいたあいだに裏切り者たちは栄えていた。ヴィルフォールは検事総長になり、ダングラールは大資本家、そしてフェルナンは将軍かつフランス貴族であり、メルセデスの夫になっている（メルセデスはエドモンが死んだと説得された）。エドモンはモンテ・クリスト伯と名乗って自分を迫害した者たちを追い詰め、順々に罰していく。物語の終わりには、悪漢全員が公に面目をつぶされて死ぬ。

他のメロドラマ同様、『モンテ・クリスト』は善が不当な目に遭い悪が一時的に栄えるが、最終的に悪は暴かれ、善が汚名をすすぐ。『モンテ・クリスト』がほとんどのメロドラマと異なるのは、早い時点でヒーローが危険から救出され（第二幕終わり）、長い時間を費やして悪漢たちを懲らしめる点である。実際の時間では、もちろんヒーローは監獄で惨めな一四年間を過ごすが、芝居では、この年月は第一幕と第二幕の幕間で通り過ぎる。獄中のエドモンが実際に登場するのは一場面のみ（小説では、彼の苦しみの描写に何章も費やされる）である。出来事の多く（特に、ヴィルフォールが懲らしめられるさま）と人物関係は、小説とは異なる（もっとも重要なのは、アルベールを、フェルナンとメルセデスの息子から、エドモンとメルセデスの息子に変えた点である）。

転換点であるエドモンの脱出というエピソードは、脱出そのものと、エドモンの復讐を可能にしたファリアの膨大な遺産というところがまさに奇跡的である。この場面で、エドモンは自らを復讐の道具と宣言する。エドモンが海から出てきて岩を登り、「この世界は俺のものだ」と宣言する場面の効果は、台本を読んだだけでは実感できない。この場面は一九世紀演劇のもっとも人気を博した瞬間のひとつとなったのである。この力強い場面に続いて、悪人は裏切りの順番を逆行して次々と罰を受ける（最初にヴィルフォール、次にフェルナン、最後にダングラール）。一人が罰せられるたびに、エドモンが数え上げる。「一人」「二人」「三人」。オニールの観客はこのセリフを非常に喜び、声をあげて一緒に数え上げることが多かった。最後に、この芝居は別のシンメトリも完成させる。冒頭の場面で約束された幸せがやってくるという暗示がそれである。プロットは複雑だが、根底にあるパターンは単純だ。そして、正当な報いと罰が容赦なく下されるという点で、大いに安心感を与える。

『モンテ・クリスト』の人物造形はプロットよりはるかに単純である。主な人物の個性的特徴は最小限で、類型である。エドモンはほとんど完全な善人といってよい。終盤で、フェルナンの息子だと思って決闘を仕組んだ相手アルベールが実は自分の息子だと判明すると、エドモンは彼を殺す計画を捨てて、アルベールに自分を殺させるべく身を投げ出す。ほとんどの人物は、ある時点で一時的に、立派な行いをとるか、利己主義をとるかという選択に苦しむ。そして悪人は必ず利己的な選択をし、善人は必ず立派な行いを選ぶ。メロドラマは、環境の力が道義的選択を定めると示すことはほとんどない。むしろ善悪の認識は生まれついてのものであって、正邪の選択は個々の人物が自由に下す。価値観は相対的（現代の芝居ではほとんどがそういう考え方だが）ではなく、絶対的だと考えられた。

人物たちは常に自らの動機や感情を完全に意識していて、観客に伝える。そしてどんな誤解も生まないように、舞台上の人々に聞かれたくない思いを、傍白（あるいは別の登場人物）を用いて観客に知らせる。（傍白とは演劇と同じほど古くからある慣習だが、非現実的だとして一九世紀末に攻撃されると、意識的に非現実的な芝居以外では使われなくなった。）

サスペンス満載で道義的な満足感を与えるプロットの次に、メロドラマの魅力となったのがスペクタクルである。一八〇〇年代末には、制作者たちは現実と錯覚するほどの衣裳や舞台美術を自慢にしていた。『モンテ・クリスト』の第一幕は一八一五年（ナポレオンがエルバ島に流されていた時期）

に設定されているが、他の幕は一八三〇年代である。時の経過や、人物の経済的・社会的地位の変化を表す主な役割を果たしたのは衣裳である。時と場所の「地域色」は、水夫、警官、宿屋の客、パーティの客などの衣裳で作り上げられた。

『モンテ・クリスト』は舞台装置八セットを要し、うち二セットはおそらく単純な浅いもので、場面進行中に複雑な装置を背後で立てることができるようになっていた。例えば、第二幕のフェルナンの家の場面では登場人物は二、三名で、物理的な動きも特別なものはない。これはおそらく、直後に続く、作品中もっとも複雑なシャトー・ディフの装置の前に組まれたであろう。シャトー・ディフ監獄の装置は二階層が必要で、ひとつは沈んで監房を隠すと同時に、エドモンの遺体が投げ込まれる海水と、彼が勝ち誇ってよじ登る岩を見せるのである。

シャトー・ディフの場面に必要なものを見ると、一九世紀末頃の舞台美術の習慣にどのような変化が起きたかわかる。オニールは、ニューヨークのブース劇場で、自分の版の『モンテ・クリスト』を初演した。一八六九年に開場したこの劇場は、アメリカ最高の俳優の一人であるエドウィン・ブース（一八三三－一八九三）が建てたもので、近代劇場においておそらく初めて、水平の舞台床を備え伝統的な袖舞台の配置をやめた劇場である。袖幕は二次元的で、舞台前面と平行して対になって舞台前から奥まで配置されていたため、ますます使い勝手が悪くなっていた。舞台が傾斜していたうえに袖幕が邪魔になり、大きな三次元の装置を舞台に出し入れするのは大変だったのである。ブース劇場の設計は、実世界の空間にあるような、実用性のある舞台美術や家具その他もろもろの三次元的要素を、それまでと違うやり方で扱う方法を示したのである。水平の舞台床面を取り入れて袖幕を取り払ったブース劇場の設計により、舞台装置はどこでも立てることができ、支障なく出し入れすることができるようになった。この劇場はまた、昇降式トラップドアを多数備えていて、重たい装置を水圧で上下させることができた。

一九世紀末には、ほとんどの劇場の舞台床は数フィートの幅で分割され、そのどれもが取り外し可能で、舞台幅全長にわたる開口部（「ブリッジ」）を作ることができた。『モンテ・クリスト』の第二幕で装置の一部を沈ませるために、おそらく一ヶ所かそれ以上のブリッジを使った。舞台奥は海と岩で、監房が沈むとその両方が見えた。海は、塗装した布地の下部にロープを装着してリズミカルに揺らすことで表現した。麻袋（人形を入れてある）が海水に投げ込まれ（もちろん水のはねる音付きで）、その後しばらくしてから、びしょ濡れのエドモンがおそらくトラップドアを使って岩によじ登り、「世界は俺のものだ」と高らかに言ったのだ。このような複雑なスペクタクルはメロドラマの典型であった。最後の三幕（宿屋、舞踏会場、森）は、複雑ではあったが幕間に転換することができた。舞台装置は大いにバラエティを提供したが、慎重な設計と建造が必要だった。というのは、一八八〇年代冒頭から三〇年間、オニールは国内各所でこの作品の旅公演を行ったからである。

これほどに複雑な作品を持って旅公演することが可能になったのは、鉄道の拡大によって現実となった安心できる輸送機関の発展のおかげである。アメリカにおける最初の大陸横断鉄道は一八六〇年代に完成した。一八七〇年代には、全国ほぼどこにでも鉄道でたどり着くことができ、膨大な数の演劇作品が、装置、衣裳、小道具、俳優を携えて旅公演をしていたのである。こういったカンパニーはじきにアメリカでの主たる演劇的娯楽提供者となり、それは一九三〇年代に発声映画に座を奪われるまで続いた。

メロドラマの視覚的魅力は照明によってさらに強化された。照明の可能性は、一九世紀前半にロウソクとオイルランプに代わってガス灯が登場したために大いに増した。史上初めて、舞台を望み通りの明るさで照らすことができるようになった。同様に重要なのは、光度のコントロールが「ガステーブル」を使って可能になったことである。ガステーブルは全てのガスパイプがつながる中心部で、劇場内のあらゆる場所へのガス供給をコントロールできた。一人の係がガステーブルを操作して、好きなように光度を弱めたり強めたりすることができた。また、客席を必要に応じて暗くしたり明るくすることもできるようになった。こういった改善によって、舞台照明の雰囲気やムードに関心が強くなっていった。また、ガスによってスポットライトの一種である「ライムライト」が生まれ、使用されるようになった（「ライムライトを浴びる」という英語表現がここから生まれた）。ライムライトを作り出すには、カルシウム（ライム）の柱を反射板とレンズを備えたフードの内側に置く。そのライムに圧縮水素と酸素とガスの炎を当てる。するとライムが熱せられて発光し、さらに強烈に眩しい光を作り出す。その光を、月光や日光のような効果、あるいは人やものに注意を集中させるために使ったのである。『モンテ・クリスト』第二幕の終わりで、ト書きにこうある。「月が顔を出し、突き出た岩を照らす。エドモンが海から出てくる。滴を垂らしながら、手には麻袋の切れ端がくっついたナイフを持っている」。この場面の効果は、ライムライトのおかげで大いに強まったのである。

オニールの『モンテ・クリスト』は、当時始まっていたもうひとつの変化にも注目させてくれる。常設劇団によるレパートリー演目のローテーション上演という方式（シェイクスピア時代からの主流方式）から、特定の作品のために俳優を雇って、ひとつの作品をロングランで上演する方式への変化である。全体として、メロドラマの上演習慣の多くが、こんにちのブロードウェイで見ることのできる商業習慣への道をつけたわけである。

コラム　実践と様式

◇メロドラマにおける、サスペンスとスペクタクルの場面

一九世紀のメロドラマが持つ魅力の多くは、共感できる人物たちを大変な物理的危険にさらし、そして最後の土壇場で救出するというサスペンスにある。こういう場面は、本物の危険が目の前にあると思わせる目覚ましい舞台装置の仕掛けによって、さらに魅力的になった。そのひとつの例は、ハリエット・ビーチャー・ストウの小説『アンクル・トムの小屋』（一八五二）のジョージ・エイキンによる翻案で、これは一九世紀にもっとも人気を博したメロドラマ舞台である。奴隷となったイライザは、自分の子どもハリーが取り上げられて売り飛ばされると知って、ハリーを連れて逃げる。助けてくれる人を見つけるが、まずは（奴隷が合法の）ケンタッキーからオハイオ川を渡って奴隷制のない土地へ行かなければならない。イライザが宿屋で川を渡らせてくれる渡し船を待つ間に、悪人の賞金稼ぎたちがイライザがいるとは知らずにやってくる。イライザを捕まえる相談をしているのが聞こえたため窓から抜け出すが、彼らに見つかって追いかけられることになる。（上演によっては、イライザの追跡者たちは生きたブラッドハウンドや馬を使って追い詰めた。）オハイオ川は氷結しているが、氷は細かく砕けていた。必死のイライザはハリーを掴むと大きい氷の塊に飛び移り、追跡者がなすすべもなく見つめる中、川に浮かんで進み、助けてくれる人が待っているのが見えるところまでたどり着く。この場面は非常に人気が高く有名で、伝説になるほどだった。二〇世

紀に入ってからも、状況が切迫してきた時に、ブラッドハウンドから逃げているイライザの気分だという表現を使うのは一般的だった。

コラム　昔と今

◇メロドラマと映画

メロドラマのおかげで、一九世紀から二〇世紀初頭の演劇は演劇史上最大の大衆人気を勝ち得た。メロドラマは観客を育て、また、現在でも主流映画の中に見ることのできる多くの表現方法を生み出した。実際、メロドラマの舞台上演の終焉は、映画の隆盛によるところが大きい。初期の長編映画は、しばしば舞台版メロドラマを下敷きにしていたのである。

その後、『國民の創生（*The Birth of a Nation*）』（一九一五）や『イントレランス（*Intolerance*）』（一九一六）のような映画で、D・W・グリフィス（一八七五－一九四八）は新しいメディアの視覚的可能性を示すと同時に、観客に対しては舞台より安価なチケット代を提供した。一九二〇年代に音声が加わり、続いて一九三〇年代に色彩が加わると、映画は大衆娯楽のメディアとして頂点にあった演劇を凌いでしまった。映画を通してこの遺産は最終的にはテレビに受け継がれることになる。

時とともに、主流映画制作者はメロドラマの特徴の多くを採用するようになり、特にアクション映画にその傾向が強い。『レイダース／失われたアーク《聖櫃》（*Raiders of the Lost Ark*）』（一九八一）、『トゥームレイダー2（*Lara Croft Tomb Raider: The Cradle of Life*）』（二〇〇三）をはじめとする多くの作品が、舞台版メロドラマの基本的な作り方に準じている。おそらく最大の違いは、現代の大ヒット映画ではヒーローに若干の欠点を与え、個人として克服しなければならない障害を持たせようとすることが多いという点だろう。とはいえ、そこにはやはり善対悪の明快な構図があり、善が勝つという予想がある。同様に、舞台版メロドラマの歌と踊りは、映画ではサウンドトラックに変化し、感情を強調する。ポップ・アーティストやその他主流の音楽活動から歌を取り入れることもある。同様に、舞台上演では観客を呼びこむための目先の新しさを最新テクノロジーに求めたように、大ヒット映画もしばしば最新のCGI（コンピュータ生成画像）効果による視覚的スペクタクルを提供することで集客を目指している。

舞台が映画のスクリーン上に映し出されたものに影響を与えたと同時に、映画の登場によって演劇は、演劇がもっとも得意とするのは何なのか見直さざるを得なくなった。その結果、一九二〇年代には演劇は、『モンテ・クリスト』で見せたような視覚的スペクタクルを作り出すのはあらかた断念した。映画のほうがよほど得意な分野だからである。（第六章にて述べるが、一九八〇年代以降、舞台版ミュージカルの中には、大勢の観客を呼び込めるような迫力あるスペクタクルを作り出そうとする作品が登場する。）映画やテレビは際限なく複製可能であるという点において、演劇に対する影響を、一九世紀における工場の登場が個人職人に及ぼした影響に比することができる。演劇は大量生産の時代における手製の作品と同等ということだ。演劇は大量生産を求める声に応えようとして、手の込んだプロダクション（現在では特にミュージカルに見られる）を上演し、もっとも能率のよい交通手段で全国各地の巡業に送り出すということをしてきた。しかし、演劇は究極的に、大量生産に適応できるメディアではない。適応できるのは映画のほうなのだ。一九世紀後半から二〇世紀初頭にかけての大衆娯楽、とりわけメロドラマは、演劇と映画が出会った場所であり、その出会いは両者の以後の歴史において決定的な影響力を持ったのである。

リアリズムの到来

『モンテ・クリスト』が大当たりをしている間も、メロドラマがよりどころとしていた倫理観絶対主義の土台を、新しい理論や思想が壊しにかかっていた。全ての人々の信仰が完全一致するということは実際にはなかったものの、キリスト教時代における西洋文明は、聖書を価値観と倫理原則の究極の権威と見なしていた。聖書による世界創造およびその後の物語は、文字通りに受け取られることが多かった。一九世紀終盤まで、地球の年齢は六千年程度だと考えられ、世界創造の日は、聖書の記述にあるキリスト誕生以前の家系の世代をたどり算出した。

一九世紀末、（特に地質学と人類学の分野における）多くの知的・科学的進歩が、聖書の文言の多くに疑問を投げかけた。地質学者たちが、地球の年齢は何百万年（のちには何十億年）であると示唆し、人類学者たちが、地球の想定誕生時より数千年も古い動物や人間の遺骨を発見し始めるようになると、白熱した論戦が起きた。最大の議論を引き起こしたのはチャールズ・ダーウィンの『種の起源（*On the Origin of Species*）』（一八五九）である。ダーウィンは同書で、（一）あらゆる生命体は、同一の先祖から徐々に進化した、（二）種の進化には、特定の環境条件に最適に適応したものの自然選択が関与する、と述べた。この理論は、かつて、そして現在でも聖書の創造物語を文字通りに解釈する人々にとっては受け入れ難い。

ダーウィンの理論は、科学的な影響の他に、一九世紀末の思想にも影響を与えた。

・遺伝と環境は、人間の行動に著しい影響を及ぼす
・社会は、人々の学習行動に対して一定の責任を負わなければならない
・進歩や変化は、改善や改良に向けた試行錯誤を含む自然の過程である
・少なくとも世界とその生物の年齢を定める際に、聖書を文字通りに解釈することは誤りにつながる
・人間は、他の種と同程度に、科学的研究対象にふさわしい

これらの持つ意味は現代の気質が生まれるために必須であった。固定ではなく変化こそが標準であるという示唆が込められているからである。一九世紀後半の思想は、倫理基準というものは文化によって相対的であり、社会によって正邪の概念は大きく異なるという考えを一層強く支持するようになっていった。

人間の良心に関する新しい思想をもっとも包括的に述べたのは、二〇世紀最大の影響力を持った心理学者ジグムント・フロイト（一八五六－一九三九）の書物である。フロイトは人間の基本的な本能は攻撃と性的関心──自己保存と生殖であると論じた。放っておけば、人間は他者を省みることなく自分の本能を満足させようとする。そのため、人間を共同体に統合するには社会化させなければならない。賞罰を通じて、人間は若い頃に何が許容され、何が許されないかを学び、その過程で超自我（内面の、意識下の検閲あるいは判事）──つまりかつて良心と呼んでいたもの──を発達させ

る。キリスト教時代を通じて、ほとんどの人が良心は生まれつきのものだと信じていた――つまり人間は正邪の違いを本能的に捉えていると考えていた。（メロドラマはその前提に立って作られた。）フロイトにとって正邪の感覚は絶対ではなく、神から与えられるものでもなかった。それは個人、家族、そしてそれらを生み出した社会環境に相対的なものなのである。フロイトはさらに、社会化の過程は我々に、多くの欲望や衝動を抑圧させ（意識下に埋める）、意識が公に認めることのできる許容可能な代替物を探させると述べた。人間の心理に関するフロイトの信念は、人は他者を完全に理解することができないだけでなく、自分自身の動機にも確信を持つことができないということである。人と状況を評価するためには、意識的な発言や行動に注意を向けることに加えて、サブテキスト――おおっぴらに表に出していない発言や行動――に注意しなければならない。この信念に準ずるなら、倫理的価値観が相対的であるというだけでなく、人の心理状態や動機を示すものとして言語や行動は部分的にしか信頼できないということである。

相対性は、最終的に思想や行動のあらゆる分野に影響を及ぼしていった。リアリズムとナチュラリズムは人間行動の客観的・科学的説明を求める運動だったが、そのリアリズムとナチュラリズムを通して演劇に初めて相対性が登場した。

リアリズムとナチュラリズム

リアリズムが初めて認識されたのは一八五〇年代、ナチュラリズム（リアリズムの極端な形）は一八七〇年代のことだった。演劇においては、これらの運動は一見するとある意味、特にスペクタクルの部分においてすでに一般的だった習慣の拡大に見えた。一八〇〇年頃から舞台美術と衣裳の視覚的正確さは着実に重要度を増し、リアリズムのひとつの形（演出における錯覚的表現）はすでに出来上がっていた。しかし、『モンテ・クリスト』に示されたようなリアリズムは、主としてスペクタクルや絵画的背景として利用されるにとどまった。先行するあらゆる運動とは対照的に、リアリズムとナチュラリズムは人の性格の大部分が遺伝と環境によって決定されると考え、人格形成と（その結果として）ドラマティックな展開を生んだ環境の力の表現としての場面設定により大きな役割を担わせることを求めた。つまり、場面設定はたんに背景として適しているとか印象的であるというだけでなく、環境として考え出されたということである。そのひとつの結果は、それぞれの芝居の環境は他のどの芝居とも同じではないのだから、それぞれの芝居固有の舞台装置が必要だという考え方である。おそらくさらに重要なことは、場面設定へのこのアプローチは、人物が何者で、どういう行動をするかということは、特定の環境的な力に関連すると示唆する点である。

リアリストやナチュラリストの考え方は科学的見解に根ざす。つまり自然な因果関係との関わりにおいて、人間行動を理解することを求める姿勢である。彼らは真実探求を五感によって検証できる知識の範囲内に制限した。人は直接的に観察することでのみ真の世界を知るのだから、劇作家は自分たちの周りの社会について書くべきで、しかも可能な限り客観的に書くべきだと論じた。この前提に立つなら、リアリストやナチュラリストが主に同時代のテーマについて書き（それ以前の真剣な劇作家はたいていの場合歴史や神話からテーマを取った）、それまで舞台上に登場しなかった行動を取り入れたのは理の当然である。多くの芝居が、貧困、病気、売春、非嫡子の苦境といった腐敗した社会情勢を扱ったため、保守的な批評家たちは、劇場は下水道と変わらないものになってしまったと非難した。リアリストたちは、自分たちは社会情勢を嘘偽りなく描いているのだから道徳的に行動しているのである、真実は最高位の道徳の姿なのだからと反論した。さらに、リアリストたちは自分たちを批判する人々が要求しているのは、理想化された存在しない真実の姿だと論じた。もし観客が舞台上に描かれた生を気に食わないのであれば、生を嘘偽りなく描く勇気のある劇作家を糾弾するのではなく、モデルとなった社会を変えるべきだと公言したのである。真の問題は、社会における芸術の役割であった。芸術は、メロドラマのように常に善が勝利すると描くべきなのか？一般的な倫理や行動からの逸脱［つまりそれは伝統的価値の敗北を意味するが］を描く芸術作品は、敗北した伝統的価値の重要性に改めて賛同する必要があるのか？　あるいは、リアリストやナチュラリストが論じるように、芸術は社会規範や倫理的価値への服従など眼中に置かず、真実をどこまでも追い求めるべきなのか？　究極的には、それは絶対的価値と相対的価値の論争であった。

これらの争点に焦点を当てたのは、近代演劇の創始者と呼ばれるノルウェイの劇作家、ヘンリク・イプセン（一八二八－一九〇六）である。イプセンは一八五〇年頃、スカンジナヴィアの伝説にまつわる詩劇で劇作に取りかかり始めたが、一八七〇年代には詩劇を捨てて現代的テーマを取り上げるようになった。イプセンの芝居は、一般的価値観に改めて賛同するという幕切れを迎えるものではなかったため、世界中で論争を巻き起こした。こんな作品は不道徳で堕落を導くとして、多くの場所で上演を拒否された。

しかしイプセンの芝居は、長い間絶対だと考えられてきた倫理観や社会規範に異議を示す姿勢のためにこそ、広く読まれ、議論された。イプセンが当時実際にあった社会規範に異議を唱えた最高の作品の例が、『人形の家（*A Doll's House*）』である。

『人形の家』

『人形の家』（一八七九）で、ノラ・ヘルメルは、夫の健康回復に必要な借金のために（夫の許可なくしては借金はできないと法に定められていたが）、（数年前に）父の署名を偽造した結果に直面する。ようやく確かな幸せが手に入ったと思えるようになった今（夫トルワルは完全に回復し、銀行の頭取に任命されたばかりである）、ノラが借金をした相手の男（クログスタ）が勤め先であるトルワルの銀行をクビ寸前となって助けを求めてやってくる。手助けをしなければ彼女の犯罪の過去をばらすと脅すのである。

その後の展開の中心となるのは、夫から真実を隠そうとするノラの行動である。ノラは自分を深く愛する夫がノラの罪の責任をかぶって破滅してしまうと確信しているため、なんとか真実を隠そうとする。しかし真実を知ったトルワルは、ノラの予想とはまったく違う反応をする。自分自身の評判のみを気にするトルワルは、ノラは倫理的にあまりに堕落しており、とても今後三人の子どもを育てることを許すわけにはいかないと言い渡すのだ。思いがけなくクログスタがスキャンダルを公表するのをやめると、トルワルは破滅を逃れたことに歓喜し、我が身の安全を確信した途端ノラとの関係を元通りにしようとする。しかしすでにノラは、夫からも社会からも隔絶されたと感じている。そして夫と子どもたちのもとから去ることを選ぶ。法律と世論に賛同できない自分に気づき、また、自分の信念が何であるかにも未だ確信が持てないため、自分が妻そして母としての責任を果たせると思えないからである。ノラは出ていく。それは社会の基準を拒否し、自分自身を一人の人間として主張する行為である。

この結末は憤激と賛否両論を巻き起こした。多くの人々にとって社会の基盤に他ならない家族そのものに対する攻撃と思われたからである。またこの憤激は、イプセンがトルワルが求めたのと同じ逃げ道を観客に対して許さなかったことも一因となった。つまりイプセンは、しばしの不安を与えておいて、昔ながらの社会秩序は揺るがないという見せかけを示すようなやり方を拒んだのである。この結末によって、法律において劣等の存在と定められていた女性の地位について、人々は考えるざるを得なくなった。妻はあらゆる事項について夫の同意を得なければならない一方で、夫のほうは完全に単独で動くことができた。本来妻の所有物を、前もって妻の同意や知らせることなしに処分することすらできたのである。

リンデ夫人とクログスタは、ノラとトルワルの対比として置かれる。リンデ夫人は常に男性の下位ではあったが生活のために働かなければならなかったため、相当に人生経験豊富である。彼女は自分の運命を受け入れるが、彼女がもっとも求めてやまないのは世話をする相手である。ノラは、最終的に自分でも気づく通り、今までずっと人形のように扱われてきた。厳しい現実からは守られていたが、女性が無力な存在だという虚像をあおることで男性を操る方法を学んできたのである。クログスタが大きなツケを払うことになった過ち（署名の偽造）はノラの過ちと同じだが、女性は男性の支配下にあるため、仮に発覚しても、妻を管理できなかった夫の失敗と見なされる。クログスタは倫理的に腐敗しているとして社会から疎外されるが、対照的にトルワルは共同体の重要人物と認められている。リンデ夫人とクログスタ（若い頃は恋仲だったが、事情があって別れていた）はその経験にもかかわらず（あるいはむしろそのために）、幕切れではノラとトルワルよりもずっと満足のいく関係を築く可能性を感じさせる。クログスタに（トルワルにノラのやったことをばらす）手紙を取り戻さないでおくように強く求めるのはリンデ夫人だが、彼女は、ノラとトルワルが真実と信頼に基づく大人の関係を築くには、幼稚なゲームをやめることが必要不可欠だと信じているからである。トルワルは、彼の生きる社会の姿勢や基準を体現している。女性を見下し、自身が倫理的に優位に立つという独りよがりの確信を持ち、世間体を気にし、スキャンダルを恐れる。ノラの置かれた状況を測るには、夫のこれらの資質と対比すればよい。

五番目の主要人物、ランケ博士もまたトルワルとの対比の役割を持つ。ノラは、トルワルならば衝撃を受けるような事柄でもランケ相手ならば自由に話し、秘密を共有することができる。ランケは父親から継いだ先天性の病気（おそらく梅毒）さえなければ、おそらくノラにとって非常によい夫になっただろう（ランケは明らかにその立場を切望しているのだが）。ランケは最終的に、避けられぬ死を尊厳を持って迎えた。

本作品の人物と展開を補強するのは、人物や展開は遺伝と環境の力によって決定するという基本的な前提である。各人物がどういう人物であってどういう行動をするかということは、彼らの背景、育ち、そして経験によって説明される。人物は全て、環境の産物である。ただし、リンデ夫人とクログスタは自身の環境に納得するという境地にたどり着いたのちに、最終的にはそれを超越することができるように見える。イプセンは、クログスタを悪人に、そしてノラをヒロインに描いてメロドラマにすることもできたはずである。しかし人物の誰もが自身が正しいと思うことのために戦う。問題が発生するのは、まっとうな目標と、またそれを手に入れる手段について、彼らが異なる考えを持つからである。こうして人物たちは、複雑で過ちを犯す人間に見えるわけである。

『人形の家』は、因果関係という劇的構造の模範と考えられるだろう。イプセンのリアリスト的作品の大多数と同様、『人形の家』も着手地点[2]が遅い作品である。リンデ夫人は長く不在にしていたため、過去の出来事について尋ねてもおかしくないし、それは芝居が始まる前に起きた複雑な状況を明かす動機となる。第一幕は、その後論理的に、しかし必ずしも予測可能ではなく起きていく展開に必要な条件を全て、一見自然な様子で提示している。

『人形の家』は全編を通して単一の舞台装置を用いる。ボックス・セットである（つまり、部屋の一方の壁をはずし、三方の壁で演技空間全体を完全に囲うようなセット）。ボックス・セットは袖幕、垂れ幕、一文字を用いるよりも、はるかに写実的に屋内空間を表現できた。写実的な効果は、当時の本物の部屋に通常あったような家具、絵画、カーテン、絨毯、雑貨を加えることでさらに増大した。一九世紀末以前の通例のようにほとんど家具のない舞台に立ち、舞台装置をただの視覚的な背景として使うのではなく、本物の部屋にいるような動作を行おうとするようになった。『人形の家』では、人物たちは舞台装置の中で本当に暮らしているように見える。展開、人物、環境は絡み合っているのである。

コラム　昔と今

◇ヘンリク・イプセン――物議の種から主流へ

現代の視点から見ると、イプセンの作品が初めて登場した時、いかに激しい反応を引き起こしたかを理解するのは難しい。社会における女性の役割についてのイプセンの認識は、女性が完全に父親や夫に従属する存在だった時代の認識とは噛み合わなかった。イプセンは、『人形の家』（一八七九）についてのメモでこう書いている。

今日の社会において女性は自分自身でいることができない。男性が組み立てた法体制と、男性の視点から女性の行動を裁く司法制度を備えた、独占的な男性社会だからだ。

イプセンが、女主人公のノラに夫と実質的に離婚し子どもを捨てさせた時、社会の主流派はこの芝居は母性と家族への攻撃だとして憤慨した。作品は上演を拒まれ、あるいは、著作権法のなかった時代のため、結末を書き直されたりしたのである。

論争に対する返答という意味も込めて、イプセンは『幽霊（*Ghosts*）』を書いた。ここに描かれるのは、女性が世間体のために婚姻関係を持続する結果である。『幽霊』（一八八一）は、『人形の家』よりさらに極端な反応を引き起こした。作中ではっきり言葉にされることはないものの、主役のアルヴィン夫人の夫も息子も梅毒罹患者だからである。梅毒は演劇のテーマとしてまったく不適切と考えられていただけでなく、上流社会では口にすることすらできないものだった。しかもこの作品は、アルヴィン夫人が望み通り夫と別れることさえ許されていたら、息子はこの不幸の元凶を避けられたかもしれないとほのめかしている。多くの人々にとって、イプセンは梅毒と離婚の両方を芝居に持ち込んだため、制度としての家族を攻撃し、良識の規範をことごとく侵したように見えた。批評家や検閲の反応は、こんにちなら、子どもに成人向け映画を見せるよう提案した時に向けられる反応に相当するだろう。

ロンドンの独立劇場が一八九一年に『幽霊』を上演した際、会員のみに向けた上演だったが、批評家の多くが辛辣な劇評を書いた。ジョージ・バーナード・ショーはイプセンを強力に支持し、『イプセン主義の真髄（*The Quintessence of Ibsenism*）』（一八九一）の中で当時の多くの劇評を抜粋引用している。

「蓋をしていない下水。包帯を巻いていない忌まわしい傷口。公の場でのみだりがわしい行い……」「ごみと臓物」「正しいものの考え方をする男性女性全てにとって、舞台というものを悪評と不名誉におとしめる作品」「イングランドの劇場の舞台に泥を塗る、不快にして汚らわしいでっち上げの最たるもの」「『幽霊』を見にいくような人々は、たちの悪い人間である」

イプセンは当時としては激しく物議を醸す作家だったが、時を経て、彼の戯曲は世論の変化に一役買い、主流の古典的傑作となった。実際、二〇一三年から二〇一四年のロンドンでの『幽霊』再演は多くの主要な賞を獲得し、ロンドンの劇評家たちから「劇場で見た中で、圧倒的に最高のプロダクション」であり、「慈悲心の傑作」と賞賛された。総じて、イプセンはリアリズム作品もそうでないものも合わせて、こんにちでも上演され続ける非常に多くの作品を残した。

ゾラとナチュラリズム

ナチュラリズムは、リアリズムと違って演劇ではほとんど成功しなかった。おそらくそれは、ナチュラリズムの要求が極端だったことが原因であろう。ナチュラリズムのもっとも重要な擁護者はエミール・ゾラ（一八四〇－一九〇二）だが、ゾラは、多くのリアリストは生の真実よりも演劇的有効性（問題、危機、解決を築くという意味で）のほうに関心を持ちすぎると考えた。ゾラの支持者の一人が、こういった誘惑を克服するために、芝居を「生の断片」、つまり現実の一部を舞台上に移動したと考えればよいと提案した。ナチュラリストは「芸術の中の真実」と、遺伝と環境の影響を示す芝居をリアリストよりはるかに厳格に求めた。実際には、ナチュラリズムは貧困やその他の欠乏が下層階級の生に及ぼす有害な影響という、それ以前の芝居ではほとんど扱われなかったテーマを強く訴えた。ゾラはしばしばナチュラリズムの芸術を医療と比べ、病理学者が治療のために病気の原因を発見しようとするのと同様に、劇作家は社会の病を暴くことでその原因を正すことができると考えた。こういった厳格な（そして到達不可能であることが多い）目標を持つナチュラリズムは、当然ながら短命で、すぐにリアリズムに吸収された。

ナチュラリズムは重要な芝居をほとんど生み出さなかったが、リアリズムとナチュラリズムの基本的原則は、硬直した社会規範や絶対的価値といったものに大打撃を与えた。彼らが築いた基礎の上に、モダニストたちが新たなものを建てていったのである。

演出家の登場

歴史を通じて、舞台上演の責任は誰かしらが担ってきた。ギリシャ演劇では、通常は劇作家が自作を上演した。のちの世では、劇団の主宰者や、彼らが任命した人物がその責任を担った。現在の演出家は、台本の解釈、上演に伴うあらゆる要素の承認、そして統合の責任を担うが、この役割は主に一九世紀後半に生まれたものである。

いくつかの複雑な発展が結集することで、現代の演出家が誕生した。その発展のひとつは、上演のあらゆる要素を統合しまとめる人物の必要性が増大したことに関わる。ルネサンスから一九世紀まで、上演の要素は、具象的であっても非常に一般化されていたためほとんど気にかける必要がなかった。どの劇場も装置（監獄、宮殿、街路、田舎の風景など）の在庫を持ち、しょっちゅう再利用した。変化をつけるために、好調な劇場は一般的な場面それぞれについて二つかそれ以上のセットを入手した。衣裳は通常その時代のもので、俳優が選んだり提供した。（古典あるいは中東のような）人物のカテゴリーによってはその時代とは異なる衣裳で登場したが、こういった衣裳は非常に形式化されており、同じものを同じカテゴリーの全ての役で使うことができた。

演技もまた、一九世紀以前には様式化されていた。俳優は業種に合わせて雇われ、常に限定的な範囲内の役を演じたのである。俳優は通常舞台の前面付近に立ち（その理由のひとつは、ガス以前の時代の低照度照明のもとでよく見えるようにするためである）、セリフを話す時は、他の登場人物に向けるのと同じように観客にも向けた（観客席も舞台と同じく照明で明るかった）。舞台上にはほとんど装置がないため、俳優はパターン化された動き方を用いた。その時もっとも重要な長台詞を語る人物に、舞台手前中央のポジションを与える。そして長台詞が終わると舞台中央を離れて次の俳優がそのポジションにつく、という具合である。このように、場所の移動はパターンに沿ってひんぱんに起こったが、俳優はそのパターンをしっかり身につけているので、いつどこで動くか指示される必要がなかった。そのためリハーサルは、主にどこで登退場するかということと、決闘のような複雑な動きを確立することに制限された。上演の責任者は、全ての要素が組み立てられていることを確認し、喧嘩を収める以外に仕事はなかったのである。通常、リハーサルは七回から一〇回までだった。

一九世紀に入ってから演劇はますます複雑化し、とりわけ手の込んだスペクタクルと特殊効果が増加したことによって、装置と衣裳の数や指定が増えた。メロドラマの効果の多くは、一瞬のタイミングと正確な所作にかかっていた。大道具とボックス・セットの導入は、かつて通例だった動きのパターンを変化させることにもなった。こういった変化により、監督、統合、リハーサルの必要性が増大した。しかし、演劇上演における各部署は、しばらくのあいだは引き続き比較的孤立して作業をしていた。背景画家が装置を、お針子と仕立て屋が衣裳を、ほとんど話し合いをすることなく製作していた。同じ部署内であっても、作業は小分けにされて複数の人間が担当した（例えば、舞台装置五セットの一セットずつを異なる背景画家が作業することがあった）。上演の各要素の特定性と複雑さが高まると、一九世紀末には統一感と統制の必要がいっそう大きくなったのである。

現代の演出家の登場には、二つの力の影響が大きい。リヒャルト・ワーグナーの理論とザクセン＝マイニンゲンの実践である。リヒャルト・ワーグナー（一八一三―一八八三）は現在では主としてオペラ作曲家として知られるが、あらゆる芸術の融合による「総合芸術（Gesamtkunstwerk）」の創造を目指した。リアリズムに対抗し、ワーグナーは物語のほとんどをドイツ神話の中から選び、芝居に音楽をつけたが、それは写実的な方法を避けるためだけでなく、台本の演じ方をコントロールするためでもあった。ワーグナーは、セリフ劇は俳優が好き勝手にセリフを喋ることができるため俳優の思いのままになってしまうが、歌手は楽譜に示されたテンポ、ピッチ、持続時間といったものに従わざるを得ないと言う。ワーグナーはまた、自身の音楽劇を通して圧倒的な共感をもたらす演劇的体験を作り出し、その経験が観客を日常的なありふれた存在から引きずり出す、理想的にして集団的な、宗教に近いものとなることを願った。

その目標実現のため、ワーグナーは一八七六年、バイロイトに新種の劇場を開場した。「民主的」配置を選択し、ボックス、ピット、桟敷席という配列を捨てた西洋初の劇場である。座席は、観客全員が平等によく見え聞こえるという建前の、扇形の配置である。この新しい客席設計は二〇世紀の劇場の多くの手本となった。また、上演中に客席を必ず暗くした最初の劇場のひとつでもある。ワーグナーがこの方法を採用した目的は、日常的な世界（観客席）と、演技によって観客を引き込むことを目指す、理想的領域（舞台）の違いを引き立たせることである。演出家誕生へのワーグナーの貢献は、この「上演の統一性」への強い要求からくる。つまり、統一された芸術的効果を達成するために、単一の意識を通して一切が濾過された上演への要求である。この理論的立場は、二〇世紀のほとんどの舞台上演の基盤である。

現在では、現代的な意味合いにおける最初の演出家は、ザクセン＝マイニンゲン公ゲオルグ二世（一八二六－一九一四）だと考えるのが通常である。ドイツの小さな領邦国家の統治者ザクセン＝マイニンゲン公は、一八七四年から一八九〇年にかけて自らの劇団を率いて行ったヨーロッパ巡業で、国際的な名声を獲得した。劇団の名声の元となったのは、新しいレパートリーや革新的なデザイン、あるいはスター俳優といったものではなく、演出方法だった。ザクセン＝マイニンゲン公は、上演の全ての面において徹底的な支配を行使した。公は装置、衣裳、小道具を全て自身でデザインし、素材も外観も正確に彼の指示通りに製作するよう求めた。有名俳優を雇う余裕はなかったので、長い稽古期間（四、五ヶ月以上に及ぶこともあった）を使って、思い通りのアンサンブル効果を完成させた。公の劇団は特に群衆シーンが有名で、（他の劇団と異なり）卓越した正確さ、バラエティ、強い感情を舞台に表した。ザクセン＝マイニンゲン公の上演では舞台上の光景は一瞬残らず入念に作られ、その見事な結実は、自身の権威を押しつけ自身の構想を成就する強い演出家という存在の論拠として説得力を持った。マイニンゲン劇団はワーグナーの考えの多くの正当性を立証し、（第一に演出家の権威を通じて完成すべき）統一的な上演の必要性が、じきに演劇上演の基本的信条となったのである。

独立劇場運動

一八八〇年代にはリアリストやナチュラリストによる革新的な芝居が登場していたが、検閲のためにそのほとんどが上演されることがなかった。また、ワーグナーとザクセン＝マイニンゲン公が演出家の重要性を確立していたが、ワーグナーはオペラに全注意を向け、ザクセン＝マイニンゲン公の劇団はほとんど詩劇（シェイクスピア作品か一九世紀の劇作家による作品）を上演していた。新しい劇と新しい上演方法はお互いに交わることがなかった。それがようやく「独立」劇場の中で出会うことになる。

ヨーロッパほぼ全域にわたり、芝居は検閲官の認可を得なければ一般客の前で上演することはできなかった。イプセンの散文劇のいくつかは、検閲官が許可を下さなかったため一八八〇年代には上演できなかった。一方で、「私的な」上演（会員のみに向けた上演）は検閲の対象ではなかった。一八八〇年代当初、この抜け穴を利用した多くの小規模な「独立」劇場があった。それは会員観客だけに開かれており、したがって検閲対象ではなかった。これらの劇場は、公認の劇場にはできなかったことをやってのけた。新しい劇と新しい上演技術の結合である。

最初の独立劇場は、アンドレ・アントワーヌ（一八五八－一九四三）が一八八七年にパリに作った自由劇場である。アントワーヌはゾラとイプセンの熱烈な追随者で、この二人の作品や類似の作家の作品を、環境のあらゆる細部を忠実に再現した舞台装置で上演した（例えば、肉屋で買ったほんものの牛の死骸を吊るした)。ザクセン＝マイニンゲン公同様、アントワーヌも上演のあらゆる要素を支配した。

アントワーヌの劇場は、数多くの独立劇場の最初のものだったにすぎない。一八八九年、ベルリンに自由舞台が創立された。彼らは上演よりも新しい劇作家の声を聞くことに強い関心があった。ドイツの現代劇の始まりと関連づけられる劇作家(ゲルハルト・ハウプトマンなど)を世に出した功績を認められている。一八九一年、ロンドンに独立劇場協会が作られた。その発足公演がイプセンの『幽霊』で、途方もないスキャンダルとなり、そのおかげで新しい劇の形式に一般社会の注目が集まることになった。

独立劇場協会の最大の貢献は、ジョージ・バーナード・ショー(一八五六－一九五〇)に芝居の執筆をするように後押ししたことである。新しい流れの劇作家の多くと異なり、ショーは喜劇を執筆することを選んだ。喜劇を通して、通俗的な偏見に穴を開け、観客に価値観の見直しを促すことを目指したのである。『武器と人(*Arms and the Man*)』(一八九四)は愛と戦争に対するロマンティックな考えを嘲った。『バーバラ少佐(*Major Barbara*)』(一九〇五)では、軍需物資製造者は従業員に生活向上のための経済的手段を与えるのに対し、救世軍の救済は一時凌ぎにすぎないとして、軍需物資製造者のほうが救世軍よりも慈善活動家として上だと暗示する。『ピグマリオン(*Pygmalion*)』(一九一三)はのちにミュージカルの『マイ・フェア・レディ(*My Fair Lady*)』(一九五六)に翻案されるが、イングランドの階級制度が話し方と関係していることを示した。その他の作品には、『人と超人(*Man and Superman*)』(一九〇三)、『傷心の家(*Heartbreak House*)』(一九一九)、『聖女ジョウン(*Saint

Joan)』(一九二三)などがある。ショーは二〇世紀最大の劇作家の一人といわれる。

これらの独立劇場は重要な要求に応えただけでなく、意義深い先例を作り上げることにもなった。この時以来、革新に対して公認劇場の反応が鈍い時には、小劇団(「アートシアター」や、「小劇場」、オフブロードウェイ、「オルタナティヴ・シアター」など、様々に呼ばれる)が結成されて要求に応えるようになったのである。

独立劇場運動から生まれた別の組織、モスクワ芸術座は、特別な重要性を持つ。一八九八年にコンスタンティン・スタニスラフスキー(一八六三‐一九三八)とウラジミール・ネミロヴィッチ＝ダンチェンコ(一八五九‐一九四三)によって設立されたこの劇場は、アントン・チェーホフ(一八六〇‐一九〇四)の芝居上演によって最初の大きな成功を収めた。チェーホフは主に『かもめ(*The Seagull*)』(一八九六)、『ワーニャ伯父さん(*Uncle Vanya*)』(一八九七)、『三人姉妹(*The Three Sisters*)』(一九〇一)、『桜の園(*The Cherry Orchard*)』(一九〇四)で知られる。いずれの作品もロシアの田舎が舞台で、地方生活の単調さと不満を描く。作品に登場する人物は誰もがよりよい生を熱望するが、どうすれば目的に到達するのかわからない(あるいは目指す自発力がない)。彼らは自身の感情を理解していないことが多く、自らの反応を表に出そうとしながら同時に隠そうとする。チェーホフの芝居では、サブテキストがテキストと同じほど重要である。チェーホフは登場人物を批判することはせず、むしろ、寛容と共感をもって全員に対する。芝居は、喜劇、深刻、哀れ、皮肉を徹底的に混ぜ合わせているので、あるひとつの劇的種類(悲劇、喜劇、悲喜劇)におさまりきることがない。チェーホフの芝居は、ロシアのみならず世界中で上演レパートリーの中に固定席を確保している。

モスクワ芸術座は一九一七年のロシア革命後に行き詰まったが、一九三〇年代にソビエト当局は、モスクワ芸術座は他の劇団が見習うべき手本だと認めた。そしてソビエト連邦解体までその地位を維持した。現在モスクワ芸術座の遺産は、チェーホフ演劇の写実的な上演と、共同設立者であるスタニスラフスキーの体系的な演技アプローチともっとも強く関連づけられて語られる。

コラム　社会と芸術&文化

◇ショーを検閲する

一八九五年から一九〇九年の間に英国の検閲官に提出された八〇〇〇本の作品の中で、一般上演を禁じられたのは三〇本に過ぎないが、そのうちの三本がジョージ・バーナード・ショーの作品である。そしてそのひとつが『ウォレン夫人の職業（*Mrs. Warren's Profession*）』（一九〇二）で、ショーの初期のほとんどの作品同様、初演は独立劇場で会員のみに向けて行われた。この作品はイングランドでは上演禁止になった。というのは、このタイトルにある人物の職業とは売春だからである。「堕ちた女」を扱った作品は他にもあるが、彼女たちは自らの浅ましい過去を悔いたり、あるいは罰を受ける。ショーの作品の娼婦は自らの過去を謝ろうとしないばかりか、かつての客の中には聖職者もいる。そして（おそらくもっともショッキングなことに）彼女は成功しているのである。ショーはこの芝居の序で作品の目的を語っている。

『ウォレン夫人の職業』を執筆したのは、売春というものの原因が女性の堕落にあるのではなく、恥ずかしくも、ただたんに女性たちに不当な低賃金しか支払わず、見下し、酷使した側にあるという真実に注目を集めるためである。

ニューヨークでこの作品を上演する計画をアーノルド・デイリーが発表すると、悪徳弾圧協会の秘書であり特別代理人のアンソニー・コムストックが「バーナード・ショーの不潔な作品」を上演しないよう警告した。デイリーは返事のかわりに、コムストックに芝居を読むかリハーサルを鑑賞するよう招待したが、コムストックは断った。二人のやりとりが新聞にリークされたため、初演（一九〇五）に観客が詰め掛けた。群衆整理のために警官が呼び出され、チケットを求めてやってきた二〇〇〇から三〇〇〇人が入口で断られ、ダフ屋がチケットを当時では前代未聞に近い一枚四〇ドルで売りさばいた。この公演後、全キャストとスタッフにあてて「世間の良識を傷つけた」かどで令状が出された。

大手の新聞は作品をこき下ろした。ニューヨーク・タイムズ紙は「不適当」と見なし、ニューヨーク・ヘラルド紙は「道徳的に腐敗」、アメリカン紙は「光を当てた壊疽」とレッテルを貼った。（のちにショーは、もっとも勢いよく正道をふりかざして作品を糾弾した一紙が、娼館の広告で相当額の収入を得ていたことを指摘した。）

八ヶ月後、『ウォレン夫人の職業』ニューヨーク公演に関わった全員について全ての嫌疑が晴れた。しかし公演はマンハッタンでのたった一度の上演後、事実上中止となった。のちにショーはこう書いている。「この芝居を禁止することは、この芝居がさらけだす悪を守ることだ」と。

スタニスラフスキー・システム

スタニスラフスキーとは、二〇世紀の演技法に間違いなく最大の影響を与えた演技法を創始したロシア人、コンスタンチン・セルゲーヴィチ・アレクセーイェフの芸名である。俳優として広い経験を得たのち、演者としての自分と当時のロシア演劇の欠点は、演技に対する体系的なアプローチ不足によるものだと気づくようになった。スタニスラフスキーの目標は、舞台上に最高のアンサンブル演技を作り出し、劇的展開を明確化し、演者の巧みさをアピールするのではなく登場人物の生の内的真実を強調することだった。スタニスラフスキーは演者に、機械的にではなく、また、あっと言わせることだけを目指して演技するのではなく、忠実な演技を求めた。以下は、スタニスラフスキー・システムの基本的な前提である。

一　俳優の身体と声は、あらゆる要求に応えられるよう訓練され、柔軟でなければならない

二　忠実な演技のために、俳優は人間の行動様式観察に熟練し、人物の内的生と外的表出の関連を理解できることが求められる

三　俳優は芝居の世界に自身を投影しなければならない。それは「マジック・イフ［魔法の「もしも」］」を通して身につけることができる（つまり、人がその特定の状況にある特定の人物だったらどう感じるかと想像すること）

四　俳優が、自分本人を演じるだけの存在ではないのなら、俳優はそれぞれの場面と作品全体における人物の動機や目標と、それぞれの人物が他の全ての人物や劇的展開とどのような関係にあるかを理解しなければならない

五　舞台上では俳優は一瞬一瞬集中しなければならない。あたかも出来事が自然と、そして今初めて起きているかのように

スタニスラフスキーとモスクワ芸術座の彼の劇団はこれらの目標のほぼ全てを成し遂げることができたが、スタニスラフスキーは自分のシステムが完結したとは決して考えなかった。彼は一九〇九年に初めてシステムの最初の輪郭を記録し、一九一二年にモスクワ芸術座のファースト・スタジオを創設し、若い俳優たちの訓練と上演を通してシステムの追求を行った。彼はさらにスタジオを追加し別のアプローチを求めたが、その結果に完全に満足することはなかった。スタニスラフスキーは自分のシステムで演技のあらゆる側面を扱うことを目指し、一九三八年に亡くなるまで改良改善を続けた。

スタニスラフスキーは四冊の著作を発表した。『芸術におけるわが生涯（*My Life in Art*）』（一九二四）、『俳優の仕事第一部[3]（*An Actor Prepares*）』（一九三六）、『俳優の仕事第二部（*Building a Character*）』（一九四九）、『俳優の仕事第三部（*Creating a Role*）』（一九六一）である。スタニスラフスキーの著作は様々な人々によって様々に解釈されてきたが、彼のシステムに対する批判は、通常次の二点のいずれかである。システムは過剰に分析的である。あるいは、システムは非写実的な劇で演技する際には無効であ

る。おそらくスタニスラフスキー個人としては、もっとも気に染むのは写実的な演技だったと思われるが、他の様式を習得する必要も認識しており、自らの過去の仕事での間違いを率直に認めることも、新たな技術を追求することもやめなかった。スタニスラフスキーの後年の著作は「身体的動作の方法」に重点を置き、その中で、身体的動作に焦点を当てることで、以前の分析的および心理的取り組みを簡略化することを目指した。中傷する人々もあったが、スタニスラフスキーのシステムやそのバリエーションのいくつかは、俳優訓練の方法としてもっとも影響力を持ち続けている。

リアリズムへの初期の反発

一八八〇年代後半に独立劇場運動が始まった頃、リアリズムに抵抗する別の上演系統が生まれ始めた。この新しい系統は、リアリズムとナチュラリズムを生み出した衝動の多くに対する、また別の反発と見ることができる。芸術は、人間の行動様式と（普通に知覚した）物理的世界を表象することを求めるべき、というのがルネサンス以降の理論と実践を支配していた。それはリアリズムとナチュラリズムの基本的な前提である。しかし一八八〇年代初頭、この前提を拒み、テーマとその芸術的表現を観客が見比べることのできた伝統的なアプローチに代わって、自らの主観的視点（通常はある程度の抽象化や変形を伴って）を置く芸術家が増えていった。知覚と表象の長きにわたるこの関係を拒絶することが、モダニスト気質の真の始まりと見なされることがある。自然世界に縛りつける足かせから解放された芸術家たちは、判別可能な対象を正確に表現するのではなく、想像的知覚や形式上の革新によって評価されることが可能になったのである。

サンボリスム

表象主義を最初に拒んだ運動は一八八五年に起きたサンボリスムである。サンボリスムは、五感を通して究極の真実が発見できるというリアリストの主張を退け、真実は客観的観測を超越していると論じた。それは直感でしか捉えることができないため、直接的に、あるいは完全に理性的な方法で表現することはできない。真実は象徴のネットワークのなかにほのめかされるだけで、それは我々の直感とあいまいに対応する感情や精神状態を引き起こす。サンボリストの芝居の中でもっとも有名な『ペレアスとメリザンド（*Pelleas and Melisande*）』（一八九二）の著者、モーリス・メーテルリンクは、名作劇のもっとも重要な要素は「詩人が未知から形作り、その中で詩人が想起する存在や物体、つまりそれらを支配する神秘がふらふらと漂うような思考」だと書いている。

リアリストと違い、サンボリストは幻想の領域である過去から、あるいは神秘的な現在から題材を選び、社会問題や環境の力を扱うことは極力避けた。彼らは、論理的に定義したり理性的に表現することのできない、時空と無関係の普遍的真理を示唆することを目指した。そのため、彼らの劇はぼんやりと神秘的な傾向があった。

公認された劇場はサンボリスト劇を理解不能だと思ったため、イプセンやゾラの作品以上に上演に対して消極的だった。その結果サンボリストは、リアリストやナチュラリスト同様、自分たちの芝居を上演するための独立劇場を創設することになった。もっとも影響力があったのは、アウレリアン＝マリー・リュニェ・ポー（一八六九－一九四〇）がパリに一八九三年に創立した制作座である。サンボリストは、上演のもっとも重要な部分はムードあるいは雰囲気だと考えていた。舞台装置はほとんど用いず、たとえ使ったとしてもぼんやりとした形で、細部はほとんどないに等しかった。出来事が霧の中や時のない虚空で起きているように見せるため、プロセニアムのすぐ後ろに紗幕（スクリム）を置くことが多かった。色彩は、正確な表象性ではなく、雰囲気を醸し出すかどうかで選ばれた。俳優はしばしばセリフを唱え、不自然なジェスチャーを使った。目指したのは、物語の展開を日常的で卑近な世界から引き離すことだった。リアリスト、ナチュラリストの上演とこれほど違う上演を想像することは難しいだろう。慣れ親しんできたものとのあまりの違いに、多くの観客が困り果てた。演劇の運動としてのサンボリスムはじきに魅力を失い、一九〇〇年にはほとんど消えてしまった。とはいえ、サンボリスムは初めての非写実運動として重要であり、二〇世紀に様々な運動が数多く誕生するきっかけとなった。

「芸術至上主義［芸術のための芸術］」

一九世紀後半にリアリズムやナチュラリズムに異議を申し立てたのはサンボリスムだけではない。イングランドでは、ウォルター・ペイターがイギリス唯美主義の根本概念を示した。ペイターは芸術の唯一の機能は、経験を増強し、感覚的快感をもたらすことと提唱した。この運動は「芸術のための芸術」と呼ばれるようになり、そのもっとも有名な劇作家であり、もっとも能弁なスポークスマンとなったのがオスカー・ワイルドである。一八八九年の論文『嘘の衰退（*The Decay of Lying*）』で、ワイルドはこの運動の基本原則を述べている。リアリストやナチュラリストが提唱するように当代のテーマや問題に焦点を当てるのではなく、ワイルドは芸術には独立した命があり、その想像力はその時代の心配事から自由でなければならないと主張した。芸術が生を模倣するのではなく、生が芸術を模倣すべきと提案したのである。ワイルドは、自然は複製すべき手本ではなく、自然は原料であって空想によって整え改善すべきと述べた。リアリズムやナチュラリズムは、芸術をもって「真実」を明らかにしようと努めたが、ワイルドは「嘘をつくこと、美しい虚偽を語ること、これこそが芸術の正しい目的である」と主張した。ワイルドは不誠実を擁護していたわけではない。芸術を芸術そのものを表現する以外の務めから解放したのである。この姿勢は、二〇世紀において雨後の筍のように乱立する芸術様式の観点から、重要な意味を持つ。つまり、芸術を判断すべき観点は古いものを複製する力ではなく、新しい展望を表現する創造力だということになるからだ。したがってこの姿勢は、テーマと手法の両方において、伝統的基準の固守を振り切ることになった。ワイルドの思想は、彼の傑作喜劇『真面目が肝心[4]（*The Importance of Being Earnest*）』（一八九五）を詳しく見ることでよりよく理解できるだろう。

『真面目が肝心』

一八九五年に執筆されたこの芝居は、三幕の「ウェル・メイド・プレイ」という標準的な仕掛けを利用している。「ウェル・メイド・プレイ」の仕掛けとは、念入りに組み立てられた提示部、因果関係による出来事の配置、隠匿情報の巧みな操作、土壇場で明かされる驚愕のどんでん返しである。ワイルドはこれらの仕掛けを馬鹿馬鹿しいほどのレベルに引き上げ、それによって、定型パターンにつきものの策略を滑稽なほど明々白々に示して見せる。ワイルドは物語の展開を実体化するために、ストック・キャラクターを用いる。二人のおしゃれな独身男と、その相手となる二人の折り目正しい若い女性（一人は都会出身、もう一人は田舎出身）である。厳格な英国人既婚女性、家庭教師、学識豊かな聖職者、適度にドライな使用人たち。わざとらしいセリフと演者に求められる気取ったスタイルは、リアリズムではなく王政復古時代の喜劇に近い。

芝居は、おしゃれな独身男、アルジャーノン・モンクリーフのロンドンにあるアパートで始まる。アルジャーノンと友人のウォージング氏の会話から、ウォージングはアルジャーノンのいとこグウェンドリンとの結婚を望んでいることがわかる。しかしアルジャーノンはこの結婚に承諾の返事をする前に、ウォージングが「小さなセシリーより、心からの愛をこめて親愛なるジャックおじ様へ」と刻印されたタバコのケースを持っている理由を知りたがる。ウォージングの名前はジャックではなくアーネストだとわかっているし、セシリーという人物はこれまで聞いたことがないからだ。ウォージングは、田舎ではジャックという名前で、都会ではアーネストという名前で通しているのだと説明する。田舎では、倫理意識の高い高潔な人物を演じなければならない気がするのだ。そこでウォージングは、アーネストという不道徳な弟がいて、ロンドンに住んでいるという話を作った。そうすればロンドンに来る便利な口実として、アーネストがおそろしいトラブルに巻き込まれたので救出に駆けつけるというストーリーが使えるというわけである。アルジャーノンにはわかりすぎるほどわかる話である。アルジャーノン自身も空想の友達を作ったからだ。バンバリーという名前の病人で、アルジャーノンは都会生活での社交の務めを逃れる口実として使っているのである。男たちは二人とも、社会的責任や期待から逃れるためにペルソナを作り上げたわけだ。そこへアルジャーノンの叔母であるレディ・ブラックネルと、その娘グウェンドリンが到着する。ウォージングがグウェンドリンにプロポーズし、グウェンドリンは受け入れるが、その際、彼を愛し結婚できる理由はただひとつ、彼の名前が「アーネスト〔「誠実」の意味〕」だからなのだときっぱり言う。「アーネスト」という名前の人と結婚するのが自分の運命なのだとグウェンドリンは信じているのである。しかしレディ・ブラックネルは、グウェンドリンの結婚相手を決めるのは両親である自分と夫だと念を押す。レディ・ブラックネルはウォージングの面接を行い、ウォージングが捨て子だったことを知ると結婚の承諾を断る。

　ここに示した第一幕の概要は、ワイルドの語る物語を再現しはするが、彼のスタイルの本質を取り逃している。ワイルドは、言葉の使い方（駄洒落、警句、誇張法など）によって、一貫して現実よりも作り物を、実体より見かけを重要視する人物たちの示す偽善的態度、気まぐれな振る舞い、そしてひねくれた論理といったものをコミカルに暴いて見せる。例えば、ウォージングとの結婚を承諾したあとで、グウェンドリンはこう言う。「あなたがいつも私をちょうどそんな風に見てくださると嬉しいですわ、特に他の方々が同席されていらっしゃる時には」。レディ・ブラックネルは、ウォージングが「何も」知らないことに気づくと満足する。なぜなら、レディ・ブラックネルは「自然な無知をいじるようなものはなんであれ認めない」からで、「近代教育の理論全体が、はなはだしく不健全なのです。イングランドでは幸いにして、何はともあれ、教育は全くなんの効果も生み出していませんが」と主張する。レディ・ブラックネルはまた感傷というものを一切持ち合わせず、ウォージングが両親をなくしていることを、「不注意」だと軽々しくのたまい、「可及的速やかに何かしらの姻戚を確保」するようにと助言するのである。

　ワイルドは第二幕に複雑な事態や発見を詰め込み、喜劇的な展開を切れ目なく繰り出す。アルジャーノンは「小さなセシリー」と知り合いになるため、ウォージングの弟アーネストになりすましてウォージングの田舎の邸宅にやってくる。そこへ喪服姿のウォージングが、弟アーネストが死んだと言いながらやってくる。セシリーは二人の男たちを会わせ、食い違う言い分を解決しようとする。しかしウォージングと弟が不仲であるというフィクションは、ここに来てむしろ真実となってしまう。ウォージングはアルジャーノン／アーネストに出ていくように命じ、激怒して出ていく。アルジャーノンはセシリーに愛を告白するが、セシリーのほうはそれを当然のごとく受け止める。彼女はすでに何ヶ月も前に、日記の中に自分とアーネストの恋愛物語を創作していたのだ。セシリーの日記は毎日の出来事を事実そのままに記録したものとは程遠い、想像の産物なのである。セシリーは日記の中から、二人の婚約、別れ、そして和解の物語を語る。彼からの手紙まで取り出すので、アルジャーノン／アーネストが手紙など書いた覚えはないと叫ぶと、シセリーはこう言い返す。「おっしゃらずとも、わかっておりますわ。だって、私が仕方なくあなたの代わりに書かなくてはならなかったのですもの……私が婚約解消した後であなたがくださった三通は本当に美しくて、それに本当にスペルの間違いだらけで、今でも読むとちょっと涙ぐんでしまいますのよ」。アルジャーノンは、セシリーも未来の夫はアーネストという名前でなければ受けつけられないと思っていることを知る。事態がワイルドの手でさらにややこしくなるのは、婚約者アーネストに会おうとグウェンドリンがやってくるからである。グウェンドリンはセシリーと出会い、二人ともが「アーネスト・ウォージング」と婚約していることを知る。二人はお茶をともにするが、社交上のエチケットの力をもってしても、反目が表面に出るのを止められない。ウォージングとアルジャーノンが再び登場し、誰と誰が婚約しているかということをはっきりさせると、婦人たちはどちらの男もアーネストではないことを知る。女性たちは結束を固め、自分の婚約者はアーネストという人物以外ではないときっぱり言い放つ。男たちはマフィンを食べつつ、アーネストという名前で再洗礼を受ける意思を固めて元気を取り戻す。

オースティンとエリオット
〈深遠なる関係〉の謎を探る
惣谷美智子・新野緑 編著

ジョージ・エリオットはジェイン・オースティンをいかに読んだのか。活動時期に半世紀以上の隔たりがある両作家の関係を読み解く。▼四六判上製・二五二頁・三二〇〇円

つまみ食いエッセイ集　栄養のない野菜
山田英美 著

子どものころから好奇心旺盛、いまも興味は植物、絵画、料理、旅……と、とどまることを知らない著者が綴る、道草的ライフのすすめ。▼四六判並製コデックス装・二〇八頁・一八〇〇円

投歌選集　立秋すぎて
三角清造 著

四季の花々から教員生活、趣味のカヌーまで、川の流れにたゆたうように詠みつづけた短歌の中で、新聞歌壇で入選した四二三首を収載。▼四六判上製・二六四頁・二二〇〇円

新先蹤録《しんせんしょうろく》
秋田高校を飛び立った俊英たち
秋田高校同窓会新先蹤録委員会 編

秋田県立秋田高等学校創立一五〇周年記念。各方面で活躍し大きな足跡を残した三八名それぞれのライフヒストリーをまとめる。▼A5判変形並製・三六〇頁・二〇〇〇円

春風社
〒220-0044　横浜市西区紅葉ヶ丘 53　横浜市教育会館 3F
TEL (045)261-3168 ／ FAX (045)261-3169
E-MAIL：info@shumpu.com　Web：http://shumpu.com

この目録は 2024年1月作成のものです。これ以降、変更の場合がありますのでご諒承ください（価格は税別です）。

本刊
の既

国際日本学の探究
夏目漱石・翻訳・日本語教育
徳永光展 著

母語ー日本語、地域文化ー日本文化を往還し、新たな知の体系の創造を試みる挑戦的論集。漱石『心』『坑夫』の英・独訳者との対談も。▼A5判上製・四一八頁・四〇〇〇円

第三幕では、対立が危機的状況に発展する。レディ・ブラックネルが到着し、セシリーの家庭教師ミス・プリズムが、何年も前にレディ・ブラックネルが預かっていた赤ん坊をどこかになくしてしまった乳母その人だと気づく。ミス・プリズムは、自分が書いた小説を誤って乳母車に入れ、赤ん坊のほうはハンドバックに入れてうっかりヴィクトリア駅に置き忘れてしまったのである。ウォージングがバッグを持ち出してくると、ミス・プリズムはそれが自分のハンドバッグだと認めるが、それはつまりウォージングこそが行方知れずだった赤ん坊だということである。レディ・ブラックネルはウォージングは妹の子どもであり、モンクリーフ将軍の息子、そしてアルジャーノンの兄であると明かす。さらに、ウォージングはそもそも「アーネスト」という名前で洗礼されたこともわかる。こうして全てが元通りに戻る。人物たちの嘘は真実となったのである。

『真面目が肝心』は、気の利いた会話を笑劇に仕立てただけと見なされることも、また、ヴィクトリア朝社会に関する深い洞察を示した喜劇的な批判だと見なされることもある。どちらの見方も一定の妥当性がある。ワイルドは『真面目が肝心』の副題に「深刻な人々向けの、どうということのない作品」と付けているが、確かに、トラブル、発見、土壇場での驚愕の事実発覚といった嘘っぽい仕立てを用いた、陽気な言葉遊び満載のドタバタ喜劇である。反対に、この芝居を、ヴィクトリア朝の偽善と浅薄さを批判した作品と見るならば、ワイルドは、「芸術のための芸術」というスタンスを取りながら、彼の時代の問題を正面切って取り上げたと考えられる。しかし、人物たちがフィクション（嘘）を作り、それが現実になるということから見て、この芝居はワイルドの本質的に批判的なスタンス、すなわち、生は芸術を模倣するという考えを支持していると言えるだろう。

まとめ

一九世紀後半には、演劇におけるリアリズムはしっかりと確立していた。ある意味ではこれは、額縁舞台や透視図法による舞台装置を取り入れたルネサンスに始まる発展の、論理的帰結である。当時、舞台は本質的に具象的となり、その後はさらに本物らしい絵を求める傾向になった。一九世紀が進むにつれ、細部の写実的な描写への要求はピークに達した。それはまずメロドラマに、そして次にリアリズムとナチュラリズムに見て取れるようになる。

メロドラマはリアリズムと異なるが、それは写実的な舞台作りの面においてではなく、真実と価値に対する見方における違いである。メロドラマが基礎を置いた前提は、人間は生来善悪の違いを知っており、道徳的行為は、環境、階級、富とは関わりがないとするものである。人が道徳的原則を守り続ければ、なにもかもが満足のいく結果になると教える——つまり、善は勝ち、悪は負けるという。一方、リアリズムとナチュラリズムは、世界を倫理的にではなく科学的に見て、遺伝と環境が人間行動の決定要因だと考えた。彼らは倫理的善に神の摂理が干渉するとは考えず、むしろ、望ましくない行動の原因を分析し発見し、望ましい結末を導くためにそういう原因を変えていくのは人間次第だと考えた。メロドラマの形而上的基礎に異議を提示することで、リアリズムとナチュラリズムは、中世の時代から芸術を大きく支配してきた絶対主義的価値感の土台を壊したのである。それによって、のちに「モダニスト」と呼ばれる思想と実践が生まれる道筋が開かれた。

全体として、モダニズムは絶対から相対への価値観の変化を特徴とする。その結果、一つひとつが異なる世界観を持つ芸術運動が過剰なほどに誕生する道筋をつけた。リアリズムとナチュラリズムが目立つようになるが（始めは物議を醸す運動として、しかしその後は世界を表現する主流の方法として）、まもなくサンボリスムや「芸術のための芸術」のような非写実的な運動によって疑問視されることになる。芸術の多様性が爆発的に始まるのは二〇世紀初頭のことである。そして二〇世紀、芸術の運動はそれまでの全時代に見られた運動の全てを総合しても追いつかないほど、大量の芸術運動を目撃することになる。

訳注

（1）この作品をもとに、後にブレヒトが『三文オペラ』を書いた。
（2）芝居の開始時に、ストーリーはすでに始まっているのが通常であるが、芝居の筋を追うために必要な情報（ストーリーのどの時点で芝居が始まるか）ということは作品によって異なる。ここで著者は『人形の家』は芝居開始時には、すでにストーリーが相当進行しているということを示すのに「着手地点が遅い」と述べている。
（3）日本語訳では当初『俳優修行』として出版された。
（4）「真面目」と訳されている原語は earnest である。そして、登場人物の二人の男性が名乗る仮名は同じ発音を持つErnestである。Earnestという英語は「真面目、謹厳実直」などの意味があるが、ドイツ語起源の名前Ernestも同様に「真面目、謹厳実直」という意味を持つ（Ernestは英語圏でも一般的な名前である）。ワイルドは、タイトルに、「真面目であること（そしてアーネストという名前であること）が肝心」という二つの意味を持たせたわけである。

〈年表 3〉

1800

ナポレオン敗北（1814）、ナポレオン、ワーテルローの戦いで再び敗北（1815）

ユゴーのロマン主義芝居『エルナニ』、ネオクラシシズムのルールを守らなかったために劇場で騒乱が起きるきっかけとなる（1830）

マルクスとエンゲルス『共産党宣言』（1848）

ストウの小説『アンクル・トムの小屋』（1852）翻案芝居が最大の人気を博すメロドラマとなった

ダーウィン『種の起源』（1859）

アメリカ南北戦争（1861-1865）

アメリカ合衆国憲法修正第14条批准により、アフリカ系アメリカ人の市民権を獲得（1868）

イプセン『人形の家』（1879）

パリに初めて独立劇場ができる（1887）

ニュージーランドが世界で初めて女性投票権を認める（1893）

ワイルド『真面目が肝心』がロンドンでヒットする（1895）

チェーホフとモスクワ芸術座が最初の成功を収める（1898）

1900

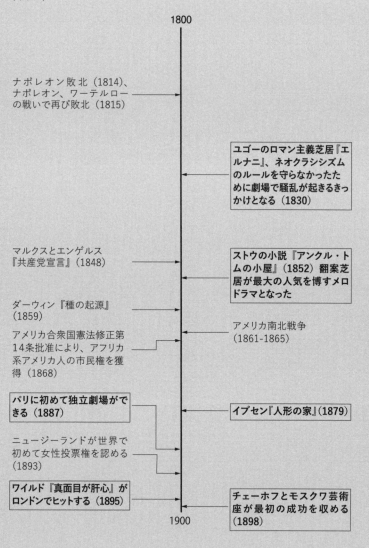

第五章　二〇世紀のモダニズム――一九〇〇‐一九六〇

モダニズムの革新は数多くあるが、そのひとつは新たに観客に課した要求である。音楽、絵画、文学、そして建築でさえ、かつてのように「易しい」ものでは決してなくなるだろう。

ピーター・ワトソン『おそろしい美――モダンの精神を形作った人々と思想――歴史』

二〇世紀の始まり、西洋社会は急速な社会、文化、経済、政治的推移のただ中にあった。近代的産業社会の発展と急速な都市化によって変貌の途上にあった世界は、第一次世界大戦の恐怖によってさらに揺さぶりを受けた。戦後、女性参政権運動のような社会改革と一〇年間におよぶ安定した活動があったが、じきに経済不況、第二次世界大戦、そして原子力時代の暁がやってきた。技術の役割はひたすら増加してゆき、それは創造の源とも、あるいは破壊の源ともなりえた。科学的、技術的視点から見れば、二〇世紀は革新の時代であり、芸術は後れを取るまいと、また、急速に変化する世界とその中の人間の居場所について理解し表現しようとした。

モダニズムは、生のあらゆる諸相の見直しを促し、芸術界をパックリと切り開いた。啓蒙時代から続いていた確実性の感覚は失われ、絶え間ない探検と現状維持に歯向かう精神が現れた。サンボリスムと「芸術のための芸術」はリアリズム拒否の始まりを示したが、二〇世紀のモダニズムはそれをさらに大幅に推し進めた。他を圧する力のある表現様式が不在のまま、モダニズムは多すぎる可能性を探索した。あるものは新しい表現様式を個別に求め、あるものは明確にイデオロギーを表現する組織的運動だった。そのどれもが、世界をより活発に有意義に動かすために演劇を使おうとする試みだった。

演劇の予見者へのモダニズムの影響

モダニズムはあらゆる芸術に影響を及ぼした。ルネサンスから二〇世紀まで、視覚芸術（演劇の舞台装置を含め）は、固定した視点からあらゆるものを描いた。しかし二〇世紀初頭、視覚芸術は、一枚の絵の中のあらゆる細部を単一視点から見て描くだけではなくなっていた。もっとも有名な例はピカソの絵画である。そこには同じ対象物の様々な部分が、まるで別々の視点から見たように描かれている。関心は対象物から、芸術様式へと移ったのである。絵画では、判別可能な題材を捨てた完全に抽象的な作品が生まれることもあった。こういった絵画はその題材を描き出す正確さではなく、形式上の判断基準（線、色彩、構成を操作する効果の有無）によって評価しなければならなくなった。音楽においても同様の発展があり、それはメロディのずれに現れた。作曲はメロディやハーモニーのパターンではなく、テンポと無調の関係をいかに処理しているかという点で評価されるようになった。演劇もまたこういったモダニズムの流れに加わった。二〇世紀初頭、二人の理論家――アッピアとクレイグ――がとりわけ「演劇の芸術」に関する思想の再形成に成功した。この二人が、現代の非錯視的表現による上演および設計理論をもたらした。

スイスに生まれたアドルフ・アッピア（一八六二―一九二八）が始点とした思想は、演劇において芸術的統一は基本だが、演劇の要素は相反するために統一を作り出すのは難しいというものである。すなわち、俳優は動き、床は水平、そして舞台装置は垂直ということだ。アッピアは平面に描かれた背景装置（装飾的細部も含め）ではなく、三次元の構造物を使うことを目指した。三次元の構造物だけが、三次元で動く俳優を置くにふさわしい唯一の環境だと考えたからである。平面的な舞台床面の限界を克服するため、アッピアはステップ、プラットフォーム、斜面を用いて、水平面から垂直面への移行を作り出し、それによって舞台の全体的構成と俳優の動きに一層大きな変化をつけることが可能になると主張した。

アッピアはまた、舞台照明の理論家としても重要である。舞台装置と俳優の姿形と次元を明らかに見せるため、アッピアは様々な方角や角度から照明を当てることを提唱した。また、演劇の要素の中で照明がもっとも柔軟だと考えた。音楽同様照明は一瞬一瞬変化させることでムードや感情の動きを反映することが可能であり、また、強度、色、方向、動きによって演劇の要素全てにまとまりを持たせられるからである。照明に関するアッピアの考えは決定的なタイミングで登場した――アッピアの理論を実践するために必要な技術が使えるようになりだした時期が、まさしくこの頃だったのである。白熱灯が発明されたのが一八七九年で、これは裸火を使わない初めての媒体で安全だったため、急速に受け入れられた。当初電球のワット数は非常に小さく、ようやくスポットライトを開発できるほどの高ワットな高密度フィラメントを備えたランプが出回るようになったのは一九一一年のことだった。一九一五年頃には、アッピアの理論を実践するのに必要な技術のほぼ全て（電球、スポットライト、着色フィルター、調光器）が使用できるようになった。

エドワード・ゴードン・クレイグ[1]（一八七二－一九六六）は、俳優としてイングランドの演劇界に入った。アッピアよりも相当過激だったクレイグは、物議を醸す意見で常に衆目を集めた。クレイグは演劇が他の様々な芸術の混合だという考えを否定した。基本的な要素――動作、言語、線、色、リズム――が一人の大芸術家によって融合した、完全に自立した芸術だと考えたのである。クレイグは、俳優の代わりに巨大パペット（über-marionetten［超人形］[2]）を使うべきだと提案したことがある。なぜならパペットは俳優と違って、上演に自分の個性を押しつけて大芸術家の意図を傷つけることがないからだという。アッピア同様、クレイグもシンプルな舞台装置、衣裳、照明を求めた。二人は視覚要素に対して具象的アプローチではなく、劇的展開にふさわしい線、マッス、色、質感、ムードを具現する抽象的構造物に注目するアプローチを取ろうとした。アッピアとクレイグはまた、至高の統一的演劇芸術家としての演出家という概念を掲げた。

アッピアとクレイグの影響をさらに強化したのがドイツ人演出家のマックス・ラインハルト（一八七三－一九四三）で、当時ラインハルトは演出家というもののかつての概念を修正しているところだった。一九世紀後半、ワーグナー、ザクセン＝マイニンゲン公、アントワーヌ、リュニェ・ポーらが演出家として認められた。彼らはそれぞれ上演アプローチこそ異なったが、どの上演にも基本的に同じ様式を用いた。新しい芸術運動が登場すると、それぞれの運動はその独自の様式専用の劇場を設立しなければならなくなった。既存の劇場はどれも、特定の演劇上演方法専用だったからである。

事態が打開したのは一九〇〇年代当初、ラインハルトがひとつひとつのプロダクションを、独自の様式的解決を要求する新しい挑戦と見なすようになった時のことである。このアプローチを用いることで、同じ劇場であらゆる運動、あらゆる時代の芝居を受け入れることができるようになった。史上初めて、演劇の歴史は演出にとって重要となった。なぜなら、ラインハルトは自身のプロダクションを組み立てる際に、その芝居が初演された時の演劇的文脈において大きな意味を持った要素を中心に据えることが多かったからである。ラインハルトは観客－演者の空間的関連性の再現を試みることも多かった。（例えば、サーカス用の建物をギリシャ劇用に改築し、中世演劇のために劇場を大聖堂に作り替え、また、一八世紀の芝居の多くを一八世紀大邸宅の大広間で上演した。）ラインハルトはプロダクションの統一感を出すために、主たる視覚的モチーフを中心に据えたり、あるいは芝居が執筆された時代の典型的な演劇表現様式を中心に据えて上演したりした。このように、演劇の過去に関する知識はラインハルトの上演の多くにとって必須だったのである。

ラインハルトの手法は、演出家の役割をさらに強化した。どのようなプロダクションであってもそれに使用する様式的アプローチはオプションなのであり、その選択権は演出家のものである。プロダクションを補強する構想を選択する立場にある演出家は、自身の構想を実践する人々の選択全ての決定者でもある。ラインハルトは演出家の芸術的意識を第一と考えていたが、彼の後に続く人々の多くと違って芝居の展開の時と場所を変えることはなかった。ラインハルトは、プロダクションは台本のためにあるべきと考えていた（最近では、台本は上演のためにあるという考えが一般的になってきたが）。ラインハルトのプロダクションはまだ主に具象的だったため、こんにちの見方からすれば当時の人々の目に映ったほど様式的に多様ではなかったと思われる。とはいうものの、ラインハルトが有力な演出アプローチとして折衷主義を確立したのは確かだ。そして折衷主義は、一旦受け入れられた後はラインハルト本人が想像もしなかったような方法で（そして現在も）発展拡張されている。ラインハルトによって、相対主義は演出において（他の多くの分野同様）勝利を収めた。全ての芝居に同じアプローチを適用するのではなく（絶対主義者の方法）、それぞれの芝居にあわせてアプローチを変える（相対主義者の方法）というやり方である。

未来派、ダダ、表現主義

一九一〇年から一九二〇年の間の一〇年間は、第一次世界大戦によって象徴される不安定と激変の一〇年である。当然ながらこの一〇年間に多くの芸術運動が登場し、それぞれが人間の経験についての新しい視点と、その視点を表現する新しい方法を支持した。中でももっとも重要な三つの運動は、未来派、ダダ、表現主義である。

未来派はイタリア人フィリッポ・トンマーゾ・マリネッティ（一八七六－一九四四）が一九〇九年に立ち上げた。マリネッティは、機械時代のスピードとエネルギーを、啓蒙された未来の鍵と見なして賛美した。彼は過去に対する崇敬は進歩の邪魔だと考え、図書館や博物館は全て破壊すべきと宣言した。未来派は古い芸術形式を排して多数の新しい芸術形式を取り入れようとしたが、その中に、コラージュ、キネティック彫刻、ノイズ主義（bruitisme 日常生活音に基づく「ノイズ音楽」）がある。未来派は観客の積極的関与を必要とせずのんびりと発展してきた劇をとりわけ蔑み、変化を求めるマニフェストを数多く発行した。その中のひとつが「ヴァラエティ演劇」で、当代の演劇のほぼ全てが、歴史劇か日常生活の写真のような再現だと論じている。マリネッティはこういう劇は「オイルランプの時代」の名残だと断じた。こういう体たらくの演劇には改革が必要とし、ヴォードヴィル演目、ジャグラー、ダンサー、体操選手など、ダイナミックなエネルギーと観客参加を含むヴァラエティ演劇を提案したのである。「ヴァラエティ演劇だけが観客の共同作業を求める。観客は動かない愚かな覗き見愛好者ではなく、劇に騒々しく加わるのだ……。」マリネッティはさらに、演劇の観客の洗練されて超然とした態度を壊す方法も提案する。「座席のいくつかに強力接着剤を塗る……同じ座席を一〇人に売る……座席に粉を振り痒くなったりくしゃみをさせたりする」。こういったいたずらの提案は、受け身の観客を扇動し、積極的に関わらせることが目的だった。

未来派は、既存の劇の代わりに、長編劇の本質を一瞬の中に凝縮する合成劇を提案した。人生の加速を求める彼らは、さらに同時性と複焦点を支持するようになった。彼らの上演では、複数の場面や、数種類の出来事（音楽的、絵画的、劇的）が、上演‐観客空間の様々な場所で同時に進行した。未来派は観客との対立を求めた。芸術とは何か、あるいはどういう可能性を持つかということに関する観客の偏見に未来派は強く挑み、そのため彼らの上演はしばしば暴動に近いものを引き起こした。第一次世界大戦中、未来派は彼らが支持する過激な生き方の最高の表現だとして戦争を礼賛したため、訴求力をほとんど失った。

ダダは第一次世界大戦を引き起こした価値観の否定に基盤を置く。第一次世界大戦が勃発すると、多くの芸術家が中立国であるスイスに避難所を求め、そこで一九一六年、ダダが誕生した。主要なスポークスパーソンはトリスタン・ツァラ（一八九六－一九六三）である。世界が狂気に陥ったような時代、ダダイストは彼らの芸術において、論理、理性、統一に替えて偶然と非論理を置くことを目指した。彼らは未来派のように、同時性と複焦点を用いたプログラムを数多く発表した。彼らが好んだ形式に「偶然詩」（言葉を帽子のなかに入れて、ランダムに取り出し朗読する）と「音詩」（非言語的な音からなる）がある。彼らは、短劇、ダンス、音楽も上演し、異なる芸術形式間にどんな障壁も見出さなかった。ダダは本質的にアナーキーで、偽善的で信用ならない社会とその社会があがめる芸術形態を軽蔑した。

戦争が終結するとダダはエネルギーをおおかた失ったが、もっとも興味深い作品例は戦後に起きた。例えば一九二〇年、マックス・エルンスト、ハンス・アルプ、テオドール・バーゲルドは、ドイツのケルンで、ガラス張りの中庭に男性トイレから入場するというダダのイベントを上演した。このイベントには互いに関係のない複数の出し物があった。初めての聖体拝領式の時のような服装をして猥褻な詩を読み上げる若い女性。頭蓋骨と手が突き出している血の赤色の水溜り。希望者の誰でもが叩き込めるように手斧が取りつけられた木の彫刻。

未来派とダダイストの実践の多くは、いたずらのように意図的な挑発を目的としたように見える。彼らの直接的な影響を評価することは難しいが、彼らが示した挑戦は激しい感情を引き起こし、芸術作品をどのように定義するか、観客の反応の役割は何か、変化の道具としての芸術、芸術における革新の必要性、芸術と文化の関係などについて激しい議論を呼ぶことになった。彼らの影響は、一九六〇年以降再び力強く復活する。

表現主義はドイツで一九一〇年頃に登場した。人間の精神を歪めるとして物質主義と産業主義に反撃することを目指した。機械時代を称えた未来派と異なり、表現主義は、産業時代のおかげで人間は物質主義的価値観に堕し、しなびた魂が入った条件反射の機械になりさがってしまったと非難する。表現主義の主唱者たちは、人間の精神の最善のものに沿うよう世界を作り替え、それによって「人間の新生」をもたらそうとした。今日のパフォーマンス・アートのさきがけとなった演劇プログラムを示した未来派やダダと異なり、表現主義はテキストに重点を置いたため容易に演劇に吸収され、未来派やダダよりも演劇に対して即効性の影響を与えた。

表現主義の劇のほとんどは、虚偽の価値観によっていかに人間精神が歪められてきたかということに焦点を当てる。たいていの場合、主人公が自らのアイデンティティ、達成感、あるいは世界を変える方法といったものを探し求める過程を描く。主人公は通常物質主義や産業主義によって歪んでいるので、彼らが（そして、彼らの目を通して見ている観客も）見る外界も歪んでいる。建物や部屋の壁は恐怖を感じるほど斜めになっていたり、感情を映しだす色彩が使用されることもある（例えば、主人公の嫉妬を映して、空の色が青ではなく緑に描かれるかもしれない）[3]、動作やセリフがロボットのようだったり、複数の人物や物体が（機械製のように）瓜二つの外見だったりすることもあるだろう。表現主義は通常、人間の状況を悪夢的な情景で表すのである。
アウグスト・ストリンドベリ（一八四九－一九一二）の作品の中には、しばしば表現主義の先駆者と見なされるものがある。おそらくそのもっとも重要な作品は『夢の戯曲（*A Dream Play*）』（一九〇二）だろう。その序文でストリンドベリはこう書いている。

筆者は、夢の持つ、分断されながらも一見論理的な形式を模倣することを試みた。何が起きてもおかしくない。あらゆることが可能で、起こりうる。時と空間は存在しない。現実の取るに足りない背景で、想像力は斬新なパターンをデザインし、刺繍する。それは記憶、体験、自由な空想、馬鹿馬鹿しいこと、即興、これらのメドレーである。

ストリンドベリは、時、空間、論理的連続、外見の限界を、夢見る人間の視点を用いることで克服した。『夢の戯曲』では、ひとつの出来事が論理的な推移をせずに別の出来事に流れ込み、人物は別の人物に変貌し、大きく離れた場所と時は、痛めつけ疎外された人間の物語の中に凝縮される。表現主義者はストリンドベリから多くの技術を借用している。
全般として、より相対的な視点へ移行することが、芸術的実験を継続させる結果となった。身の回りの世界や人間の置かれた状況への様々な見方を理解し表現するための方法として、個人個人が芸術と演劇を用いたからである。モダニストの時代の影響は、演劇と現代社会にさざ波を立て続けている。

表現主義はドイツで盛んになった。とりわけ第一次世界大戦直後に盛んになったのは、ドイツ初の民主主義政府設立からくる楽観的空気の中、表現主義の目標が実現可能に思えたためである。ドイツ表現主義劇作家でもっとも重要なのはゲオルグ・カイザー（一八七八－一九四五）と、エルンスト・トラー（一八九三－一九三九）である。一九二〇年代中期には楽観主義は幻滅に変わり、表現主義の人気は一気に衰えた。しかし表現主義は様々な国で多くの作家たちを惹きつけた。アメリカ合衆国では、いくつか注目すべき表現主義作品が書かれた。中でももっとも有名な作品は、エルマー・ライスの『計算機（*The Adding Machine*）』（一九二三）（主人公の経理士は、自身が計算機に他ならない）、ソフィー・トレッドウェル（一八八五－一九七〇）の『マシナル（*Machinal*）』（一九二八）、ユージーン・オニール（一八八五－一九七〇）の『毛むくじゃらの猿（*The Hairy Ape*）』（一九二二）である。

ユージーン・オニール（一八八八－一九五三）はジェイムズ・オニールの息子で、アメリカ人劇作家として、現在まで広く世界的に認められる最初の人物である。当時のアメリカ人劇作家の多くがそうだったように、オニールが劇作家として駆け出しの頃に活動を手助けしたのは、ヨーロッパの独立劇場を手本にした劇団だった。アメリカ合衆国では、一九一二年頃に始まったこういった劇団は通常「小劇場」あるいは「芸術劇場」と呼ばれた。オニールを発見したのはプロヴィンスタウン・プレイヤーズという劇団で、一九一五年から一九二九年にかけて、アメリカ人の劇作振興に関心を寄せていた。オニールは自作の中で様々な劇的様式や技術を模索した。例えば『皇帝ジョーンズ（*The Emperor Jones*）』（一九二〇）や『毛むくじゃらの猿』は、表現主義に多くを負っている。『楡の木の下の欲望（*Desire Under the Elms*）』（一九二四）と『喪服の似合うエレクトラ（*Mourning Becomes Electra*）』（一九三一）は、古典ギリシャ悲劇にふさわしいような題材を取り上げ、現代の心理学を用いて展開した。『奇妙な幕間狂言（*Strange Interlude*）』（一九二八）は内心のモノローグの技術を外的表現に用いいた。劇作家人生の終盤、オニールはリアリスティックな自伝的戯曲三部作を執筆した。『氷屋来たる（*The Iceman Cometh*）』（一九三九執筆、一九四六上演）、『夜への長い旅』（一九四一執筆、一九五六上演）、『日陰者に照る月（*A Moon for the Misbegotten*）』（一九四三執筆、一九四七上演）である。これらの作品によってアメリカ合衆国最高の劇作家の一人という名声を確立した。オニールはピューリッツァー演劇賞を四度受賞し、また、ノーベル文学賞を受賞した唯一のアメリカ人である。オニールがどのように表現主義を使ったかを知る例として、『毛むくじゃらの猿』を詳しく見る。

コラム　昔と今

◇シカゴの新未来派

未来派は一九三〇年頃にイタリアで消滅したが、過去の形式が現代におけるインスピレーションの源となる例が再び登場した。未来派の持つヴァラエティ、臨場感、観客との交流は、こんにちのシカゴで最長ロングランを記録中の新未来派（www.neofuturists.org）という劇団による、『眩しすぎる光で赤ん坊は視力を失う（*Too Much Light Makes the Baby Go Blind*）』で体験することができる。演出家グレッグ・アレンによるこの作品は、この劇団の新未来派団員が執筆・制作した、非常に短いコミカルな劇のコレクションである。新未来派は一九八八年の初演から三〇本の芝居を六〇分で上演するということを続けている。一九八八年以来八五〇〇本以上の短劇が執筆され、シカゴ郊外の葬儀屋の上階にある劇団の上演スペースで上演されてきたことになる。

新未来派は、未来派の運動に着想を得た多くの手法を取り入れている。そのひとつが、観客との非常にインタラクティブな関係性である。例えば、観客はサイコロを振って入場料の一部を決める(4)。また、芝居には番号が振られており、特定の芝居に対応する数字を観客が叫んで次にどの芝居を見るかを決める。芝居に振られた番号は観客用のプログラム（新未来派は「メニュー」と呼ぶ）にリストアップされていて、舞台の頭上にもプラカードを使って表示される。観客が番号を叫ぶと、演者たちは跳ね上がって観客の選んだ番号をつかむ。演者が舞台に引き下ろした最初の番号が次の芝居になるのである。上演全体としては、ランダムなコラージュの形に作り上げられていく。ヴァラエティと臨場感が上演を進める基本原則ということだ。彼らの意図は再生できない体験を観客のために作り上げること、そして、こんにちの世界にふさわしく目も眩む速さで進む舞台を作ることである。『眩しすぎる光で赤ん坊は視力を失う』は二五年以上にわたって上演され続け、その間新未来派のメンバーの多くが入れ替わった。かつてのメンバーには、二〇〇二年に『ユーリンタウン』でトニー賞最優秀ミュージカル脚本賞を受賞したグレッグ・コーティスや、たった三日間新未来派に所属しただけで、その後やはりシカゴに本拠を置くセカンド・シティに移籍したスティーヴン・コルベールがいる。二〇一五年には、新未来派はサンフランシスコ（二〇一四創設）とニューヨーク（一九九五－一九九七、その後二〇〇四以降）にも劇団を置いていた。『眩しすぎる光で赤ん坊は視力を失う』以外に、シカゴとニューヨークの劇団は、実験的な性質の作品を定期的に制作している。(5)

コラム　実践と様式

◇モダニスト運動

モダニストの時代の特徴は、絶対的価値から相対的価値への移行である。モダニスト芸術の特徴のひとつは、行為の基本となりうる、そして広く追随者を得られる一連の価値観を探し続けることである。二〇世紀、それ以前の時代を全て集めたよりも数多くの芸術運動が登場した。絶対的な基準を排除するということは、真実を作り上げるものは何か、芸術／演劇はどのように真実を扱うべきか、ということについて多くの異なる見方があるということである。それぞれの運動の世界観が、彼らの上演様式を定める一助となった。（詳細については、本文に記載）

様々なモダニズム運動を理解するもうひとつの方法は、それぞれの相違点を探すことだ。例えば未来派は技術を進歩の源泉と見たが、表現主義は技術と物質主義を個人から人間性を奪うものと考えた。同様に、未来派とダダはどちらも伝統的な台本のある劇を遠ざけ、「ノイズ音楽」、同時性、コラージュを含むヴァラエティ演劇形式のほうを好みはしたが、未来派とダダは基本的に異なる世界観を持っていた。例えば未来派は戦争を受け入れ、芸術家たちは第一次世界大戦に行って戦った。一方ダダは戦争を（そして、正気を失ったように思える世界も）嫌悪し、芸術家たちは戦争から逃げて中立国のスイスで自分たちの運動を始めた。

〈表 2〉

	リアリズム／ナチュラリズム	サンボリスム	表現主義	シュールレアリスム
真実はどこにあるのか？	真実は物理的世界、科学にある	真実は、精神的あるいは超自然的世界にある	真実は個人の精神あるいは魂にある	真実は無意識の中にある
どのようにして真実にたどり着くのか？	五感と直接的観察を通じて	直感を通じて	真実は個人的、主観的なものである	非論理的な連想や形而上的思考によって
どのようにして真実を舞台に表現するか？	実物そっくりに、可能な限り客観的に表現する	直感に相当する気持ちや心の状態を引き起こすような、シンボルや抽象物を使う	芸術家の内的視界を外界化する。歪みを用いて、主人公の目から見た世界を表現する	身近な事物を異様な組み合わせにする。夢や自動筆記を用いる

『毛むくじゃらの猿』

『毛むくじゃらの猿』に統一感を与えているのは、その中心的なテーマである。すなわち、非友好的な環境におけるアイデンティティ探しの挫折ということだ。冒頭、主人公のヤンクは、遠洋定期船の火夫である自分と仲間たちだけが「いるべき場所にいる」と確信している。自分たちこそが船を動かしているからである（それを拡大解釈するならば、彼らこそが現代の産業社会における工場や機械を動かしているのである）。彼らは自分らの居住区が「鋼鉄製の檻の骨格」に類似していることに気づかず、また、自分らがネアンデルタール人に似ていることにも気づかない。

第二場でミルドレッド・ダグラスが登場する。鋼鉄・船舶業界の大物の甘やかされた娘である。第三場、ミルドレッドは船のボイラー室に行って、男たちが石炭をくべてエンジンを動かす様子をどうしても見たいと言い張る。しかし彼女はヤンクを一目見るとあまりの恐怖に気絶してしまい、運び出されることになる。これはヤンクにとって一大転機の瞬間だった。なぜならミルドレッドの激しい嫌悪のおかげで、ヤンクは自分の信じてきた一切に対して疑念を抱くようになるからである。オニールはこう書いている。第四場以降、ヤンクは「覆面に被われた世界に入っていく。船首楼の親しい仲間たちさえ、見知らぬ異質な人々となってしまう」。

第五場で、ヤンクは自尊心を取り戻そうとニューヨークの五番街に行く。そこに金持ちの権力者向けの商店が「陳列する壮観は、営利主義のせいで安っぽくグロテスクでしかない」。オニールはまた、誰も彼もが同じような服装で、「現実とのつながりを失った機械のような無意識の、けばけばしいマリオネット」のようだと言う。ヤンクは彼らの注意を引こうとするが、無視される。ヤンクは力まかせに男たちに打ちかかるが、彼らはヤンクの存在にまったく無関心なまま、店のウィンドーにある猿の毛皮のコートだけに注目し続ける。

第六場、ヤンクは監獄（「動物園」と呼ばれる）にいる。オニールのト書きによれば、檻が「無数に、無限に」途切れなく続くように見える。ヤンクは当初、自分が鋼鉄と機械を自在にできる力を持っていると思っていたのだが、今その力を使って鋼鉄と機械を壊すという報復行為に出ようと決める。世界産業労働組合（ＩＷＷ）が工場や船舶の所有者に敵対していることを知ったヤンクは、監獄を出るとＩＷＷの事務所に行き、敵を爆破してやると申し出る。その申し出はしかし蔑まれるだけで、ヤンクは街路に放り出される。最後の場面で、ヤンクは動物園にやってくる。そして檻の中のゴリラと自分は同じだと考える。しかしヤンクがゴリラを解放すると、ゴリラはヤンクを握りつぶし、檻の中へ放り込んでしまう。ヤンクは必死になって探し求めた帰属感を手にいれることなく、死ぬ。

表現主義思想の代名詞ともいえるヤンクは、工業化された社会における現代人を象徴している。自然環境の不可欠な一部を構成していた人間はその過去から切り離され、ヤンクは工業機械の歯車に過ぎない存在の中にからめとられているのである。

『毛むくじゃらの猿』では名前を持つ人物はほんの数名である。ほとんどは典型的なタイプか、あるいはグループの一員である。オニールのト書きには、体格と色がわずかに違う以外は火夫たちは全員が似通っているとある。全体として、オニールは、現代の工業化された世界において人間は歪んでしまったと暗示しているように見える――作業員たちは動物のレベルにまで落とされ、金持ちは役立たずの人形となってしまったと。こういった考え方はセリフの発し方と外見に具体的に示される。第四場のセリフについてその大部分がこう説明されている。「[人物たちの]喉が蓄音器のホーンであるかのような、真鍮のような金属質」。また、この場面でヤンクやその他の登場人物たちが話すことは、「激しく吠えるような笑い声」を引き起こす。五番街の場面では、金持ちは「単調で不愉快なバカにしたような声」で話し、まるで操り人形のような服装と仮面をつけている。この芝居にふさわしい上演スタイルについてのくだりで、オニールは、第四場以降ヤンクが出会う人は全て、「象徴的なゴリラ」を含め、仮面をつけなければならないと示している。ヤンクは他の人物たちから浮いている。それはヤンクだけが、自分と自分の環境の間に筋の通った関係を求めなければならないと気づいているからだ。ヤンクは探究の旅の中で自身の求めるものを理解する人に一人も出会わないが、オニールは、ヤンクの苦難が現代に生きることの一側面を観客に明らかにして見せることを期待していたといえるだろう。

『毛むくじゃらの猿』は、表現主義のものの見方と技術両方における典型例である。エピソードを重ねる構成や歪んだ視覚的要素も、ヤンクの抱える達成感への渇望も典型的である。個人が帰属感を得られるように社会が変わらねばならないという提言もまた、表現主義における典型である。

二つの大戦の狭間のアメリカ演劇（一九一七—一九四〇）

一九二〇年には、モダニスト気質はあらゆる芸術に目立って見られるようになっていた。同時に、多くの人々が未だに絶対的価値観を信じ、二〇世紀の思想と芸術は見当違いで危険だと考える人々もいた。モダニストと、伝統主義に近い人々の観点が共存していたわけである。おそらくそれは、基準や価値の分裂（人生と芸術の双方において）が、例外ではなく標準となったことの印である。両立しない価値観やものの考え方が存在する雰囲気の中にあって、演劇的体験は多種多様となり、複数の様式が同時に存在することになった。

一九二〇年代から一九三〇年代のヨーロッパとアメリカの両方において、モダニズムが「高尚な」芸術を席巻していた一方で、ポップカルチャーは依然としてさほど複雑ではない娯楽形式を好んでいた。つまり、ミュージックホール、ヴォードヴィル、バーレスク、映画といったものである。映画はこの頃ますます大人気となり、観客は劇場から離れて行ってしまった。この変化は有声映画の登場（一九二七年『ジャズ・シンガー』以降）に続き、一九二九年の株式市場大暴落とその後一〇年間の経済不況によって加速した。有声映画の登場によって娯楽事業としての映画の将来性は著しく増大し、しかも映画のチケット代は生《なま》の演劇のチケット代に比してほんのわずかだった。一九二九年から一九三九年にかけて、合衆国内では生《なま》の娯楽を提供する劇場の三分の二ほどが閉鎖した。

合衆国では、生《なま》の演劇を引き続き鑑賞していた人々の大部分は、未だに何かしらの写実性を演劇に求めていた。そこで、新しい演劇の運動はまず「芸術劇場」や「小劇場」(ヨーロッパの独立劇場に相当する劇場)で歓迎された(「芸術劇場」「小劇場」止まりのことが多かったが)。表現主義の作品はブロードウェイで上演されることが時折あったが、概して商業演劇の観客は極端な形で示される様式の革新を受け入れなかった。その例外として重要な作品が、ソーントン・ワイルダーの『わが町(*Our Town*)』(一九三八)である。この作品は非写実的な特徴を数多くそなえている。物語の展開を進めるために舞台上のアシスタント(「舞台監督」)を用い、視覚的重点を舞台装置よりも衣裳に置き、小道具をパントマイムで示すなど抽象的な表現を通じて場面設定を行った。しかしワイルダーは非写実的な演劇的表現方法を用いてはいるが、それを適用しているのははっきりわかりやすいテーマである。アメリカの小さな町を舞台とした『わが町』は、人間の経験の根底にある原型的なパターンとライフサイクルを描き出す。この革新的な様式を持つ芝居は、いつの間にか幅広い観客層を獲得するようになり、現在でも人気を保ち続けている。全体として一九四〇年代のアメリカ演劇はヨーロッパのモダニズムの影響を、修正(あるいは単純化)したリアリズムの形に吸収した。一九世紀のリアリズムに比べて細部の描写は大幅に減じたが、それでもやはり基本的には具象的であった。

一九三〇年代の経済不況は、アメリカ演劇界に、「連邦演劇プロジェクト」という合衆国初の政府によるユニークな演劇資金援助をもたらした。不況が深刻化し失業者数が増えると、連邦議会は公共事業促進局を創設し、演劇を含む数多くの分野において仕事を作り出した。連邦演劇プロジェクトは一九三五年から一九三九年まで存続し四〇州に部署が設置されたが、もっとも活発な動きを示したのはニューヨークにおいてである。その最大の課題は「無料で、大人向けの、検閲を受けない演劇」を提供することだった。プロジェクトはこの課題に向かって進むと同時に、特にアフリカ系アメリカ人のような、それまでほとんど支援を受けてこなかったマイノリティ・グループにおける演劇活動の推進も行なった。

連邦演劇プロジェクトが後世に残した功績の最大のものは、おそらく「リビング・ニュースペイパー」という形態だろう。これは、新聞に対応するものを演劇において作り出そうとするものだ。しかし実際はドキュメンタリー映画のほうに近い。もっとも有名なリビング・ニュースペイパーは、『農業調整法の破壊（*Triple-A Plowed Under*）』（一九三六年　政府の農業補助プログラムについて）、『パワー（*Power*）』（一九三七年 地方の電化と治水について）、『国家の三分の一（*One Third of a Nation*）』（一九三八年　スラムの住宅事情について）だろう。どの芝居も特定の問題を調査し、原因を調べ解決策を提案した。ドラマティックなシーン（現行の社会状況が人間の生に及ぼす影響を描く）と、語り（統計の表、写真、動画などをスクリーン映写することで、事実に基づく情報を提示する）を交互に示すという構成を用いた。大勢の作家の共同作業によって作り上げられた芝居は、社会改革と是正法案を主張した。こういった攻撃的な主張は、最終的には、連邦演劇プロジェクトの停止につながることになった。一九三九年、連邦会議はこのプロジェクトの継続に資金を充当することを拒否したのである。

二つの世界大戦に挟まれた期間、一九二〇年代初頭にモスクワ芸術座が合衆国で旅公演を行なった後、コンスタンティン・スタニスラフスキーがアメリカにおける演技法に大きな影響を与えた。

アメリカ訪問ののち、スタニスラフスキーに学んだ二名の俳優、リチャード・ボレスラウスキー(6)（一八八九－一九三七）とマリア・オースペンスカヤ（一八八一－一九四九）はニューヨークにアメリカ実験劇場を創設し、一九二三年から一九三〇年にかけてスタニスラフスキーの演技法を教授した。しかしスタニスラフスキーが急激に影響力を持つようになった最大の要因は、アメリカ実験劇場に学び、モスクワ芸術座を手本として一九三一年に創設されたグループ・シアターだろう。創設後一〇年の間、グループ・シアターは合衆国でもっとも敬意を集めた劇団だった。そのメンバーには以下の面々が含まれる。リー・ストラスバーグ（一九〇一－一九八二）、ハロルド・クラーマン（一九〇一－一九八〇）、ステラ・アドラー（一九〇四－一九九二）、エリア・カザン（一九〇九－二〇〇三）、シェリル・クローフォード（一九〇二－一九八六）、ロバート・ルイス（一九〇九－一九九七）、リー・J・コブ（一九一一－一九七六）、モリス・カーノフスキー（一八九八－一九九二）。彼らは、演出家、俳優、教師、そしてプロデューサーとして、合衆国においてスタニスラフスキーのシステムをもっとも積極的に推進した人々である。不況の時代、グループ・シアターはブロードウェイでもっとも高い評判を得たプロダクションを数多く発表している。その大部分が、当時の重大な経済・社会問題を扱う作品だった。中でももっとも印象的なプロダクションは、クリフォード・オデッツ（一九〇六－一九六三）の執筆による『レフティを待ちつつ（*Waiting for Lefty*）』（一九三五）、『醒めて歌え（*Awake and Sing*）』（一九三五）、『ゴールデン・ボーイ（*Golden Boy*）』（一九三七）といった芝居である。オデッツをはじめとするグループ・シアターのメンバーが獲得した名声は劇団内部に分裂を生み出すことになり、結局最終的に一九四一年にグループ・シアターは解散した。

オニール（前出）以外にも、一九一七年から一九四〇年にかけて多くの劇作家がアメリカ演劇に大きく貢献した。マクスウェル・アンダーソン（一八八八－一九五九）、スーザン・グラスペル（一八七六－一九四八）、ポール・グリーン（一八九四－一九八一）、リリアン・ヘルマン（一九〇五－一九八四）、クリフォード・オデッツ、エルマー・ライス（一八九二－一九六七）、ロバート・シャーウッド（一八九六－一九五五）、ソーントン・ワイルダー（一八九七－一九七五）などである。

簡略化されたリアリズムとミュージカルが合衆国の演劇を占めていたが、第一次世界大戦後のヨーロッパでは革新が席巻していた。その多くは足跡を残さなかったが、いくつかはいずれ多大な影響力を持つようになった。そのもっとも重要なものが叙事的演劇である。

コラム　実践と様式

◇「小劇場」と新しい舞台演出技法

ヨーロッパにおけるモダニズム運動を生み出した勢力は、第一次世界大戦頃までアメリカ演劇に対してはほとんど影響を及ぼさなかった。目立った変化が現れるようになったのは一九一二年頃である。外国に学び見聞を広めてきたアメリカ人が、ヨーロッパの独立劇場で使われていた技法を取り入れるようになったのである。合衆国では「小劇場」と呼ばれたが、その中で重要なものに、ボストンのトイ・シアター（一九一二年創設）、シカゴ小劇場（一九一二年）、そしてニューヨークにはネイバーフッド・プレイハウス（一九一五）、ワシントン・スクエア・プレイヤーズ（一九一五）、プロヴィンスタウン・プレイヤーズ（一九一五）がある。当初彼らはアマチュア集団だったが、その後プロとなったものもある。こういった「小劇場」が、ユージーン・オニールやスーザン・グラスペル（一八七六－一九四八）のようなアメリカ人劇作家の養成を後押しした。

ヨーロッパ流の方法で作られたアメリカ人による最初の重要な作品は、一九一五年制作のアナトール・フランスの『口のきけない妻をめとった男（*The Man Who Married a Dumb Wife*）』（一九〇八）である。舞台美術はロバート・エドモンド・ジョーンズ（一八八七－一九五四）によるものだったが、ジョーンズはヨーロッパ中を旅行し、ベルリンにあったラインハルトの劇場で一年を過ごしていた。この作品の美術は通常、「新しい舞台演出技法」（ヨーロッパの革新を合衆国ではこう呼んでいた）

のアメリカ的表現と呼ばれている。ジョーンズは、リー・シモンソン（一八八八－一九六七）、ノーマン・ベル・ゲッデス（一八九三－一九五八）とともに、この新しい方式をアメリカで流行らせた。ジョーンズは、ユージーン・オニール作品のブロードウェイ版とプロヴィンスタウン・プレイハウス版両方の美術を手掛け、また、アーサー・ホプキンズのブロードウェイ作品の主たる舞台美術家を務めた。

簡略化とほのめかし（現実世界を細かく再現するのではなく）が、新しい舞台演出技法の印だった。ジョーンズはこう書いている。「舞台美術は、精神の目に向けて発信しなければならない」、そして、過剰に示して想像力を窒息させるのではなく、想像力を刺激して芝居の底に流れる感情を知覚させるものでなければならないという。ジョーンズの確立した様式は、二大戦の狭間の時期のアメリカ演劇においてもっとも重要なものである。ジョーンズの影響力は、その著書『劇的想像力（*The Dramatic Imagination*）』（一九四二）を通じて現在も健在である。

コラム　実践者と理論家

◇二つの大戦の狭間のアメリカ人女性劇作家

二大戦間の時期、アメリカは飛び抜けて大勢の女性劇作家を生み出した。レイチェル・クロザーズ（一八七六－一九五八）は、『彼と彼女（*He and She*）』（一九二〇）、『女性たちが出会う時（*When Ladies Meet*）』（一九三二）、『スーザンと神（*Susan and God*）』（一九三七）で成功を収めた。ゾナ・ゲイル（一八七四－一九三八）は、『ミス・ルル・ベット（*Miss Lulu Bett*）』（一九二〇）で、女性劇作家としてピューリッツァー賞の初受賞者となった。スーザン・グラスペルはプロヴィンスタウン・プレイヤーズの共同設立者で、『アリソンの家（*Alison's House*）』（一九三一）でピューリッツァー賞を受賞した。また、ゾーイ・エイキンズ（一八八六－一九五八）はエセル・バリモアが主演を務めた『失墜（*Déclassée*）』（一九一九）で商業的成功を収め、『オールド・ミス（*The Old Maid*）』（一九三四）はピューリッツァー賞を受賞した。エイキンズは、ベティ・デイヴィス、グレタ・ガルボ、マリリン・モンローが主演する映画に、脚本家、あるいは翻案作家として関わった人物でもある。

その他この時代に成功した女性劇作家には、『日の出（*Sun-Up*）』がフォーク・ドラマ流行の火付となったルル・ヴォルマー（一八八九－一九五五）、自身の小説をミュージカル『ショーボート（*Showboat*）』に翻案したエドナ・ファーバー（一八八五－一九六八）などがいる。ファーバーはジョージ・S・カウフマン（一八八九－一九六一）と共著で『ロイヤル・ファミリー（*Royal Family*）』

（一九二七）、『楽屋口（*Stage Door*）』（一九三六）を始めとする作品で成功をおさめた。また、ソフィー・トレッドウェル（一八八五－一九七〇）は、表現主義的な『マシナル』（一九二八）で、機械のような世界によって殺人に駆り立てられていく女性を描いた。

二大戦の狭間の時期にこれほど成功を収めた女性たちだったが、男性劇作家たちと違い後年忘れられていった。ようやく最近になって、女性の権利を推進する運動の影響を受けて、彼女たちへの関心が復活している。こういった文化的忘却から逃れられた女性劇作家は、リリアン・ヘルマン（一九〇五－一九八五）ただ一人である。ヘルマンの『子供の時間（*The Children's Hour*）』（一九三四）は、生徒の悪意あるレズビアン告発のために人生を破壊される教師たちを描く。『小狐たち（*Little Foxes*）』（一九三九）は、一九〇〇年頃のニュー・サウスに勃興した実業家らの間にはびこる強欲の物語である。

叙事的演劇

叙事的演劇は、表現主義に続いて一九二〇年代ドイツで発展した。叙事的演劇は、何よりベルトルト・ブレヒト（一八九八－一九五六）と関連づけられる。ブレヒトは表現主義者と同様に社会変革を望んでいたが、表現主義の方法はあいまいで非実用的と考えた。ブレヒトの思想は当初焦点に欠けていたが、一九二六年頃、価値を決定するのは広く優勢な力を持つ経済的生産方法だとするマルキシズムとその思想を受け入れた。ブレヒトは、世界の抱える問題の多くは資本主義の結果であり、社会主義あるいは共産主義を採用することで解決できると考えるようになったのである。それ以降、観客に劇場で見たものの社会経済的意味を評価させることを目指した。もしもそれを効果的にできれば、観客は経済システムの改善が必要であることに気づき、適切な変化をもたらすべく動くだろうと確信したのである。また、当時の主流演劇では自身の目標は達成できないとも確信していた。つまり、観客が自分自身で批判的判断を下せずに受け身的に流されてしまうほど圧倒的な共感的反応を引き出すような演劇では駄目だということである。ブレヒトはこういう芝居を「劇的演劇」と呼び、その中で提示された問題は全て芝居の結末で解決され、観客は舞台の上に見たものを現実の世界と関連づける必要がないと言った。彼は観客にもっと積極的、批判的に見ることを勧め、彼らの上演への関わり方を変えたかったのである。ブレヒトは演劇は観客が自分の問題から逃げるための場所とは考えなかった。むしろ問題を認識し、それを劇場の外で解決するべきと考えた。

ブレヒトは目標達成の手段として、「異化効果」(verfremdung)という概念にたどり着いた。これは、観客が舞台を批判的に見られるよう、彼らに舞台から感情的に距離を取らせることである。異化効果を発揮するために、ブレヒトはそれまで使用されたことがなかった多くの表現方法を採用した。それらは以後、ブレヒトの影響で普通に使われるようになった。

・ブレヒトは演劇的手法をむきだしにして示した
・ブレヒトは演者に対して、完全に人物になりきるのではなく、その人物を提示することを強く求めた
・ブレヒトは自身の戯曲の舞台をしばしば別の時と場所に設定した
・ブレヒトは演劇的要素を互いに対比させ、それによって、上演が生み出す思想にそれらの演劇的要素が個々に関わることを認めた
・ブレヒトは字幕、歌その他構造上の工夫を用いることで、出来事の構造へ注意を引いた

ブレヒトは、演劇的手段(かつては演劇的幻想を保つために隠されていたが)に注目させることで、観客一人ひとりに自分が劇場にいることを思い出させた。彼は、照明器具に覆いをしないこと、舞台装置は断片的にすること(場所を示すのに十分な程度)、音楽家は客から見えるようにすること(舞台上に配置することもある)、そして、物体を吊る際にはロープをはっきり見せることを主張した。

ブレヒトは時に、俳優たちに、役になりきる（スタニスラフスキーが教えたように）のではなく、役を提示するように助言した。俳優が役から距離を取るために、ブレヒトは彼らに、リハーサル中には自分が演じる役名を三人称で呼ぶように勧めた。例えば、演じる人物の行動を「彼は舞台を横切り、こう言う……」といったように言語化するということである。また、俳優の仕事は物語を語りながらも、客観性と批判性を維持する記者のようなものと見なしていた。こういった習慣は、それまで長く舞台を支配してきた習慣からの意識的な決別の印だった。

ブレヒトは、時あるいは空間を使って、物語に対して距離を取らせることで異化効果を作り上げようとした。ブレヒトによると、ほとんどの歴史劇は現在の視点から対象を扱うことで、事態は常に変わらず変えられないという印象を作り上げるという。ブレヒトは反対に、過去と現在の違いをたやすく見て取れるように表現しようとした。そうすることで、世界は変化を遂げたのであって、人々は現在の状況が嫌なら世界を変えられるのだということを、観客に気づかせようというわけである。

ブレヒトはさらに、様々な演劇的要素の扱い方によって異化効果を追求した。彼は、もっとも有効な演劇上演はあらゆる芸術の統合であり、完全に統一された作品の中で各要素が互いに補強しあうのだという考え方（ワーグナーが支持し、ブレヒトの同時代人のほとんどが受け入れた）には反対だった。ブレヒトはこれを、それぞれの要素が他の要素の示していることを反復しているだけの、無駄な習慣だとした。これに代えて、ブレヒトは各要素がそれぞれの意見を示し、それによって生まれる各要素間の不均衡が観客に様々な意見を評価するよう促すことを期待した。例えばブレヒトの歌では、しばしば皮肉と幻滅の歌詞が明るいメロディで歌われる。メロディと言葉の不均衡は、聞き手に歌の奥の意味合いをより批判的に認識させることを意図しているのである。

ブレヒトは異化効果を作り出すために多くの構造上の仕掛けを用いた。ひとつの場面が次の場面になめらかに流れ込むのではなく、字幕（スクリーン上に映写した）、歌、その他の仕掛けを用いて、展開の断続を強調した。場面の内容の概要を場面冒頭に字幕で示した戯曲もある。何が起きるのだろうというサスペンスではなく、出来事の社会的な意味合いに集中することをブレヒトは観客に求めたのである。何が起きるだろうと思いめぐらせるのではなく、観客は出来事がどのように、なぜ起きるのかということを批判的に調べるべきなのである。

こういった表現方法はブレヒトが説教くさいという印象を与えるかもしれないが、ブレヒトは同時に楽しませることも意図していた。彼の物語は複雑な問題や逆転を含み、注意を捉えて離さないための歌などの仕掛けによって徐々に展開した。実際、語り部としてのブレヒトのほうが理論家ブレヒトを圧倒することがあまりに頻繁なため、観客は社会変革を引き起こそうというブレヒトの願望に気づかないことが多いほどだ。ブレヒトの異化効果という概念は、観客に出来事から距離を置くよう強要するものだと誤解されることが多い。実際は、ブレヒトは観客を共感させて引き込んだ後で、仕掛け（歌のような）を用いて、共感体験を評価するのに必要な距離を作り出すのである。そうして共感と距離が交互に現れ続けるわけである（ギリシャ劇で、エピソードとコーラスによる頌歌《しょうか》が交互に現れたのとよく似ている）。ブレヒトを読むと、場面設定と衣裳が上演での役割をほとんど持たないという印象も受けるだろう。しかし、舞台装置の量こそ限られていたものの、ブレヒトの演劇では装置は常に細心の注意を払って設計され作られていた。ひとつ残らず細かく作り上げられ、複雑な細部を持つこともあった。衣裳は人物と状況に合わせて着古されたように見えることがよくあるが、多くはエレガントだ。全体的な効果としては、相当な深みを持つということである。

ブレヒトは自身の演劇を叙事的と呼んだ。叙事詩（対話とナレーションが交互に現れ、時と空間が瞬時に変わる）との共通点のほうが、ルネサンス以降演劇を支配してきた劇的伝統との共通点より多いと考えたからである。ブレヒトの数多くの作品の中で、もっとも有名なものは以下である。『三文オペラ（*The Threepenny Opera*）』（一九二八）、『肝っ玉おっ母とその子どもたち（*Mother Courage and Her Children*）』（一九三七－一九三八－一九三九、一九四一上演）、『ガリレオの生涯（*Life of Galileo*）』（一九三八－一九三九、一九四三上演）、『セチュアンの善人（*The Good Person of Setzuan*）』（一九三八－一九四三、一九四三上演）、『コーカサスの白墨の輪（*The Caucasian Chalk Circle*）』（一九四四－一九四五、一九四八上演）。ブレヒトの叙事的演劇のよい例として『セチュアンの善人』を詳しく見ていこう。

『セチュアンの善人』

前述した有名な作品の多数と同様、ブレヒトは第二次世界大戦前から戦中にかけての亡命中に『セチュアンの善人』を何度も書き直したため、作品執筆時と初演時に大きな時間差がある。この戯曲は寓話だが、舞台を中国に置くことで観客に距離を取らせる。プロローグがこの作品の叙事的性質を確立する。プロローグではナレーションと対話が混在し、時と場所が凝縮される。さらに作品に充満する皮肉も明らかに示される。水売りのウォンは、善人を探しに地上にやってきた三人の神に、誰もが神様を歓迎しようと待ち構えていると請け合ったが、実際にはシェン・テという娼婦以外に宿を提供する人を見つけることができない。また、プロローグの中で状況も設定される。神々は探していた善人――シェン・テ――を見つけ、彼女に善人であり続けるよう命じる。シェン・テは、誘惑を拒めるのは金銭的な保証があってこそのことで、その保証がない限り善人であり続けることはできないと反論するが、神々は平然と自分たちは「経済の問題には干渉できない」と言う。ここでブレヒトは、金銭的な必要が不道徳な行為の原因（生存するためだけに悪行をせざるを得なくなる）であるだけでなく、人間の問題の解決策は神の命令の中には存在しないということを暗示する。

プロローグに続く場面で、シェン・テが生活のために小さな店を買うが、人がよいばかりに、欲深い親類や取り巻きにつけ込まれるだけである。シェン・テはパイロット志望で文無しのヤン・スンに恋して、請求書の支払いに必要な金を与えてしまう。身の破滅に瀕したシェン・テは、シュイ・タという従兄に変装する。シュイ・タは人道的な感情を抑えこみ、援助が欲しければ働かなければならない――彼の課す資本主義的条件のもとで――と強いる。その後の展開は、主人公の二つの人格から見た善と悪の対立を描くことに終始する。シュイ・タは、はじめ短い間隔で登場するが、最終的には完全に乗り替わり、従業員を搾取し、生存のためにどんなことでもする資本主義者のボスとなる。神々が裁判官に変装して戻り、その前にシュイ・タが連れてこられる。シュイ・タは神々に、自分はシェン・テだということ、さらに妊娠していて子どもを養わなければならないとこっそり明かす。しかし神々にできるのは、シェン・テに善人になるように、そしてシュイ・タになる変装回数を減らすようにと叱りつけることだけである。シェン・テのジレンマは解決されないまま芝居は終わる。エピローグは、出口を見つけるのは観客次第、おそらく経済システムを変えることがその道だと暗示する。

『セチュアンの善人』は短い場面と長い場面が交互に現れる。短い場面には二つの目的がある。物語を分断し、物語が展開する長い場面にコメントを加えることである。ブレヒトは日常的なリアリティの幻想を作り上げる努力を一切示さない。例えば、ウォンは一晩を過ごす場所を見つけると神々に言って探しにかかるが、その探索行を示すために、舞台を回って想像上のドアをノックしては、そのたびドアがバタンと閉じられるというパントマイムを見せる。このやり方は出来事を縮小し移動をはぶくことを可能にする。異化効果を作り上げる手段のひとつとして場面を明確に分けるべきという考えから、こういった構造方法が取られたのである。ブレヒトはまた、ひとつの場面の社会的内容は一文で表現できなければならない、そして、場面のあらゆる部分がこの一文と明確な関連を持たなければならないと主張した。

ブレヒトは人物を過剰に単純化したが、それは、彼が主に社会的関係性に関心を持っていたからである。『セチュアンの善人』の登場人物の多くは、名前ではなく、例えば、妻、大工、警官のように社会的機能によって指定される。ブレヒトは豊かな人間としての個人を描くことではなく、社会の力を解釈することを意図した。したがって、物語の展開は人物を明らかにするためにあるのではなく、むしろ、社会の考え方をむきだしにするために人物たちがあるのだ。道徳に関心を持つように見える人物は、シェン・テだけである。プロットの大部分は、経済状況が生み出すジレンマの中で下される様々な決断を通して進んでいく。他の人物たちは主に利己的な目的を達成したり、(神々の場合は)独善的な考え方を維持することに関心がある。

概観するなら、ブレヒトは理論的著作と戯曲を通して叙事的演劇の技術を広めた。彼の考え方は一九五〇年代後半から演劇に大きな影響を及ぼすようになる。実際、こんにち我々にとって馴染みのある演劇的表現方法のほとんど(舞台を隠すための正面幕がないこと、断片的な舞台装置、丸見えの照明装置、その他、演劇的表現手段に注意を向けさせる方法)の多くがブレヒトの生み出したものである。しかしながら、社会変革を引き起こすというブレヒトの意図は多くの場合無視された。

アルトーと残酷演劇

一九二〇年代から一九三〇年代にかけてのもうひとつの演劇の流れは、ブレヒトが強調したものとは大きく異なる力、すなわち無意識の奥に埋められた衝動に注目した。その代表としてもっとも影響力が強いのは、アントナン・アルトー(一八九六―一九四八)である。アルトーの考え方は、ブレヒトの場合と同様にすぐには受け入れられず、また、死後に影響力を持った点でもブレヒトと同じである。ブレヒトは人間性の向上の鍵は外的環境の変化だと考えたが、アルトーは内面的分裂に直面することに鍵があると考えた。

アルトーは、一九二〇年代に花開いたシュールレアリスム運動の一員として活動を始めた。シュールレアリスムはフロイトの教えの一側面——すなわち無意識の重要性——を強調するものである。シュールレアリストによると、重大な真実というものは精神の奥深くに埋められ、意識によって抑えつけられている。この「真実」をむき出しにするためには、意識を転覆しなければならない。シュールレアリストは無意識の中に埋められたイメージ、思考、経験が意識の支配を逃れて表面に現れ、そこから得られる洞察を活用できるようになる方途として、夢、自動筆記、意識の流れを掲げた。シュールレアリスムが最大の影響を与えたのは絵画の世界で、そのもっとも有名な例がサルバドール・ダリ(一九〇四-一九八九)の作品だろう。ダリの作品は身近な物体を見たこともない方法で用いたり、無関係な物体と並置したり、あるいは「夢の風景」の中に置いて想像力を刺激し、新しい感じ方をもたらすような視覚的比喩を生み出した。アルトーは最終的にシュールレアリストとの関係を絶ったが、彼らと過ごした体験は、自身の演劇および映画作品にとって決定的な影響を与えた。

アルトーは演劇に関する主要な思想を、『演劇とその分身(*The Theatre and Its Double*)』(一九三八)という論文集に著している。アルトーによれば、西洋世界における演劇は、主に個人の心理的問題や集団の社会的問題といった狭い人間経験の範囲内に制限されてきたという。アルトーはそういう演劇は取るに足りないと考えた。無意識の中に埋められた人間の行為にとってもっとも重要な影響力に触れることがないからである。その影響力が無意識に埋められたままでいると人間の内部(そして人間関係）に分裂を生み出し、果ては憎しみ、暴力、災難をもたらす。アルトーは、演劇は正しく使われれば人を破壊的衝動から解放すると考えた。彼はこう言う。「演劇は集団的に膿を抜くために作られた」。

アルトーは、理性に訴えかけること（ブレヒトのアプローチ）では自身の目標は到達できないと確信していた。顕在的意識は探究すべき対象そのものを昇華し無視するように条件づけられているからである。だから、直感的反応を引き出すために観客の防御を覆すことが必要なのだと主張する。アルトーはそれを「残酷演劇」と呼ぶことがある。物理的に残酷なのではなく、観客に対して、彼らが望まぬとも、存在のもっとも深い部分で自分自身と向き合うことを強要するからである。アルトーは既存の演劇の表現方法は顕在的意識に向けられたものだと考え、それに代えて「演劇の新たな言語」を提案した。プロセニアム・アーチ方式の劇場は演者と観客の間に障壁を生むと考え、納屋、工場、空港の格納庫、倉庫などの巨大で仕切りのない空間を使うことを提案した。そういった空間内の四隅、頭上のキャットウォーク、壁伝いにアクティング・エリアを置き、物語の真っ只中に観客を置きたいと考えていた。

アルトーは舞台装置は完全に排除し、代わりに象徴的な衣裳や小道具を使うことを考えていた。照明について論じる中で、鼓動のように変化する「振動し、細かく刻まれた」効果（ストロボ照明のような）について述べている。アルトーはささやきからフル稼働中の工場の騒音まで、音の様々な変化も好んだ。人間の声を、発話だけでなく、キャンキャン吠えたり、叫んだりと、感情や雰囲気の様々な変化を生み出すために使用することを推した。アルトーはこういった革新的な手段によって、顕在的意識を迂回することができると考えた。彼はこう述べる。「ほとんどの人は微妙な話法には鈍感である一方で……物理的な驚き、叫び声や暴力的な動きのダイナミズム、視覚的爆発、キューとともに呼び出される、観客の身体的感受性に直接的に働きかけて痙攣を起こさせるほどの効果の集合、というような効果に抵抗できないのだ」。こういう表現方法は、神話的規模と意味合いを持つ物語と組み合わされた。最終目的は観客の防御を破壊し、抑圧された衝動を表面に引きずり出し、観客に、認知しないまま放っておけば憎悪と暴力を生み出すようなことと直面させ、対処させることである。

アルトーの演劇思想への共感を示すアリアーヌ・ムヌーシュキンが創立した太陽劇団（1964-）は、現在も刺激的な作品を発表し続けている。

東京芸術祭 2023　芸劇オータムセレクション
太陽劇団（テアトル・デュ・ソレイユ）『金夢島 L'ÎLE D'OR　Kanemu-Jima』舞台写真
© 後藤敦司　ATSUSHI GOTO　提供：東京芸術劇場

コラム　実践者と理論家

◇ピーター・ブルックと残酷演劇

アルトーの理論は演出家や批評家の一部に影響を与えてはいたが、イングランドとアメリカで広く注目されるようになったのは、一九六〇年代初頭にピーター・ブルックがアルトーの理論で実験を始めてからのことである。

一九六三年、ブルックはチャールズ・マロウィッツの協力と、ロイヤル・シェイクスピア・カンパニーの支援を得て、一二名の俳優を選んでグループを作り、一九六三－一九六四のシーズンを通して活動した。エクササイズでは音（自分たちの声、身体、物体で作り出す）、動き、リズム、パントマイムの実験を行った。彼らは陳腐な解決法に代わる、革新的で非写実的な表現手段を求めた。また、序－中盤－結末という典型的展開に代わって、不連続あるいは同時発生の場面を持ち込むことを試みた。シェイクスピアの台本のシーケンスの配置を替えたり、異なる場面のセリフを並置したり、人物を省略したりあるいは混ぜ合わせたり、不連続の断片を挿入したりして、『コラージュの『ハムレット』（*Collage Hamlet*）』を上演した。五週間にわたるこのグループの作品公開時タイトルは『残酷演劇（*Theatre of Cruelty*）』だった。このグループは多くの点でアルトーの思想から逸脱していたが、批評家たちはアルトーとブルックの実験を同一視するようになった。とりわけ、ロイヤル・シェイクスピア・カンパニーによる、ペーター・ヴァイス作『マーラー／サド（*Marat/Sade*）』

（一九六四）上演後はそれが顕著になった。この芝居は精神病院が舞台で、患者たちがその中で芝居を演じる。ブルックの上演はアルトーの手法を多く盛り込み、一九六〇年代のもっとも影響力の強いプロダクションのひとつとなった。イングランドとアメリカの両方において（トニー賞の最優秀作品賞および最優秀演出家賞を受賞）、このプロダクションはアルトー理論の実践的応用として賞賛された。この成功により、アルトーは初めて広く知られるようになった。

第二次世界大戦後のヨーロッパのドラマと演劇

ブレヒトとアルトーの著作はほとんどが第二次世界大戦前に書かれたものだったが、彼らの思想は一九五〇年代から一九六〇年代にかけて、まずヨーロッパで、続いてアメリカ合衆国で演劇に相当な影響を及ぼした。ヨーロッパはすさまじい荒廃と残虐行為に苦しんだことが一因となって、戦後の雰囲気はアメリカよりもはるかに深刻だった。ドイツでは、ブレヒトと妻で女優のヘレーネ・ヴァイゲル（一九〇〇－一九七一）が一九四九年、東ベルリンでベルリナー・アンサンブルを創設した。社会を意識したブレヒト作品を上演し、また、ヨーロッパ諸国を巡業してブレヒト式アプローチを広めた。同様に、『ビーダーマンと放火犯（*Biedermann and the Firebugs*）』（一九五八）の作者マックス・フリッシュ（一九一一－一九九一）、『老婦人の訪問（*The Visit*）』（一九五六）の作者フリードリヒ・デュレンマット（一九二一－一九九〇）らは、腐敗と、個人の道義的責任を扱う戯曲を執筆した。ドイツの劇はフランスの劇とトーンが異なるが、どちらの国の劇も真実と価値の基盤そのものに関する同じような一連の問いかけを用いている。

フランスでは、真実、価値、道義的責任を追求したのは実存主義者といわれる哲学者集団だった。もっとも有名な実存主義者はジャン＝ポール・サルトル（一九〇五－一九八〇）だが、サルトルは神の存在、固定された行動規範の妥当性、立証可能な道徳律を否定した。人が規範を求める制度（教会、国家、社会）のどれひとつとして、自らの規範の正しさも必要性も立証することはできないのだから、人間は「自由の身に甘んじなければならない」（つまり、絶対的規範を奪われた人間は、自らが生きるための価値観を一人ひとり選ばざるを得ない）のである。サルトルは他者が定めた価値観に無条件に服従するのは不道徳であるとし、一方自分自身の価値観を選び（それに沿って生きる）ことで、人は自らを道徳的存在と定義すると主張した。サルトルの考えは説得力があった。多くのナチスが、ドイツの法律に従っただけだ、あるいは政府の政策を実行しただけだと論じて戦争犯罪に対する処罰を逃れようとしていたからである。決定的な問いは、どちらを優先すべきかということだ。法律と政策（たとえどれほど道に外れたものでも）か、あるいは個人の倫理的価値観か？ 不正な、あるいは非人間的な要求は、たとえそれが合法的なものであっても従うことを拒むべきであるという前提に立って、多くのナチスが有罪判決を下された。サルトルの思想を反映するこの結末は、政府の政策や地元当局、その他様々な制度に対する全ての抗議活動（非暴力、暴力いずれの場合も）を正当化するために現在に至るまで用いられている。

もう一人の実存主義哲学者であり作家のアルベール・カミュ（一九一三―一九六〇）は、存在は不条理であると結論づけた。明瞭と確実性に対する人間の切望は、人間が投げ込まれたこの宇宙の不合理に迎えられ、永遠に挫折させられるからである。また、人は秩序への欲求を捨てることも、秩序に到達する妨げとなる不合理を克服することもできないのだから、存在は不条理なのだ。カミュは唯一の頼みは自分自身の規範を選び、それに従って生きることだと論じた。サルトルとカミュは、自らの置かれた状況を詳しく調べ、自らの価値観に沿いつつ意味ある行動が可能となる決断を下すべきであると確信した。両者とも、自身の思想を劇的展開のなかに設定する戯曲を執筆した。サルトルの戯曲の中でもっとも有名なものは『蝿（*The Flies*）』（一九四三）と『出口なし（*No Exit*）』（一九四四）である。カミュのもっとも有名な作品は『カリギュラ（*Caligula*）』（一九三八執筆、一九四五上演）と『正義の人々（*The Just Assassins*）』（一九四九）である。彼らの思想は伝統と決別したが、戯曲での表現には伝統的な劇的構造を用いた。つまり、問題に直面した主人公が複雑な事態を通じて危機的状況にまで到達し、明確な解決に至る決心を下すという流れである。

不条理演劇

一九五〇年頃、人間の条件に関するサルトルとカミュの考え方を受け入れた一団の劇作家たちがフランスに登場した。しかし彼らはサルトルやカミュとは異なり、不合理な宇宙にいながら合理的かつ有意義な選択をすることは不可能だと考えた。彼らの考えでは世界を作るのはカオス、無秩序、論理と確実性の欠如であり、彼らの芝居はこの考え方を体現するため、不合理で真実を知り得ない世界を映し出すように因果関係を放棄し、それに代えて連想パターンによる構成を用いた。批評家のマーティン・エスリン（一九一八－二〇〇二）は、これらの特徴と思想を含む演劇に「不条理主義」というレッテルを貼った（カミュが人間の条件を「不条理」と説明したことによる）。エスリンの著書『不条理演劇（*Theatre of the Absurd*）』（一九六一）は、彼が不条理主義と見なした作家たちの作品を解説している。つまり、これ以前のモダニスト運動とは異なり、不条理主義は芸術家たちが共同してひとつの目標を意識的に目指す組織だった運動ではなく、批評家が生み出した分類ということができる。

不条理主義の劇作家には、ウジェーヌ・イヨネスコ（一九〇九－一九九四）とジャン・ジュネ（一九一〇－一九八六）がいるが、もっとも影響力の強いのはサミュエル・ベケット（一九〇六－一九八九）である。ベケットの芝居『ゴドーを待ちながら』（一九五三）は、ベケットと不条理演劇に世界的評価をもたらすことになった作品である。この作品はまた、ベケット作品と不条理演劇両者の例とみることができる。

『ゴドーを待ちながら』

『ゴドーを待ちながら』の基本的なプロットはかなり単純である。第一幕の間、ウラジーミルとエストラゴンというボロ服を着た二人の浮浪者がゴドーを待っている。ゴドーとは、彼らが知人だと言いながら、実際に会ってもわからないだろうという人物である。待っている間、二人はポッツォとラッキーに出会う。この二人は主従関係にある。ポッツォがラッキーに命令し、ラッキーの首に巻いた長いロープで支配する。二人の浮浪者としばし一緒にいたのち、ポッツォとラッキーは去る。少年がやってきて、今日はゴドーは来ないがきっと明日は来ると二人に言う。エストラゴンとウラジーミルはそこを離れるつもりだと言明しながらも動かない。第二幕の出来事は第一幕の出来事と平行するが小さな変化がある。ここでのポッツォは盲目で、浮浪者たちに会ったことを思い出せない。また、ラッキーは前日には哲学的思考を披露して彼らを楽しませてくれたのに、今は口がきけないのである。ポッツォとラッキーが去ると、少年がやってきて同じ伝言を伝える。ゴドーは今日は来ないがきっと明日は来ると。二人の浮浪者は再びここを離れると宣言するものの、やはり何もしない。出来事は何の解決にも至らない。観客は、ゴドーが誰なのかを知ることはない。ゴドーが来るのか来ないのか、来たとしたらなにが起きるのか、ということも知ることはない。最終的にもたらされる効果は、この芝居の主なテーマを強める循環の感覚である。そのテーマとはほとんど全てのベケット作品と共通する、孤独、疎外、共依存関係、言語の不十分さ、そして客観的意味の不在である。

人間の孤独と疎外感は、むきだしの舞台装置に視覚的に具体化されている。舞台には道と木の存在がほのめかされるだけである。その木の貧弱な枝は、人間の体重を支えられるほど強くはなさそうである。ベケットが描くのは、象徴的な荒野に隔離され、人との接触は最低限でその他全てから切り離された人間が、その瞬間あるいは生そのものに意味をもたらしてくれる何かを忍耐強く待ちながら、あるいは必死に期待しながら、なんとか暇をつぶしていくさまである。

ベケットは、自身の構想を示すのに絶対的に必要なもの以外、物語の展開の範囲も表現手段も次第に削っていった。物語の展開の範囲を限定することによって、ベケットが作品中に書き込んだジェスチャー、所作、間、そして言葉の重要性が強化される。それらの形式も、構造も、ムードも、その意味と分かちがたい。それらは物語を進展させるのではなく、存在の状態を探索する。おそらく他の劇作家の誰よりも、ベケットの作品は不条理主義の考えと方法を具現化していると言える。

第二次世界大戦後のアメリカのドラマと演劇

第二次世界大戦は世界中の多くの国々で演劇活動を中断させたが、戦争によって荒廃したヨーロッパの演劇は、価値観と演劇活動の再評価を求めるようになった。この動きはアメリカでも起きるが、ヨーロッパよりも遅れた。アメリカでは、様々な要因により批判的内省よりも自己満足と楽観主義の雰囲気が生まれたことがその原因と思われる。アメリカ合衆国は地理的に戦闘から遠く、経済は戦後急成長し、戦争の結果「スーパーパワー〔超大国〕」の地位に押し上げられた。こういった要因が、アメリカの演劇界や演劇が第二次世界大戦直後の数年間変わらなかった説明となるだろう。演劇上演の主なアプローチは依然として修正されたリアリズムで、主力の演技様式はスタニスラフスキーに由来する心理的リアリズムだった。

心理リアリズムが戦後戯曲の大半を占めた。主要なアメリカ人劇作家は、アーサー・ミラー（一九一六－二〇〇五）と、テネシー・ウィリアムズ（一九一一－一九八三）である。ミラーは初期の作品『みんな我が子（*All My Sons*）』（一九四七）、『あるセールスマンの死（*Death of a Salesman*）』（一九四九）、『るつぼ（*The Crucible*）』（一九五三）がもっとも有名である。『みんな我が子』はイプセン風の劇で、戦時中、パイロットの生命より利益を重視した航空機エンジン製造者を描いた。『あるセールスマンの死』が焦点を当てたのは、自身の幸福を犠牲にしながらも物質的な成功を得られずに終わる、失敗したセールスマンである。『るつぼ』は、一七世紀のセイラム魔女裁判を取り巻くヒステリーを探り、一九五〇年代のジョゼフ・マッカーシー上院議員による共産主義者狩りとの相似を暗示する。主要な作品群において、ミラーは対立する価値観と、特定の社会状況の中で個人が下す倫理的選択に焦点を当てた。

テネシー・ウィリアムズには多彩な作品群があるが、もっとも有名な作品は『ガラスの動物園（*The Glass Menagerie*）』（一九四五）、『欲望という名の電車（*A Streetcar Named Desire*）』（一九四七）、『熱いトタン屋根の猫（*Cat on a Hot Tin Roof*）』（一九五五）である。かなり自伝的色合いの濃い『ガラスの動物園』は、「記憶」の芝居で、主人公トム（ウィリアムの代理）が、妹を見捨てた罪悪感を引きずりながら実家の暮らしを振り返る。成功を収めたこの作品の次作が『欲望という名の電車』で、色香の衰えた南部美女ブランチ・デュボアと、都会の労働者階級に属し、原始的というかむしろほとんど動物的とさえ思えるスタンリー・コワルスキーという対照的な文化が衝突する力強い芝居である。マーロン・ブランドが演じたスタンリーは決定版とも言え、カザンの演出とともに、アクターズ・スタジオの名声を高めることになった。カザンはミラーやウィリアムズの作品数本を、デザイナーのジョー・ミールジナー（一九〇一－一九七六）と共作している。カザンとミールジナーは、一九四〇年代後半から一九六〇年代にかけてアメリカ演劇の主流上演様式を確立した。この様式は演技と演出には心理リアリズムを用い、流れるように時空を移動するためにシンプルで骨格だけの舞台装置を用いた。この時代とカザン－ミールジナーの上演アプローチの代表例として、ウィリアムズの『熱いトタン屋根の猫』を詳しく見る。

『熱いトタン屋根の猫』

テネシー・ウィリアムズの『熱いトタン屋根の猫』は、自分自身そして他者に対する偽り――欺瞞と嘘――の戯曲である。三幕に分けられているが、展開は継続的である。各幕はその前の場面が終わったまさしくその瞬間から再開する。戯曲の着手地点(7)は遅く、相当な分量が過去の出来事の説明に費やされるが、展開の中に巧みに組み込まれている。

ビッグ・ダディの六五歳の誕生日に、登場人物全員が集合する。この日は偶然、ビッグ・ダディの癌検査結果が出る日でもある。ビッグ・ダディとビッグ・ママはただの痙攣性結腸だと聞かされ、それは嘘なのだがすっかりお祝い気分である。他の皆はビッグ・ダディに死が迫っていると知っており、ビッグ・ダディが億万長者であるにもかかわらず遺書を作成していないため、その富を相続するのは誰かと懸念している。言うまでもなく二人の息子が相続候補である。年上のグーパーは企業弁護士でメイと結婚して五人の子どもがある。彼らはビッグ・ダディの富を喉から手が出るほど欲しがり、見えすいたごますりや、グーパーの弟ブリックの顔を潰すための言動や行動に四六時中かかずらっている。ブリックはかつてフットボールの花形選手でスポーツ解説者だったが、今はアルコール中毒である。彼と妻のマギーには子どもがない。また、グーパーが父の財産に激しく執着するのと反対に、ブリックは父の財産には(そして他の何にも)無関心である。全編を通してブリックは歩行に松葉杖を使う。前夜、ハードルを飛び越えようとして足首を折ったのである。松葉杖と、間断ないアルコールへの依存は、自分自身と世界の偽りに対する嫌悪感から生まれたブリックの「精神的破損」とウィリアムズが呼ぶものの象徴である。

ブリックにはビッグ・ダディの財産への関心がなくとも、妻のほうにはある。マギーの生家はブリックの生家のような資産家には程遠く、自分自身を「妬みに焼かれ、切望に食い尽くされている」と説明する。マギーが自分の立場を「熱いトタン屋根の上の猫」と評したことが、この戯曲のタイトルとなっている。マギーは、ブリックの子どもを産むことがビッグ・ダディ

マギー(寺島しのぶ)とブリック(北村有起哉)

演劇「やけたトタン屋根の上の猫」2010 年 11 月公演
撮影:谷古宇正彦　提供:新国立劇場

の財産を手に入れる唯一の希望だと思っている。不幸にして、ブリックは彼女に触れられることすら拒む。それは、親友スキッパーの死にマギーがある役割を果たしたからである。スキッパーは、ブリックに恋しているとマギーに非難された後で自殺したのだ。

戯曲は主に三人の登場人物に焦点を当てる。マギー、ブリック、ビッグ・ダディである。ビッグ・ダディは展開を進める最大の要因という立場で、スキッパーの死の責任を認識するようブリックに迫るのも彼である。ブリックの引きこもりと怠惰は、他の人々にとっての行動の拍車となる。全編を通じて、彼らはブリックを挑発して行動に向かわせようとするのである。

第一幕はほとんど全体がマギーとブリックを中心に展開する。ビッグ・ダディの財産に関して自分たちの立場が危ういことをマギーがブリックにわからせようとする場面である。ブリックは人生への関心を放棄してしまっており、しかも子どもがないため、彼らは完全に相続権を奪われるか、あるいはグーパーのお情けで我慢せざるをえなくなるかもしれない危機に瀕しているのである。ブリックは妊娠を求める妻に協力を拒む。ブリックが無関心でなくなるのは、マギー（あるいはビッグ・ダディ）がスキッパーを話題にしようと迫る時だけである。

第二幕はブリックとビッグ・ダディが主な中心である。この幕の大部分を使って、ビッグ・ダディはブリックを真剣な話し合いに引き込もうと徐々に働きかけていく。この予備行動の間に、観客は、はじめ貧しかったが努力の結果裕福になったビッグ・ダディについて多くのことを知る。ビッグ・ダディはグーパーを嫌っていることをはっきり見せながらも、自分が蓄積してきたものを無駄にしたいとは思っていない。そこでビッグ・ダディは、なぜブリックが酒びたりなのかを知ろうとする。そしてとうとう最後に、電話でスキッパーに愛を告白された時に電話を切ってしまったことを認めさせる。（ウィリアムズ自身同性愛者だったが、ブリックがスキッパーと相思相愛だった可能性については、嫌悪感と心理的麻痺を感じると考えていた。）ビッグ・ダディは、スキッパーの死を招いたのはマギーの非難ではなく、ブリックが友人との間に生まれたこの状況を直視したがらなかったせいだと言う。真実に傷ついたブリックは、ビッグ・ダディに癌検査の本当の結果を暴露する。二人の男が、虚偽と、虚偽を行う人間を糾弾してこの幕は終わる。

最終幕は、ビッグ・ダディ以外の全員が集合する場面である。ここでビッグ・ママに真実が告げられる。グーパーとメイは、資産に関する権限についてグーパーが作成した文書をビッグ・ママを操り認めさせようとする。ビッグ・ママはそれを拒み、マギーが妊娠していると言って主導権を握る。グーパーとメイはマギーが嘘をついていると非難するが、その後マギーはその嘘を現実にしようと、ブリックからアルコールを取り上げ、セックスをするまで渡さないと迫る。マギーは最後のセリフで夫を愛していると言い張り、ビッグ・ママもまた最後のセリフでビッグ・ダディを愛していると言い張る。ビッグ・ダディとブリックはこの愛の宣言にこう答える「それが本当なら、実に愉快だな」。こうして、嘘だらけの世界で真実を見極める困難が強調される。

『熱いトタン屋根の猫』の第三幕には別の版がある。ブロードウェイ初演時の演出家エリア・カザンの強い要求によって書かれたものである。カザンは、ビッグ・ダディは非常に強烈な人物なので、第三幕に登場しない（ウィリアムズのもとの台本ではビッグ・ダディは第二幕にのみ登場する）のはおかしい、また、ブリックは第二幕でビッグ・ダディと対決した結果著しく変化すべきだと考えたのである。ブロードウェイの初演では、ビッグ・ダディは第三幕に登場はするが、主にブリックのほうに好意を持っていることと、遺書を作成するため弁護士を呼ぶ場面を見せるためだけである。両方の版で、ビッグ・ダディがその後癌の苦しみに叫ぶのが舞台外から聞こえる。別版では、ブリックは確かに変化を見せる。第三幕冒頭、ブリックはマギーに治療クリニックを手配するよう頼み、また、グーパーとメイが妊娠という嘘のことでマギーを非難するとマギーの弁護にまわり、続いて、彼女の求めに仕方なくではあるものの応じる様子を見せる。ブロードウェイ版の全体的な効果は、ウィリアムズが望んだよりも大幅に前向きなものである。ウィリアムズはこう述べている。「ブリックのような精神的破損を抱えた人物の心や行動に対し、即座に変化を及ぼすような会話は、たとえどれほど啓示的な会話であっても、ありえない」。ウィリアムズとカザンの意見の不一致は、演出家が台本に対していかに大きな力を持ちうるかということ、そして、劇作家に、本人が同意しない変更すら書くように説得できることを示している。当初ウィリアムズは第三幕の両方の版を入れて出版し、読者や未来のプロデューサーにどちらの第三幕を好むか考えるよう提案した。その後、一九七四年の再演で、ウィリアムズは二つの第三幕を混合し、人気の高いこの芝居のもうひとつの版を作った。

まとめ

モダニストの時代には芸術の実験が激増した。様々なモダニスト芸術運動が同時に存在し、優勢を競い合うことが多かった。ほとんどはヨーロッパに生まれたが、それぞれ程度の差こそあれアメリカ演劇に徐々に影響を及ぼした。こういった演劇形態の多様性により、演劇上演には唯一の正しいアプローチはないのであり、芸術家は自身の考える真実と人間の体験について、いかにそれがエキセントリックであっても提示する自由があるという認識を高めた。絶対主義者の考え方はほとんどが否定されたが、かといってその全てが捨てられたわけでもない。

多くの点で、不条理主義は相対主義を限界まで拡大したものである。どのような立場であっても、その正当性を立証あるいは反証するすべはないということを暗示するからだ。ブレヒトは議論を調べ検討することで、世界をより公正なものとするために必要な変化について理性的な結論に辿り着けると提言した。一方ベケットは、理性的な選択という考えそのものが幻想だと提言した。このように正反対の考えを体現する作品が、しばしば同じ劇場で同じ観客に向けて示されたということ自体、戦後の演劇体験がいかに多岐にわたるものだったかを示している。同様に、エリート主義の批評家はアヴァンギャルドを好んだが、主流演劇のもっとも人気のある様式は依然としてミュージカルや、修正されたリアリズムだった。『セチュアンの善人』『あるセールスマンの死』『ゴドーを待ちながら』といった全く異なる作品がいずれも頻繁に上演されるということは、モダニストの時代とその多様な表現様式の影響が持続している証である。

コラム　実践者と理論家

◇アクターズ・スタジオ

六〇年以上にわたり、プロの俳優たちは第二の故郷ともいえる場所を持ってきた。アクターズ・スタジオである。彼らはここで内々に技術を磨き、また公共の場ではそう簡単に取り組めない冒険に取り組んだ。一九四七年、ロバート・ルイス、エリア・カザン、シェリル・クローフォードといった、かつてのグループ・シアター創設者たち全員でアクターズ・スタジオを創設して以来、メンバーに技術を磨く場所を提供し続けている。スタジオは狭き門で、厳しいオーディション審査がある。一旦入所を許可されると費用や授業料は無料で、終身会員の身分を得る。メンバーはお互いの成長を励まし支え合う面倒見のよい仲間となる。

スタジオの功績は瞬く間に知られることとなった。それは、アクターズ・スタジオのメンバーだったマーロン・ブランドが、カザン演出によるテネシー・ウィリアムズの『欲望という名の電車』（一九四七）において、口下手で無教養、それでいて自己主張の強いスタンリー・コワルスキを演じ、大衆の想像力を魅了したことがきっかけである。ブランドのインパクトは途方もなく大きく、演技スタイルに影響を与えただけでなく、アクターズ・スタジオと、スタニスラフスキー・システムを応用した通常「メソッド」と呼ばれる彼らのやり方の影響力を強める大きな力ともなった。「メソッド」は劇的瞬間の真実を俳優が信じることに注力するもので、それによって演じられた情景に相当な心理的強度を与えることができた。しかし「メソッド」は、内奥の感情を表現するのに必要な技術がおろそかになりがちであるという批判を受けることが多かった。アクターズ・スタジオは、彼らの業績に対するこのような批判は、真剣な俳優訓練の現場感覚を持たない部外者のせいで固定化してしまった誤解だとしている。

こんにち、アクターズ・スタジオの本拠地はニューヨーク市とウェスト・ハリウッドにある。アクターズ・スタジオのメンバーには、以下のような面々がいる。フィリップ・シーモア・ホフマン（一九六七–二〇一四）、ロバート・デ・ニーロ（一九四三–）、ローラ・ダーン（一九六七–）、ジャック・ニコルソン（一九三七–）、ダスティン・ホフマン（一九三七–）、サリー・フィールド（一九四六–）、クリストファー・ウォーケン（一九四三–）、マリサ・トメイ（一九六四–）。その他、特に映画出演を通して有名になった多くの俳優たちがいる。

訳注

（1）クレイグの母はエレン・テリー（Ellen Terry）という、一時代を築いた大女優。

（2）クレイグの造語。

（3）「嫉妬」は「緑の目をした怪物だ」とシェイクスピアが『オセロー』の中でイアーゴーに言わせて以来、少なくとも英語圏では「嫉妬」と「緑色」は近い関係を持つ。

（4）一九九七年当時、観客は入場料四ドルを支払い、それからサイコロを振って追加料金を決めた（最終的に観客は五ドル以上一〇ドル以下を支払った）。また、俳優の頭上に、一から三〇までの数字を記した紙を吊るし、観客が番号を叫ぶと俳優たちが飛び上がってその紙を取り、その番号の短劇を演じた。

（5）二〇二三年現在、ロンドンにもDegenerate Fox（「堕落した狐」）という新未来派劇団がある。

（6）リチャード・ボレスラウスキー（Richard Boleslawski）は英語読み（ハリウッドに進出し、英語読みで知られた）。本名はルイシャルト・ボレスワフスキ（Ryszard Bolesławski）。

（7）芝居が始まるのは、ある物語の〈冒頭〉か、〈途中〉である。「着手地点」とは、その物語のどの段階で芝居が始まるかということを示す。

〈年表 4〉

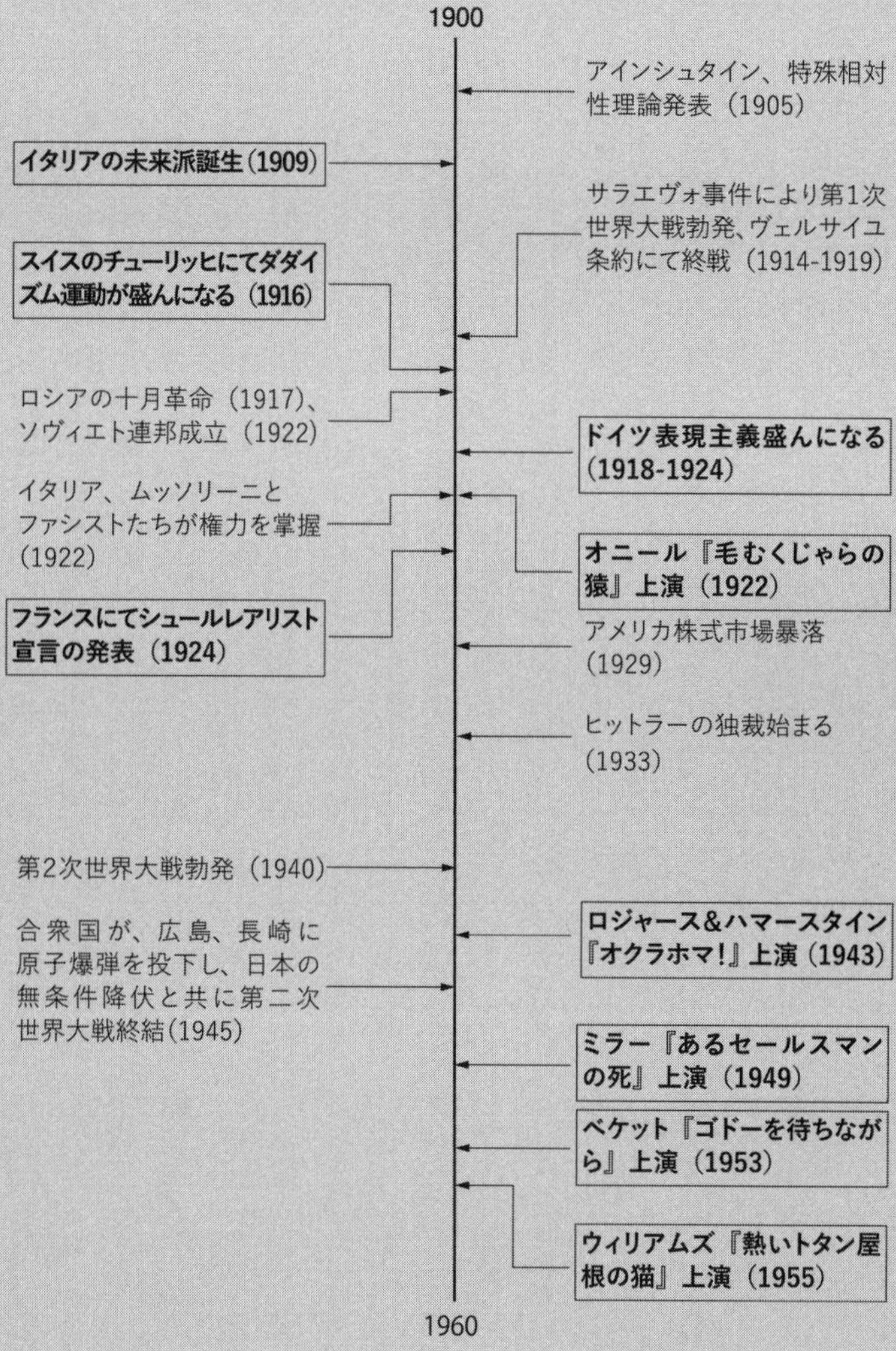

1900
アインシュタイン、特殊相対性理論発表（1905）
イタリアの未来派誕生（1909）
サラエヴォ事件により第1次世界大戦勃発、ヴェルサイユ条約にて終戦（1914-1919）
スイスのチューリッヒにてダダイズム運動が盛んになる（1916）
ロシアの十月革命（1917）、ソヴィエト連邦成立（1922）
ドイツ表現主義盛んになる（1918-1924）
イタリア、ムッソリーニとファシストたちが権力を掌握（1922）
オニール『毛むくじゃらの猿』上演（1922）
フランスにてシュールレアリスト宣言の発表（1924）
アメリカ株式市場暴落（1929）
ヒットラーの独裁始まる（1933）
第2次世界大戦勃発（1940）
ロジャース&ハマースタイン『オクラホマ!』上演（1943）
合衆国が、広島、長崎に原子爆弾を投下し、日本の無条件降伏と共に第二次世界大戦終結（1945）
ミラー『あるセールスマンの死』上演（1949）
ベケット『ゴドーを待ちながら』上演（1953）
ウィリアムズ『熱いトタン屋根の猫』上演（1955）
1960

第六章　ミュージカル・シアター

現代のミュージカルは、場面は場面、ダンス・ナンバーはダンス・ナンバーで別の人々が演出するショーではなく、ひとつのまとまりある作品である。最初から最後まで一貫した動きを作り上げるのが理想だ。

ボブ・フォッシー　トニー賞受賞振付師、演出家

ミュージカル・シアターは、音楽、対話、ムーヴメント、デザインを組み合わせた芸術形式である。こんにちの合衆国では、ミュージカルはもっとも広い観客層に対して訴求力を持つため、経済的に最大の成功を収めている演劇形式である。

ミュージカルの様式はストレート・プレイと一線を画す。写実的な演劇は具象的であり、俳優はそこに観客が存在しないように振る舞う。対照的にミュージカルはしばしば提示的であり、演者たちは観客の存在を完全に意識している。ミュージカルは具象的な方法で演じられる場面を含むこともあるが、通常は観客に向かって直接「正面切って」演じられる歌やダンス・ナンバーもある。音楽とダンスを含むため、ミュージカルはエネルギッシュで、また誇張されたリアリティや感情を伴うことが多い。伝統的にミュージカルは楽観的なトーンで、愛、希望、共同体、信頼、夢といった

身近なテーマに焦点を当ててきた。しかしこの数十年の間に、負のトーンとシニカルな感覚を取り入れるミュージカルも登場するようになった。とはいえ、多くのミュージカルはほとんどの伝統的な芝居に比べると娯楽的で高揚感をもたらすと考えられている。最後に、ミュージカルは三つの要素から構成される。音楽、歌詞、リブレット（台本ともいう）である。リブレットとはストーリーラインで、歌の合間の対話も全て含む。そのため芝居はほとんどの場合一人の作家が書くが、大部分のミュージカルは複数の作家がいる。同様に、ほとんどの芝居は一人の演出家の力に頼るが、ミュージカルの上演が成功するためには演出家だけでなく振付師と音楽監督が必要である。

ミュージカルの人気の理由は、その魅力が多岐にわたることにある。音楽と振付を要する動きは、それ自体が楽しみの源だが、物語をスムーズに語る役にも立つ。例えば歌詞は感情的な反応や意思を直接表現するので作品に明快さを与える。昔の芝居で独白や傍白が果たした役割と同じである。リプリーズ（音楽のフレーズや歌詞の断片を反復すること［カタカナ日本語ではリプライズという］）のような音楽の方法を使うことで、時を超えてある瞬間に結びついたり、記憶を蘇らせることができる。さらに音楽は時の凝縮にも一役買う。歌や音楽のパッセージを用いて、実際は長い時間をかけて起きた出来事の進行を素早く示すことがある。例えば『マイ・フェア・レディ』では、花売り娘イライザのアクセントを公爵夫人として通用するほどにまで変える発話レッスンのくだりは、主に「レイン・イン・スペイン（*The Rain in Spain*）」という歌一曲に凝縮されている。また音楽はムードを確立し、期待を抱かせる。ストーリーがはじまる前から、序曲が作品の全般的なムードを確立することが多い。そしてその後は、音楽は場面にふさわしい感情的トーンを確立する力となり、また、テンポ、キー、音量の変化を通して各場面、そして作品全体を作り上げていく。

通常ミュージカルが与える視覚的刺激は相当なものである。ミュージカル制作では大抵の場合、美術、衣裳、照明デザイナーが才能を発揮できる場が多い。普通は時と場所の転換が複数回あり、キャストも多く（役を兼ねることも多い）、そのためセットと衣裳が多数必要になる。通常ダンスが物語の展開を強調し、独特の娯楽的要素を持ち込むという点で大きな役割を果たす。こういった魅力を考えるなら、ミュージカルがもっとも人気のある演劇体験に連なって久しいというのは驚くに当たらない。

ミュージカルは世界演劇へのアメリカ最大の貢献と言われることがある。しかし後述するようにミュージカルの歴史は複雑で、その起源も岐路も多岐にわたる。

ミュージカル・シアターの起源

音楽と演劇は、その始まりの時から絡み合い結びついていた。ギリシャ劇の合唱部分は歌と踊りで演じられ、ローマ喜劇のセリフの大部分は音楽の伴奏があり、またイタリア人は全編を歌うオペラを生み、シェイクスピア作品のいくつかは歌を含む。一八世紀にはバラッド・オペラやコミック・オペラのような大衆音楽の形式が誕生し、一九世紀演劇界ではメロドラマの展開を強調するために音楽が用いられた。同様に、ミンストレル・ショー、ヴォードヴィル、ヴァラエティ・シアター、ミュージック・ホールは、どれも音楽と演劇の要素が含まれている。概して、音楽を必要としない芝居の場合、何らかの音楽的娯楽を追加するのが通常だった。

こんにちミュージカルと呼ばれているものは、一八四〇年代のパリで形を取り始めた。当時、作曲家ジャック・オッフェンバッハ（一八一九－一八八〇）が共同制作者たちと作り上げたオペレッタが国際的な人気を博していた。オペレッタは、伝統的なオペラに比べてトーン、テーマ、音楽／歌の複雑さのどれをとっても軽いものである。オッフェンバッハのオペレッタの魅力のひとつはエロティックな側面だが、ヨハン・シュトラウス二世（一八二五－一八九九）の名前とその作品『こうもり（*Die Fledermaus*）』（一八七四）をこんにちに至るまで高めたのは、屈託のない楽しい喜劇性である。この形式を、台本作家W・S・ギルバート（一八三六－一九一一）と作曲家アーサー・サリヴァン（一八四二－一九〇〇）のイギリス人二人組がさらに発展させた。二人は一八七一年から一八九六年までの間に一四本のコミック・オペラを執筆した。中でも有名な作品は『軍艦ピナフォア（*H.M.S. Pinafore*）』（一八七八）、『ペンザンスの海賊（*Pirates of Penzance*）』（一八七九）、『ミカド（*The Mikado*）』（一八八五）である。

オペレッタは曲と曲の間に対話を含むが、現在のミュージカルは一九世紀中盤から後期にかけて完全に独特の形式として登場した。『黒い悪魔（*The Black Crook*）』（一八六六）はアメリカのミュージカルの始まりだと言われることが多い作品である。この作品の誕生は偶然のたまもので、野心的なプロデューサーが、陳腐極まりないメロドラマのイメージアップのために、立ち往生していたバレエ団を加えたことが始まりである。そこにさらに様々な歌（筋と全く無関係のものまで）と、目も眩むような視覚的スペクタクルを加えたため、観客の関心を大いに惹くことになったのである。最終的には、タイツと体の線を見せる胴衣を身につけた若い女性の大群が最大の注目の的となり、公演数は四七六回まで達した。一年以上にわたって舞台上演が続いた世界初の作品である。ニューヨークでも各地巡業でも商業的成功をおさめたこの作品は、当然ながら多数の模倣作品を生んだ。

『黒い悪魔』の成功に続き、一八〇〇年代後半のミュージカルは、遠隔の地やエキゾチックな状況といったロマンティックな魅力を強調するのが通例だった。そもそもストーリーは、若く美しい女性が歌い踊る、歌やアンサンブル用合唱曲のための言い訳にすぎないのである。概してストーリーラインは相変わらず比較的取るに足らないもので、強調されるのは派手な舞台装置、歌、踊り、そしてコーラスガールだった（このパターンは現在でも、ラスヴェガスの音楽エンターテインメントに散見される）。これとは異なるスタイルのミュージカルには、トニー・パスター（一八三二－一九〇八）の家族向けヴォードヴィルや、「ネッド」・ハリガン（一八四四－一九一一）とトニー・ハート（一八五五－一八九一）によるミュージカル・コメディなどがある。こういった初期のミュージカル・コメディは、視覚的なギャグや駄洒落満載の対話を散りばめたゆるいプロットの中に、普通の人々を登場させるものだった。

二〇世紀初期、ジョージ・M・コーハン（一八七八－一九四二）は数々のミュージカル・コメディのヒットを発表し、新しい道を示した。コーハンの作品はストーリー性が強く、歌がストーリーに組み込まれているのが特徴だ。代表的な歌に「ギヴ・マイ・リガーズ・トゥ・ブロードウェイ（*Give My Regards to Broadway*）」「ヤンキー・ドゥードル・ボーイ（*I'm a Yankee Doodle Boy*）」「あなたは偉大な古い旗（*You're a Grand Old Flag*）」がある。印象的な歌と会話的な歌詞以外に、彼の作品は新しい特徴を備えていた。主演男性がタップダンスを見せる点である。ニューヨークの批評家らは彼の作品の多くを酷評したが、ツアーでは大きな金銭的成功を収めた。コーハンの楽観的かつ愛国的メロディが、自身の価値と可能性に対するプライドが溢れ出んばかりになっていた当時のアメリカという国家と、その大衆の好みに合致したからである。コーハンが書いた「オーヴァー・ゼア（*Over There*）」は特定のミュージカル作品中の歌ではないが、第一次世界大戦期にもっとも流行したアメリカの歌のひとつである。

コーハンが一般人向けにミュージカル・コメディを書いていた頃、フローレンツ・ジーグフェルド（一八六七－一九三二）はブロードウェイのレヴューを上流階級の身なりのよい観客に広めようとしていた。一九〇七年から一九三一年にかけて、『ジーグフェルド・フォリーズ（*The Ziegfeld Follies*）』の様々な変形版が大規模な商業的成功を収め、次のような人々のデビュー作となった。W・C・フィールズ（一八八〇－一九四六）、ジョゼフィン・ベイカー（一九〇六－一九七五）、ファニー・ブライス（一八九一－一九五一）、レイ・ボルジャー（一九〇四－一九八七）、ウィル・ロジャーズ（一八七九－一九三五）、マリリン・ミラー（一八九八－一九三六）、ボブ・ホープ（一九〇三－二〇〇三）などである。レヴューで演技を披露した歌手やコメディアンは移り変わったが、常に変わらず登場したのが「ジーグフェルド・ガールズ」である。魅力的であでやかな若い女性たちが、凝った衣裳を身にまとって記憶に残るミュージカル・ナンバーを演じた。

「コーラス・ガール」形式の音楽エンターテインメントが人気を博し続けた一方で、第一次世界大戦前後の時期はミュージカルに変化が見られた。当時流行だった社交ダンスとラグタイム音楽を組み込んだ作品が登場し始めたのである。コーハンのミュージカル同様、この種のミュージカルは、身近な人物や環境を中心に置くというゆるやかに進行していた傾向を示すものである。一九一〇年代から一九二〇年代というのはまた、二〇世紀の主要なソングライターの一人、アーヴィング・バーリン（一八八八－一九八九）が業界に登場した時期でもある。今では「ゴッド・ブレス・アメリカ（*America the Beautiful*）」と「ホワイト・クリスマス（*White Christmas*）」の作者としてもっとも有名だが、バーリンはもともとヴォードヴィルの演者や、ブロードウェイ・レヴュー『ジーグフェルド・フォリーズ』の演者たちのために歌を書き、最終的には、『ミュージック・ボックス・レヴュー（*Music Box Revue*）』のための劇場が建てられたほどである。同時期、ミュージカルの次の時代を牽引することになる作曲家ジェローム・カーン（一八八五－一九四五）がその初期の作品を執筆していた。

コラム　社会と芸術&文化

◇アフリカ系アメリカ人のミュージカル

アメリカン・ミュージカルが形成されていく中で、アフリカ系アメリカ人のブロードウェイにおける存在感は、一九世紀後半から二〇世紀初頭にかけてすでにはっきりと目立つものになっていた。一八九〇年代のアフリカ系アメリカ人のミュージカルはミンストレルの伝統から誕生し、ミンストレル・ショーの活力とエネルギーを生かしたが、同時に人種差別的慣習も一部使用した（アフリカ系アメリカ人のキャストにブラックフェイスで演技をさせるという慣習も含まれる）。それが多少とも路線変更をしたのは、アフリカ系アメリカ人のヴォードヴィリアン、ジョージ・ウォーカー（一八七三－一九一一）とバート・ウィリアムズ（一八七四－一九二二）が彼らの人気曲とダンスをもとに、長編ミュージカル・コメディを仕立てあげた時である。二人のショー『ダホミーにて（*In Dahomey*）』（一九〇三）は、ブロードウェイ初の、全キャストがアフリカ系アメリカ人という作品で、様々な人種の混ざりあった観客相手に上演されたのち、ロンドンで延長上演となった。ウィリアムズはウォーカーとさらにミュージカルを共作したのち、ソロでのヴォードヴィル活動に戻り『ジーグフェルド・フォリーズ』のスターとなった。

一九二〇年代は、アフリカ系アメリカ人のミュージカルのほとばしりを見た。先頭を切ったのは『シャッフル・アロング（*Shuffle Along*）』（一九二一年、五〇四公演）で、この作品でミュージカル界に入った人々に、フローレンス・ミルズ（一八九五―一九二七）、アデレイド・ホール（一九〇一―一九九三）、ジョゼフィン・ベイカー（一九〇六―一九七五）、ポール・ロブスン（一八九八―一九七六）らがいる。この作品の成功は演劇界における人種差別撤廃に一役買った。多くのアフリカ系アメリカ人俳優にとってブロードウェイ進出の第一歩となり、また三年におよぶツアーは、アメリカ合衆国各地において白人用の劇場で上演された、初めてのアフリカ系アメリカ人ミュージカルとなったからだ。『シャッフル・アロング』の後続『ラニン・ワイルド（*Runnin' Wild*）』（一九二三年、二二八公演）は、その後一〇年の大流行ダンスとなった「チャールストン」を世に紹介した。アフリカ系アメリカ人のミュージカルが比較的成功を収めたことを見て、白人プロデューサーのルー・レスリーは『ブラックバーズ（*Blackbirds*）』というレビュー・シリーズを企画した。これはほとんどの場合白人作家が書いた台本をアフリカ系アメリカ人キャストが演じるというのが目玉のレヴューである。中でももっとも成功した『一九二八年のブラックバーズ（*Blackbirds of 1928*）』（五一九公演）は、世界でもっとも優れたタップダンサーの一人、ビル・「ボージャングル」・ロビンソン（一八七八―一九四九）のブロードウェイ・デビュー作となった。のちにシャーリー・テンプルものの映画に多数主演したが、ロビンソンは、フラットフットの音から、より軽快で歯切れのよいトウやヒールの音を生み出すタップのテクニックへの転換に貢献した人物でもある。

一九二〇年代、アフリカ系アメリカ人のミュージカルは人気を博したが、このジャンルはしばらく姿を消し、再び登場したのは一九七〇年代のブロードウェイにアフリカ系アメリカ人の音楽のニュー・ウェーヴが登場した時である。『パーリー（*Purlie*）』（一九七〇年、六九〇公演）はポップ／

ロックのスコアが大きな呼び物となった、一九六一年オジー・デイヴィス作の喜劇の翻案である。アフリカ系アメリカ人牧師が愛を見つけ、古い南部の偏見と戦うコメディである。クリーヴォン・リトルとメルバ・ムーアの両名がその演技でトニー賞を受賞した。『レイズン（*Raisin*）』（一九七三年、八四七公演）は、ロレイン・ハンズベリーの名作の忠実な翻案で、トニー賞の最優秀ミュージカル賞と最優秀女優賞（ヴァージニア・ケイパーズ）を獲得した。一九七〇年代のアフリカ系アメリカ人ミュージカルでもっとも成功したのは『ザ・ウィズ（*The Wiz*）』（一九七五年、一六七二公演）である。これは『オズの魔法使い（*The Wizard of Oz*）』の舞台化で、都会的なロック、ソウル、モータウンのリズムが躍動するスコアの本作は、最優秀ミュージカル賞を含む七部門のトニー賞を受賞した。（一九七〇年代はまた、『ハロー・ドリー（*Hello, Dolly*）』や『ガイズ・アンド・ドールズ（*Guys and Dolls*）』といった黄金時代ミュージカルのリバイバルを、全キャストアフリカ系アメリカ人で上演した。）

『エイント・ミスベヘイヴィン（*Ain't Misbehavin'*）』『ドリームガールズ（*Dreamgirls*）』『ブリング・イン・ダ・ノイズ、ブリング・イン・ダ・ファンク（*Bring in 'Da Noise, Bring in 'Da Funk*）』などの後続のアフリカ系アメリカ人ミュージカルについては本文で述べる。

モダン・ミュージカルの誕生

人物の動機の心理を明らかにしていくために歌を用いることや、音楽と物語を結び合わせることが、ミュージカルにおいて本当に重要な意味を持ち始めたのは一九二〇年代後期のことである。その転機となったミュージカルは『ショウ・ボート（*Show Boat*）』（一九二七）である。ジェローム・カーン作曲、オスカー・ハマースタイン二世（一八九五―一九六〇）脚本・作詞の本作は、一貫した物語、現実味のある人物、歌、音楽そして踊りをまとめあげた、最初のモダン・ミュージカルだ。『ショウ・ボート』は真面目な小説（一九二六年のエドナ・ファーバーの同名の小説）をもとにした最初のミュージカルである。壮大なスケールで繰り広げられるロマンティックな物語は、ミシシッピ川のショウ・ボートにゆかりのある演者、舞台の裏方、港湾労働者が登場し、人種差別問題を探り、混血の女性と白人の夫の変わらぬ愛の悲劇を語る。『ショウ・ボート』は物議を醸すテーマを扱っただけでなく、様々な音楽形式を統合するという挑戦を当代の観客に突きつけた。例えば、アフリカ系アメリカ人のフォークソング（「あの人を愛さずにいられない（*Can't Help Lovin' That Man*）」）、黒人霊歌（「オール・マン・リヴァー（*Old Man River*）」）、オペレッタ（「メイク・ビリーヴ（*Make Believe*）」）、ミュージカル・コメディ（「刺激的なステージ人生（*Life on the Wicked Stage*）」）、ティン・パン・アリー（他の作者による、当時の流行歌）などである。五七二公演を重ねる成功を収めたこのショーは、複雑ながらわかりやすい心的動機に動かされる人々が登場する物語ミュージカルを受け入れる素地ができたことを示していた。

カーンとハマースタインの二番目の共作『スイート・アデライン（*Sweet Adeline*）』（一九二九）の上演中に株式市場の暴落が起こり、まもなくアメリカ経済は一〇年におよぶ大恐慌に突入する。劇場が閉鎖されると、カーンとハマースタインをはじめとした音楽的才能はハリウッドへ向かった。新しいトーキー映画の始まりは、彼らの才能が比較的利益を見込める市場となっていたのである。（初めての「トーキー映画」である『ジャズ・シンガー（*The Jazz Singer*）』（一九二七）は、当時ブロードウェイで「世界最高のエンターテイナー」と宣伝されていたアル・ジョンソン主演の舞台ミュージカルである。ミュージカルと映画の関連については、三二一頁のコラム「ミュージカルとハリウッド」を参照）

一九三二年には、アメリカ人の三〇パーセントが失業中、ブロードウェイはひどい苦境にあった。フローレンツ・ジーグフェルドは相次ぐ商業的な失敗で破産に追い込まれ、シューベルト兄弟所有のかつては二五〇〇万ドルにのぼっていた演劇帝国は四〇万ドルで競り落とされた。ヴォードヴィルの最後の砦だったニューヨークのパレス・シアターは映画館に改装された。一九三〇年代はミュージカルには厳しい一〇年であり、困難な時期にあっては注力する対象への焦点を定め直さざるを得なくなった。新作は減った一方で、もっとも優れた作品は最高級のエンターテインメントを提供した。ミュージカル・レヴューは規模を縮小したがユーモアが増え、ミュージカル・コメディは切れ味が良くなり、オペレッタは知的という建前を捨ててロマンティックなスペクタクルを増やした。上演期間は短くなったが、ミュージカルが生き延びるための観客数は維持できていた。

作曲においては、一九三〇年代最高のミュージカル作曲家はジョージ（一八九八ー一九三七）とアイラ・ガーシュウィン（一八九六―一九八三）兄弟である。一九二〇年代、ジョージが作曲、アイラが作詞を担当し、『淑女よ善良なれ（*Lady Be Good*）』（一九二四）や、ダンス・デュオのフレッド・アステアとその姉アデールのために書いた『ファニー・フェイス（*Funny Face*）』（一九二七）などで成功を収めた。ガーシュウィン兄弟は一九三〇年に『ガール・クレイジー（*Girl Crazy*）』でもヒットしている。この作品で、二人の主演女優ジンジャー・ロジャーズ（一九一一―一九九五）とエセル・マーマン（一九〇八―一九八四）がスターに上りつめた。

その後の作品には、『オヴ・ジー・アイ・シング！（*Of Thee I Sing!*）』（一九三一）や、『ポーギーとベス（*Porgy and Bess*）』（一九三五）があるが、どちらも異なる影響力を持った。

『オヴ・ジー・アイ・シング！』は政治や政治家を風刺したミュージカルで、作曲はジョージ、作詞はアイラ、そしてリブレットはジョージ・S・カウフマン（一八八九―一九六一）とモリー・リスキンド（一八九五―一九八五）が担当した。この作品はピューリッツァー賞演劇賞の第一回受賞作品となり、ミュージカル作品を評価する新たな基準の時代の到来を示した。本作は台本と歌詞の両方が出版された初めてのブロードウェイ・ミュージカルとなり、さらには一九三〇年代に四〇〇公演を超える記録を作った最初のミュージカルともなった。スコアはガーシュウィンの特徴であるジャズとブロードウェイのミックスを体現し、アイラのほうはギルバートとサリヴァンのスタイルを踏襲したミュージカル・コメディを作った。

『ポーギーとベス』で、ジョージ・ガーシュウィンは、ジャズ、ブロードウェイ、クラシック音楽の要素を取り入れたフォーク・オペラを書こうとした。（ブロードウェイ・オペラという発想はあまりにも独特だったため、ニューヨークの新聞各社の大多数が劇評のためにオペラ担当と演劇担当両方を送り込んだほどである。）エドワード・デュボーズ・ヘイワードの小説『ポーギー』（一九二五）をもとにしたこの作品は、サウスカロライナ州チャールストンのスラム街に住む、ポーギーという手足の不自由な物乞いのアフリカ系アメリカ人が、愛するベスを乱暴で独占欲の強い麻薬売人の恋人から救おうとする物語である。キャスト全員がクラシック音楽の訓練を受けたアフリカ系アメリカ人歌手という、一九三〇年代にはとりわけ冒険的な試みだった。オペラとミュージカルの明らかな混合に観客も劇評家も困惑したが、この企画の社会的意義は国内ツアー中に明確になった。ワシントンD.C.の国立劇場において、人種の区別のない観客を相手に公演を行った初めての作品となることで、人種差別への抗議に成功したからである。当初は成功を収めたとは言い難かったものの、時を経て『ポーギーとベス』はアメリカのミュージカルとオペラの世界両方の名作となり、「サマータイム（*Summertime*）」は二万五〇〇〇回以上におよぶ録音を果たした。

一九三〇年代はコール・ポーター（一八九一－一九六四）登場の時期でもある。フレッド・アステアの初めてのソロ企画（姉アデールの結婚後）として、ポーターは『陽気な離婚（*Gay Divorce*）』（一九三二）を書いた。本作は成功を収めたものの、アステアの舞台人生の最後を記すものとなった。しかしながらこの作品でアステアはハリウッド進出を果たし、映画版の『コンチネンタル（*The Gay Divorcée*）』（一九三四）はフレッド・アステアとジンジャー・ロジャーズの映画一〇本のうちの二本目となった。ポーターの最大のヒットは、四二〇回上演された『エニシング・ゴーズ（*Anything Goes*）』（一九三四）である。（リブレットには異なる四版があるが、そのどれもがポーターの音楽と歌詞を含む。ただし個々の歌とその順序は異なる。）いつの時代でも人気のこのロマンティック・コメディは、ニューヨークとロンドン間を航行する遠洋定期船上が舞台である。密航者ビリー・クロッカーは社交界の著名人ホープ・ハーコートに恋しているが、彼女は英国人貴族と婚約している。ナイトクラブの歌手リノ・スウィーニーと「指名手配第一三番」であるムーンフェイス・マーティンは、ホープが婚約者と結婚してしまう前に求愛しようとするビリーに力を貸す。ダンスナンバーの名演技の他、「エニシング・ゴーズ（*Anything Goes*）」「ユーアー・ザ・トップ（*You're the Top*）」「ブロー、ゲイブリエル、ブロー（*Blow, Gabriel, Blow*）」「君にこそ心ときめく（*I Get a Kick Out of You*）」、後年の版に加えられた「イッツ・ダ・ラヴリー（*It's De-Lovely*）」といった記憶に残る歌がある。

ポーターは数多くの舞台や映画のために作曲したが、ミュージカルとしてもっとも成功したのは『キス・ミー・ケイト』（一九四八）である。離婚したカップルがシェイクスピアの『じゃじゃ馬ならし』のミュージカル版に主演し、舞台上で戦いを繰り広げるが、舞台外でもそっくりの喧嘩が進むというものである。この黄金時代のミュージカルは音楽と歌詞が台本にしっかり結びついている。一〇〇〇回以上の公演を数え、一九四九年にはトニー賞の最優秀ミュージカル賞の受賞第一号となった。

この時代に名をなしたもう一組のデュオは、作曲家のリチャード・ロジャース（一九〇二－一九七九）と作詞家ロレンツ・ハート（一八九五－一九四三）である。二五本以上のブロードウェイ・ミュージカルを共作したこのデュオは、ミュージカルとしてよりも個別の歌に成功作が多い。とはいうものの、彼らの最大のヒットは『オン・ユア・トウズ（*On Your Toes*）』（一九三六）、『ベイブズ・

イン・アームズ（*Babes in Arms*）』（一九三七）、『シラキュースから来た男たち（*The Boys from Syracuse*）』（一九三八）、シェイクスピアの『間違いの喜劇（*The Comedy of Errors*）』のミュージカル版、『パル・ジョーイ（*Pal Joey*）』（一九四〇）である。最終的には、『オン・ユア・トウズ』（レイ・ボルジャーとタマラ・ゲヴァ主演）は、ダンスによってミュージカルの物語を進行させる新たな基準を打ち立てたという点で大きな影響力を発揮した。また伝統的なブロードウェイ式のダンスに、ジョージ・バランシン（一九〇四－一九八三）の振付によるバレエを組み込んだ。バレエ出身のバランシンは、プログラムのクレジットに「踊り」ではなく「振付」と表記するよう要求し、ブロードウェイ・ミュージカルで振付師としてクレジットされた最初の人物となった。

二四年間デュオとして活躍してきたロレンツ・ハートが病に倒れ一九四三年に亡くなると、リチャード・ロジャーズには新たなチャンスがめぐってきた。ジェローム・カーンのかつての作詞パートナーであるオスカー・ハマースタイン二世である。ロジャースとハマースタインは共同でミュージカルの歴史を変えていく。

コラム　実践と様式

◇ミュージカルとハリウッド

一九二〇年代末、音声付き映画がますます標準となりつつある頃、ハリウッドはアイディアをブロードウェイに求めるようになった。『ブロードウェイ・メロディ（*The Broadway Melody*）』（一九二九）はブロードウェイ・レヴューの舞台裏に繰り広げられるロマンティック・コメディである。MGMスタジオはこの作品を「全編トーキー、全編歌、全編ダンス」の史上初長編映画として宣伝した。興行収入面での成功を収めた後、アカデミー賞最優秀映画賞を受賞するに至り、スタジオは舞台俳優を雇ってブロードウェイ・ヒット作の贅沢な映画版や、映画用に考案されたミュージカルに主演させた。こういった初期の映画ミュージカルはまた、部分的あるいは全面的にカラーで制作された映画の最初の部類に入る。こういった全編カラーのミュージカル作品のひとつが『ゴールド・ディガーズ・オヴ・ブロードウェイ（*Gold Diggers of Broadway*）』（一九二九）で、これは一九三九年まで興行成績最高記録を保持した。

映画監督のバズビー・バークレー（一八九五－一九七六）は、ダンスに演劇空間を超越する振付を施すことで、映画ミュージカルの芸術性を前進させた。バークレーのダンス・ルーチンは、軍隊風の動きや万華鏡のような頭上からのショットを含み、劇場では見ることのできないアングルを提供した。一九三〇年代、ハリウッドはさらにフレッド・アステア、ジンジャー・ロジャーズ、ビル・ロビンソン、シャーリー・テンプル（一九二八－二〇一四）、ジュディ・ガーランド（一九二二－一九六九）、ジミー・デュランテ（一八九三－一九八〇）、バート・ラー（一八九五－一九六七）、レイ・ボルジャー（一九〇四－一九八七）、アクロバットとタップダンスのデュオ、ニコラス兄弟（フェイアード（一九一四－二〇〇六）とハロルド（一九二一－二〇〇〇））といったトップレベルの演者を確保した。演劇俳優たちも、タイプキャスティング（固定した役柄を配役する方法）に反抗するひとつの手段としてミュージカルを活用するようになった。例えば、ジェイムズ・キャグニー（一八九九－一九八六）は元来舞台の歌手兼ダンサーだったが、ハリウッドで「タフガイ」や暴力団員を演じて有名になった。キャグニーへの見方が変化したのは、『ヤンキー・ドゥードル・ダンディ（*Yankee Doodle Dandy*）』（一九四二）の歌とダンスでアカデミー賞を受賞してからである。

一九四〇年代から一九五〇年代にかけて、ミュージカル映画は興行成績も批評家からの評判も上々だった。この時期には以下のような映画が登場した。『若草の頃（*Meet Me in St. Louis*）』（一九四四）、『巴里のアメリカ人（*An American in Paris*）』（一九五一）、『雨に唄えば（*Singin' in the Rain*）』（一九五二）、『ジジ（*Gigi*）』（一九五八）。この時代のスターには、ジーン・ケリー（一九一二－一九九六）、アン・ミラー（一九二三－二〇〇四）、ミッキー・ルーニー（一九二〇－二〇一四）がいる。一九六〇年代に成功した映画ミュージカルの大部分は、舞台作品の翻案である（例えば、『ウェストサイド物語』『マイ・フェア・レディ』『サウンド・オブ・ミュージック（*The Sound of Music*）』など）。オリジナル映画ミュージカル作品でもっとも成功したのは『メリー・ポピンズ（*Mary Poppins*）』（一九六四）である。

一九八〇年代後半から、ディズニー（その後は他のスタジオも）が、舞台演劇の第一人者であるアラン・メンケン（一九四九－）、ハワード・アッシュマン（一九五〇－一九九一）、スティーヴン・シュワルツ、ティム・ライスが執筆を担当し、昔ながらのミュージカル・ナンバーを取り込んだアニメ映画の制作によって、映画ミュージカルを生き返らせた。現在までのところ最高興行収益をあげた作品は『アナと雪の女王（*Frozen*）』（二〇一三）で、全世界で一三億ドルにおよぶチケット収入を得た。実写版の映画ミュージカルは、二一世紀に『ムーラン・ルージュ（*Moulin Rouge*）』（二〇〇一）、『シカゴ（*Chicago*）』（二〇〇二）、『ドリームガールズ（*Dreamgirls*）』（二〇〇六）、『イントゥ・ザ・ウッズ（*Into the Woods*）』（二〇一四）のような作品で人気を復活させた。

黄金時代ミュージカル

一九四〇年にはミュージカルは明らかにアメリカ独特なものへと発展を遂げ、また世界演劇においてもアメリカ最大の貢献となっていた。この当時には、アメリカン・ミュージカルは物語、音楽、ダンスが強く統合したものになっていた。今考えると、一九四三年から一九六八年の期間は、アメリカン・ミュージカルの黄金時代として知られるようになったのである。黄金時代と称する他の時代もあるかもしれないが、この言葉は特定のスタイルのミュージカルを指すものと理解する方がよいだろう。

社会学的観点から考えると、アメリカン・ミュージカルの黄金時代は、ほぼ第二次世界大戦後からベトナム戦争ピーク時まで続く。第二次世界大戦直後の時代、合衆国はナチス打倒に力を貸し、共産主義者が動かすソビエト圏への民主主義対抗勢力として立ち上がった、「いいやつ」のほうの超大国ということだ。同様に、戦後の好景気がアメリカの繁栄、プライド、楽観主義を煽ることになった。この空気を映し出す黄金時代ミュージカルは、多くの場合アップビートで、人生肯定的で、センチメンタルである。

黄金時代ミュージカルを先導したのは、文句なしにロジャース＆ハマースタインである。彼らの初めての共作『オクラホマ！（*Oklahoma!*）』（一九四三）は、リン・リグズの脚本『ライラックは緑に育つ（*Green Grow the Lilacs*）』（一九三一）を下敷きにした作品で、黄金時代の始まりと位置づけられるのが通説である。ロジャースとハマースタインは共同作業の経験はなかったが、二人ともティン・パン・アリーの伝統である、音楽を先に作り、次に歌詞を書くという方法には慣れていた。初めての共作にあたって、彼らはギルバートとサリヴァン方式を選び、言葉を先に書くことで歌と物語をより完全に統合させることを目指した。二人は戯曲のプロットを熟読しながら、歌として表現するのにふさわしい展開や感情が現れる瞬間を探し、ミュージカル・ナンバーの全ての内容案とスタイルについて討議した。またダンスを不可欠な要素と考え、バレエ振付師のアグネス・デ・ミル（一九〇五－一九九三）を選んだ。デ・ミルはブロードウェイは初めてだったが、物語を語る装置としてのダンスという感覚を強く持っていた。ブロードウェイ進出に先行する試験興行では『アウェイ・ウィー・ゴー（*Away We Go*）』というタイトルだったが、ショーに手を入れる間にデュオは第二幕に名曲を追加した。この新曲「オクラホマ！」が熱狂的な反応を得たためタイトル変更ということになったのである。

プロットは伝統的なラブストーリーで、農場の娘ローリーが、二人の求婚者のどちらかを選ばなければならないという物語である。求婚者は、ハンサムなカウボーイのカーリーと、謎めいた農場労働者ジャッド・フライである。当初ローリーはジャッドを選ぶかに見えたが、後になってカーリーの求婚を受け入れる。結婚式当日、ジャッドは二人を攻撃するが、最後には自分のナイフの上に倒れ込んで死んでしまう。サブプロットは、チャーミングなアド・アニーと、強欲なセールスマンのアリ・ハキム、そして世間知らずで恋に夢中のカウボーイ、ウィル・パーカーをめぐる物語である。タイトルソング以外に、「ああ、なんて美しい朝（*Oh, What a Beautiful Morning*）」、「いやとは言えない（*I Cain't Say No*）」「農夫と牧童（*The Farmer and the Cowman*）」などのハイライトがある。また、ローリーが求婚者たちを評価する有名なドリーム・バレエがある。

『オクラホマ！』が、人物二人の登場するオープニング、ドリーム・バレエ、歌・ダンス・対話の統合といった特徴を備える最初のミュージカルだと言われることがあるが、それは誤りだ。一見「新しい」特徴と思えるものの多くは、実際ブロードウェイに入り込んで久しいものばかりなのである。『オクラホマ！』は例外的作品ではなく、『ショウ・ボート』に始まった革命の頂点に到達した作品なのだ。『オクラホマ！』はその発想と制作において先行作品を超えるレベルの統合を果たした。ショーの全編において、あらゆる言葉、歌、ダンスステップは、物語を語る過程における有機的な部品、つまり全体に対して意味ある部分として作り上げられている。『オクラホマ！』は優れた「台本ミュージカル」（歌とダンスがリブレットのドラマティックな展開の論理的延長線上にあり、人物たちの物語が観客の感情に訴えるミュージカル）を見定める新しい基準となり、また前例のない二二一二回公演を成し遂げた。その人気は、オリジナル・キャストによる録音というさらなる改革を促した。何百万という人々が一度も見たことのないショーを聞くことができるようになったのである。一九四四年にロジャース＆ハマースタインが『オクラホマ！』でピューリッツァー賞を受賞したことは、このミュージカルの影響力がいかに大きいものだったかをよく示している。

ロジャース＆ハマースタインは『回転木馬（*Carousel*）』（一九四五）と『南太平洋（*South Pacific*）』（一九四九）でさらに成功を収めた。『南太平洋』の公演数は一九二五回におよび、ピューリッツァー賞と、トニー賞十部門で受賞した。記憶に残る歌としては「あの人を忘れたい（*I'm Gonna*

Wash That Man Right Out of My Hair）」や、人種差別を糾弾する「ユーヴ・ゴット・トゥ・ビー・ケアフリー・トート（*You've Got to Be Carefully Taught*）」がある。その後のヒット作には『王様と私（*The King and I*）』（一九五一）や、最後の共作『サウンド・オブ・ミュージック』（一九五九）がある。一九三八年、ナチスドイツに併合された生まれ故郷オーストリアを脱出した、フォン・トラップ歌手一家の実話に着想を得た『サウンド・オブ・ミュージック』は世界中でヒットとなり、ニューヨークでは一四四三回、ロンドンでは二三八五回の公演数を記録した。伝説となったタイトルソング以外に、「ドレミの歌（*Do Re Mi*）」「私のお気に入り（*My Favorite Things*）」「もうすぐ一七才（*Sixteen Going on Seventeen*）」「さようならごきげんよう（*So Long, Farewell*）」「全ての山へ登れ（*Climb Ev'ry Mountain*）」「エーデルワイス（*Edelweiss*）」などがある。『サウンド・オブ・ミュージック』は一九六五年の映画版でも旋風を巻き起こし、世界中で興行成績記録を打ち立て、映画館上映は数年間にも及んだ。

『オクラホマ！』の後、統合的台本ミュージカルが標準となり、一世代の作家たちがこの方法を実践して大ヒット作をものにしようと待ち構えた。黄金時代はミュージカルのヒット作を次々生み出すことになるが、その多くが今でも上演されている。

リブレット作者で作詞家のアラン・ジェイ・ラーナー（一九一八–一九八六）と、作曲家フレデリック・ロウ（一九〇一–一九八八）には次のような成功作がある。スコットランドの神秘的な村を舞台にしたロマンティック・ファンタジー『ブリガドゥーン（*Brigadoon*）』（一九四七）、アーサー王伝説をもとにした『キャメロット（*Camelot*）』（一九六〇）、そして最大のヒット作『マイ・フェア・レディ』（一九五六）。ジョージ・バーナード・ショーの戯曲『ピグマリオン』（一九一三）を下敷きにした『マイ・フェア・レディ』は、ヘンリー・ヒギンズ教授がコックニー訛りの花売りイライザ・ドゥーリトルに、上流階級の女性のような話し方を教えるという物語である。ミュージカル版には、ヘンリーとイライザの間にロマンスが生まれるようなヒントが追加されている。二七一七公演（六年半）を数え、ブロードウェイでの最長ロングラン作品として『オクラホマ！』をしのいだ。六部門でトニー賞を受賞し、一九六四年の映画版は八部門でアカデミー賞を受賞した。

作曲家であり作詞家でもあるフランク・レッサー（一九一〇－一九六九）は、様々な共作者と執筆したが、『ガイズ・アンド・ドールズ』（一九五〇）、『モスト・ハッピー・フェラ（*The Most Happy Fella*）』（一九五六）、『努力しないで出世する方法（*How to Succeed in Business Without Really Trying*）』（一九六一）で成功を収めた。『ガイズ・アンド・ドールズ』は主役が四人という意味で独特である。人好きのするギャング、ネイサン・デトロイト（映画版ではフランク・シナトラが演じた）、ショーガールのアデレイド（ネイサンの一四年越しのフィアンセ）、ハンサムなギャンブラーのスカイ・マスターソン、そして美しいが高潔な宣教師サラ・ブラウンである。様々な問題が持ち上がるが、最後には本当の愛が二つのカップルを結びつける。スコアの中で一際目立つ歌としては、タイトルソングの他、「ラック・ビー・ア・レイディ（*Luck Be a Lady*）」「シット・ダウン、ユーア・ロッキン・ザ・ボート（*Sit Down, You're Rockin' the Boat*）」がある。トニー賞五部門で受賞した『ガイズ・アンド・ドールズ』は一九五一年のピューリッツァー賞にも推されたが、作家の一人が下院非米活動委員会の取り調べを受けていたため、その年はピューリッツァー賞受賞作はなかった。しかし一九六二年、窓拭きが実業界のトップにのし上がる様を風刺的に描いたレッサーの『努力しないで出世する方法』は、トニー賞七部門とピューリッツァー賞を受賞した。一九九五年のリバイバルではマシュー・ブロデリックが、二〇〇九年のリバイバルではダニエル・ラドクリフが主演した。

レッサーの愛弟子の一人である、作曲家兼作詞家のジェリー・ハーマン（一九三一－二〇一九）は、『ハロー・ドリー』（一九六四）、『メイム（*Mame*）』（一九六六）、『ラ・カージュ・オ・フォール（*La Cage Aux Folles*）』（一九八三）で高い評価を得た。ソーントン・ワイルダーの喜劇『結婚仲介人（*The Matchmaker*）』（第一版一九三八年、改訂・改題一九五五年）を原作とした『ハロー・ドリー』は、夫を亡くしたおせっかい焼きのドリーという女性が、裕福な寡夫のホレス・ヴァンダーゲルダーと結婚しようとする物語である。キャロル・チャニング（一九二一－二〇一九）がミュージカル女優としての地位を盤石なものとした見事な演技と、八回のトニー賞受賞歴を持つ演出家兼振付師のガワー・チャンピオン（一九一九－一九八〇）による忘れ難い演出で、『ハロー・ドリー』は圧倒的なヒット作となり、二八八四公演という新記録を樹立、さらにトニー賞一〇部門でも受賞した（『南太平洋』と同位の記録で、これは三五年後『プロデューサーズ（*The Producers*）』が破ることになる）。ハーマンの次作『メイム』は四年近く上演され、主演のアンジェラ・ランズベリ（一九二五－二〇二二）が受賞した五回のトニー賞のうちの第一回目受賞作となった。

『ハロー・ドリー』がブロードウェイの最長ロングラン作品として君臨した期間は長くは続かず、じきに『屋根の上のヴァイオリン弾き（*Fiddler on the Roof*）』（一九六四）が追い越した。これは作詞家シェルダン・ハーニック（一九二四－二〇二三）と作曲家ジェリー・ボック（一九二八－二〇一〇）による作品である。このデュオは、これ以前にピューリッツァー賞受賞作である『フィオレロ！（*Fiorello*）』というニューヨーク市長フィオレロ・ラ・ガーディアの物語と、『シー・ラヴズ・ミー（*She Loves Me*）』（一九六三）という作品を書いていた。『屋根の上のヴァイオリン弾き』では、リブレット作家ジョゼフ・スタイン（一九一二－二〇一〇）を入れてトリオとなって共作した。正統派ユダヤ教徒の牛乳屋テヴィエが、家族を養い、帝政ロシアのゲットーの圧政を生き延びようとする物語である。ブロードウェイのヒット作には似つかわしくないテーマに思えるが、個性的な人物を描くスタインのリブレットは懐かしくも琴線に触れ、ハーニックの歌詞は共感しやすい感情を表現した。成長する子どもを見守る親（「サンライズ、サンセット（*Sunrise, Sunset*）」）や、ロマンティックな夢の後ろに潜む厳しい現実に直面する貧しい若い女性たち（「結婚仲買人、結婚仲買人（*Matchmaker, Matchmaker*）」）のほろ苦い感情を表現した。同様にテヴィエの伝説的なナンバー「もし金持ちなら（*If I Were a Richman*）」は、テヴィエの困難に同情し、その粘り強さを賞賛する多くの人々自身の夢と重なる。胸に響くボックのスコアに、ジェローム・ロビンズによる目の覚めるような振付が加わり、『屋根の上のヴァイオリン弾き』は最終的に三二四二公演を数え、『ハロー・ドリー』のみならず、芝居『ライフ・ウィズ・ファーザー』（一九三九）を僅差で抑える記録を出してブロードウェイ最長ロングラン作品となり、また、三〇〇〇公演を超えた最初のミュージカルとなった。

『ウェストサイド物語』（一九五七）も、黄金時代ミュージカルのもうひとつの名作だ。シェイクスピアの『ロミオとジュリエット』の現代版であるこのミュージカルは、ブロードウェイの第一人者を一同に集めた作品である。台本をアーサー・ローレンツ（一九一七－二〇一一）、音楽をレナード・バーンスタイン（一九一八－一九九〇）、歌詞をスティーヴン・ソンドハイム（一九三〇－

二〇二二）、演出兼振付をジェローム・ロビンズ（一九一八―一九九八）、そして共同制作者としてハロルド・「ハル」・プリンス（一九二八―二〇一九）という布陣である。シェイクスピアの不運な恋人たちの物語を、現代のマンハッタンのウェストサイドに置き換え、ロミオはジェット団という白人ギャングの共同設立者トニーとなり、ジュリエットはシャーク団というプエルトリコ人ギャングのリーダーの妹マリアとなった。ロビンズの活気あふれるダイナミックな振付は伝説となったが、当時は暗い物語（四人の主人公の死など）、高尚な音楽、社会問題への注目（人種間の緊張）から、他の作品に比して劇評も興行も成功作とはならなかった。しかし振り返ってみると、この作品は暗く複雑なミュージカル作品が表舞台に登場する道をゆっくりながら開いたという意味で、アメリカのミュージカルの転機を迎えるのに一役買ったといえる。演技の面では、チタ・リヴェラ（一九三三―二〇二四）がミュージカル界に乗り出すきっかけを作った。リヴェラはその後、『バイバイ、バーディ（*Bye, Bye Birdie*）』（一九六〇）、『シカゴ（*Chicago*）』（一九七五）、『蜘蛛女のキス（*Kiss of the Spiderwoman*）』（一九九三）に主演することになる。

『ウェストサイド物語』のクリエイティヴ・チームは、他にも多くのブロードウェイ企画に貢献した。ジェローム・ロビンズはトニー賞を五回受賞し、演出家と振付師を兼業する初めての人物となった。ロビンズはまた、「三拍子そろった演者」つまり、歌手・ダンサー・俳優のいずれにも秀でた演者の支持者でもあった。演出家兼振付師としてロビンズは多くのヒット作に貢献した。『王様と私』（一九五一）、『パジャマ・ゲーム（*The Pajama Game*）』（一九五四）、『ジプシー（*Gypsy*）』（一九五九）、『ローマで起こった奇妙な出来事（*A Funny Thing Happened on the Way to the Forum*）』（一九六二）、

『ファニー・ガール（Funny Girl）』（一九六四）、『屋根の上のヴァイオリン弾き』（一九六四）である。アーサー・ローレンツはジューリー・スタイン（音楽）、スティーヴン・ソンドハイム（歌詞）、ジェローム・ロビンズ（演出兼振付）、スター俳優のエセル・マーマンとともに『ジプシー』の台本執筆で大成功を収め、またその後『ラ・カージュ・オ・フォール』（一九八三）の演出でトニー賞を受賞した。ソンドハイムとプリンスの仕事については後のページに譲る。

黄金時代ミュージカルの他の名作としては、アーヴィング・バーリンの『アニーよ銃をとれ（Annie Get Your Gun）』（一九四六年、一一四七公演）がある。アニー・オークリーという射撃の名手の物語をフィクション化して語る作品で、主演はエセル・マーマン、ヒットソングに「ショウほど素敵な商売はない（There's No Business Like Show Business）」がある。ジューリー・スタインとリーオー・ロビンの『紳士は金髪がお好き（Gentlemen Prefer Blondes）』（一九四九、七四〇公演）は、「ダイヤモンドは女の親友（Diamonds Are a Girl's Best Friend）」が目玉で、キャロル・チャニングのデビュー作である（映画版ではマリリン・モンローが主演を務めた）。リチャード・アドラー、ジェリー・ロス、ジョージ・アボット、ボブ・フォッシーの『くたばれヤンキース（Damn Yankees）』（一九五五年、一〇一九公演）は中年の野球ファンがライバルのニューヨーク・ヤンキースを下すチャンスを得るため、悪魔に魂を売り渡す物語である。メレディス・ウィルソンの『ミュージック・マン（The Music Man）』（一九五七年、一三七五公演）は「七六本のトロンボーン（Seventy-Six Trombones）」という歌が有名である。ジューリー・スタインとボブ・メリルの『ファニー・ガール』（一九六四年、一三四八公演）は、ファニー・ブライスをもとにしたショーで、バーブラ・ストライサンドが主演した。デイル・ワッサーマン、ミッチ・リー、ジョー・ダリオンの『ラ・マンチャの男（*Man of La Mancha*）』（一九六五年、二三二八公演）はセルバンテスの『ドン・キホーテ（*Don Quixote*）』が原作で、「見果てぬ夢（*The Impossible Dream*）」がヒットソングである。サイ・コールマン、ドロシー・フィールズ、ニール・サイモン、ボブ・フォッシーの『スウィート・チャリティ（*Sweet Charity*）』（一九六六年、六〇八公演）はタイムズ・スクエアのアルバイトダンサーの波乱万丈ロマンス物語で、伝統的なショー音楽に、一九六〇年代中盤のロックを混ぜたスコアが特色である。ジョン・カンダーとフレッド・エブの『キャバレー（*Cabaret*）』（一九六六年、一一六五公演）は、ナチス時代のベルリンを舞台に、若いアメリカ人作家とキャバレー歌手サリー・ボウルズの恋愛を描く。このショーが暗いトーンで描く人間のいかがわしい暗部は、このちに登場するミュージカルの先駆けである。（一九九八年には、より暗くよりセクシャルな英国版リバイバルが、サム・メンデス演出、アラン・カミング主演で登場し、ブロードウェイでは二三〇六公演を数えた。）

台本ミュージカルに代わるもの

ブロードウェイは長くミュージカル公演の最大開催地だったが、一九五〇年代にオフ・ブロードウェイが登場すると、小規模なショーや、主流の観客にはふさわしくないと見なされるようなテーマを取り上げる実験への道が開かれた。オフ・ブロードウェイで最初に成功した一握りの作品を通じて、演劇アーティストたちは黄金時代ミュージカルを支配し特徴づけた台本ミュージカルに取って代わるものを考案し、そして世に広めた。

史上もっとも人気のあるミュージカルの中に、一度もブロードウェイで上演されたことがないにも関わらず、成功するミュージカルに必要な要素を定義し直すのに一役買った作品がある。作曲家ハーヴィー・シュミット（一九二九―二〇一八）、作詞家兼リブレット作家トム・ジョーンズ（一九二八―二〇二三）による『ファンタスティックス（*The Fantasticks*）』（一九六〇）は、二人の父親が善意から自分たちの子ども同士を恋させようとたくらむ物語である。初めその計画は失敗するが、幕切れには子どもたちは相手の元に戻ることになる。失われた無垢の寓話といえるこの作品のもっとも記憶に残る歌は「トライ・トゥ・リメンバー（*Try to Remember*）」で、歌うのは謎の冒険家兼ナレーターのエル・ギャロ（オリジナル版ではジェリー・オーバック（一九三五―二〇〇四））、聴衆に自らの無垢な時代を思い出すように求める。キャストは八人のみ、音楽演奏は一名から三名、スペクタクルは最低限というこのショーは、制作費が安かった。（典型的なブロードウェイ・ミュージカルの経費が二五万ドルだった時代、『ファンタスティックス』は舞台装置に九〇〇ドル、衣裳代に四八一ドルかかっただけである。）一九六〇年にオフ・ブロードウェイの一五三席しかない劇場で開演した。一七一六二公演を経て二〇〇二年に終了したが、二〇〇六年にオフ・ブロードウェイでリバイバルし、二〇一五年春現在、まだ上演中である。[1] 現在までに、『ファンタスティックス』はアメリカ全五〇州と世界六七カ国で一万五〇〇〇以上のプロダクションが上演された。最初の四二年という上演期間は世界最長ロングランミュージカル記録で、合衆国内ではあらゆる種類のショーの中で最長継続記録である。トム・ジョーンズとハーヴィー・シュミットの手になるその他のショーには、『日陰でも一一〇度（*110 in the Shade*）』（一九六三）、『結婚物語（*I Do, I Do*）』（一九六六）がある。『結婚物語』は舞台装置一セット、俳優二名という異例のブロードウェイ・ショーである。

ロック・ミュージカル

トム・ジョーンズとハーヴィー・シュミットが小規模ミュージカルの進路を描いていた頃、その基本的な内容と価値観は伝統的なものと一致していた。対照的に、アメリカの若者の間ではより過激な変化が醸成していた。その「カウンター・カルチャー」のシンボルが、ロック・ミュージックである。実際、黄金時代の終焉は通常一九六八年とされるが、それはブロードウェイでミュージカル『ヘアー（*Hair*）』が登場した年である。

リブレット作者兼作詞家ジェローム・ラグニ（一九三五－一九九一）とジェイムズ・ラドー（一九三二－）、作曲家ガルト・マクダーモット（一九二八－二〇一八）の手になる『ヘアー』は副題を「アメリカの部族愛ロック・ミュージカル」とし、一九六七年に、ジョゼフ・パップが新しく開いた非営利のパブリック・シアターでブロードウェイ初演を迎えた。プロットはささやかなもので、ロックと反逆にうつつを抜かしていた若者のところに、ついに陸軍の召集令状が届くという物語である。若者とヒッピーの部族のようなグループとの交流の場面が、貧困、人種問題、違法薬物、ベトナム戦争、フリーラブといった社会問題を扱う歌の出番となる。プロットよりも印象的なのがロックのスコアである。有名な曲は、「グッド・モーニング・スターシャイン（*Good Morning, Starshine*）」「レット・ザ・サンシャイン・イン（*Let the Sunshine In*）」「アクエリアス（*Aquarius*）」その他多数で、「ヒッピー」世代を象徴する賛歌となった。一九六八年四月、『ヘアー』はブロードウェイに移った。そして、ロック音楽、単純な物語、簡素な舞台装置、ヒッピーの服装、ストロボ照明、アンプを通して激しく増幅した音響、伝統とは異なるライフスタイルの推奨といった要素をひっさげたこの「カウンター・カルチャー」は、主流のミュージカル街を侵略したのである。『ヘアー』はまた、ヌードと卑猥な言葉を登場させた初めてのブロードウェイ・ミュージカルでもある。興行的な成功が確かになると（一七五〇公演）、『ヘアー』はミュージカルのテーマとして伝統とは異なるものの可能性を示し、また、思想やドラマの展開に、ダンスや音楽をそれまでとは異なるやり方で組み込む方法を模索したのである。

『ヘアー』後、ロック風のスコアで作られたミュージカルがいくつかある。もっとも成功したものにスティーヴン・シュワルツ作曲・作詞、ジョン＝マイケル・テベラク脚本による『ゴッドスペル（*Godspell*）』（一九七一）がある。マルコによる福音書とルカによる福音書にある寓話をもとにしたこのミュージカルは、キリストを、人生と信仰について教えを与えながら若い弟子たちを導く、愛情深い道化のような教師として描く。宗教教義を祝祭的で嫌味のない表現で描いた『ゴッドスペル』は「デイ・バイ・デイ（*Day by Day*）」のようなヒット曲を持ち、オフ・ブロードウェイで二一一八公演を数えたのちにブロードウェイで五二七公演を経た。低経費と簡素な舞台の『ゴッドスペル』は学校、自治体の劇場、教会グループなどで今も頻繁に上演されている。シュワルツのもうひとつの作品『ピピン（*Pippin*）』（一九七二年、一九四四公演）と、『ウィキッド（*Wicked*）』（二〇〇三）についてはのちに述べる。

『ゴッドスペル』は簡素なショーとして企画されたが、もっと手の込んだ（そして幾分議論の種でもある）、宗教に素材をとったミュージカルが一九七一年のブロードウェイを席巻した。元々は、英国のデュオ、作曲家アンドルー・ロイド・ウェバー（一九四八－）と作詞家ティム・ライス（一九四四－）が一九七〇年にコンセプト・アルバムとして録音したものを、ロック・オペラ『ジーザス・クライスト・スーパースター（*Jesus Christ Superstar*）』という完全なミュージカルとしてトム・オホーガン演出で発表した。ニューヨークで控えめな成功（七一一公演）をおさめたのち、全く異なるプロダクションがロンドンでオープンし、ウェストエンド・ミュージカルとしては新記録の三三五八公演を数えた。のちに述べるが、この作品はウェバーが打ち立てる数々の記録の最初のものとなる。

『グリース（*Grease*）』は一九七一年にシカゴで初演したのち一九七二年にはニューヨークで開演し、七〇年代もっともヒットしたロック・ミュージカルとなった。ジム・ジェイコブズ（一九四二－）とウォレン・ケイシー（一九三五－一九八八）共同執筆による『グリース』は、高校を舞台に繰り広げられる、正反対の男女サンディ・ダンブロウスキとダニー・ズーコの恋愛を描く。スコアには「サマー・ナイツ（*Summer Nights*）」「グリースト・ライトニング（*Greased Lightning*）」「ウィ・ゴー・トゥギャザー（*We Go Together*）」などのヒット曲がある。オリヴィア・ニュートン＝ジョンとジョン・トラヴォルタによる一九七八年の映画版は大変な人気を博し、それがミュージカルの興行成績を促進することになって、一九八〇年に閉幕した時には三三八八公演というブロードウェイ記録を樹立していた。（高校や自治体の劇場での商業的成功の可能性に気付いたジェイコブズは、「学校版」を作った。）

ロック・ミュージカルで成功したその他の作品には『ロッキー・ホラー・ショー（*The Rocky Horror Show*）』（一九七三）、『ウィズ（*The Wiz*）』（一九七五）、『ビートルマニア（*Beatlemania*）』（一九七七）、『ザ・フーのトミー（*The Who's Tommy*）』（一九九三）がある。『ビートルマニア』は、地方での試験公演を経るという通常の方法に代わって、公式の初日公演の前にプレビュー公演を実施して批評家が下見をするという習慣を一般的にした作品である。

コンセプト・ミュージカル――スティーヴン・ソンドハイム

「コンセプト・ミュージカル」の正確な始まりと定義については大きく議論が分かれるところだが、一般的にはコンセプト・ミュージカルはストーリーの語りを抑えて、その代わりに中心的な問題、出来事、テーマに焦点を当てるものである。コンセプト・ミュージカルといわれる作品には様々あるが、作詞家スティーヴン・ソンドハイム（一九三〇－二〇二一）がその普及に重要な役割を果たしたことは議論の余地がない。

ソンドハイムはこの世界に入った当初、黄金時代ミュージカルで活躍している。『ウェストサイド物語』（一九五七）、『ジプシー』（一九五九）の歌詞、『ローマで起こった奇妙な出来事』（一九六二）の音楽と歌詞を書いた。一九七〇年以降、ソンドハイムはミュージカルを新たな方向に向け、様々なアプローチで実験を行った。一九七〇年代にはプロデューサーで演出家のハル・プリンスと五作品で手を組み、伝統的な台本ミュージカルに代わるものを模索した。ショーは中心的な問題、出来事、テーマから組み立てられていくが、それに加えて、登場人物全員の重要度が増した。人物たちが自分の物語を語れる、つまりショーのコンセプトの様々な側面に意見を述べたり、あるいは解説する役割を担えるようになったからである。また、多くのショーがあからさまに自分自身に問いを発する「自己言及的」な人物を登場させるようになった。

二人の最初の共作、『カンパニー（*Company*）』（一九七〇）は、三五歳の独身男ボビーと、彼の三人のガールフレンド、そして五組の夫婦に焦点を当てる。非直線的に進行する短いエピソードが、愛、結婚、人に対する義務といった事柄に関する相反する考え方を見せる。都会生活の懸念と不安定を映し出すこのショーはコーラスを用いず、主演者に歌とダンスのシーケンスを演じさせた。公演数七〇六回、トニー賞六部門で受賞した。『フォリーズ（*Follies*）』（一九七一年、五二二公演）は、また別のアンサンブル作品で、ほろ苦い再会に染み渡る後悔の念を中心に展開し、トニー賞七部門で受賞した。どちらのショーも、マイケル・ベネットの振付と共同演出が特色である。マイケル・ベネットはのちに、コンセプト・ミュージカルというジャンルで自身も活躍することになる。

一九七〇年代のその他のソンドハイム－プリンス共作に、『リトル・ナイト・ミュージック（*A Little Night Music*）』（一九七三、六〇〇公演、トニー賞七部門受賞）がある。これはイングマール・ベルイマンの映画『夏の夜は三たび微笑む（Smiles of a Summer Night）』のオペラ版に近いといえる作品で、数組の男女のすれちがう恋愛を描き、歌では「道化を呼んで（Send in the Clowns）」が有名である。『太平洋序曲（Pacific Overtures）』（一九七六年、一九三公演）は、日本演劇の伝統表現方法を借用したことが大きな特徴である。『スウィーニー・トッド――フリート街の奇妙な床屋（Sweeney Todd : The Demon Barber of Fleet Street）』（一九七九年、五五七公演）は、一九世紀のメロドラマを原作とした複雑なオペラ的スコアのダークでコミカルな物語である。上流階級への復讐を求める床屋が客の喉を掻っ切り、下宿屋の女主人で好色な殺人鬼のロヴェット夫人（初演ではアンジェラ・ランズベリ）がパイに入れて焼いてしまうという話である。殺人や食人はミュージカルにはそぐわないテーマに思えるが、『スウィーニー・トッド』はソンドハイムの作品中もっとも制作回数の多いもののひとつである。

『メリリー・ウィ・ロール・アロング（Merrily We Roll Along）』（一九八一年一六公演）の失敗の後、ソンドハイムとプリンスは袂を分かったが、ソンドハイムはミュージカルの可能性を模索し続けた。リブレット作家兼演出家のジェイムズ・ラパイン（一九四九–）とともに、ジョルジュ・スーラの有名な点描絵画の一枚に着想を得た『ジョージと一緒に日曜日の公園で（Sunday in the Park with George）』（一九八三年、六〇四公演、トニー賞二部門受賞）でピューリッツァー賞を受賞した。このデュオは、ソンドハイム作品中もっとも多く制作された『イントゥ・ザ・ウッズ』（一九八六年初演、一九八七年にブロードウェイ、七六九公演、トニー賞三部門受賞）を書いた。古典的おとぎ話を器用に脱構築したこの物語は、登場人物たちの望みや冒険の結末のはらむ闇を探る。ソンドハイムのその後の作品には、アメリカの大統領を暗殺しようとした人々をレビュー形式で描く『アサシンズ

(*Assassins*)』(一九九〇)、愛、セックス、権力、美、妄想を描く『パッション(*Passion*)』(一九九四)がある。

上記のほぼ全ての作品が、それまでアメリカのミュージカルが持っていたアップビートな楽天主義から離れている。人間行動や社会の価値観を皮肉な憂鬱を込めて描き、ハッピーエンドに終わらない。ソンドハイムは歌と音楽をより複雑にすることによってもミュージカルを変えた。以前のミュージカルでは典型的だった、はっきりした感情や視点を表現する歌ではなく、気づかれていない対立や隠された欲望の存在を暗示し、様々な解釈の可能性を示す心の奥の緊張感に満ちた歌詞や音楽を書く。ソンドハイムの歌詞と音楽ではサブテキストが重要な要素で、彼の作品の多くが特徴とする皮肉な黙認の感覚を生み出す役に立っている。ソンドハイムの作品は批評家と一般客の好みの対立を象徴するものでもある。トニー賞を八回(作曲家としては最大)受賞しているが、一九七〇年以降の彼の作品はブロードウェイ興行二年に満たないものばかりなのである。

その他のコンセプト・ミュージカル

ソンドハイムのコンセプト・ミュージカルは非常に複雑な音楽/歌唱スコアを持ち、時に全編が歌でほとんどダンス・ナンバーを含まない、幾分か作曲家主導のものだった。対照的に、演出家の視点が主導的なコンセプト・ミュージカルもある。「フォッシー・ショー」や「ベネット・

ショー」と呼ばれるような、様式面での一貫性を生み出したものである。実際、演出家兼振付師ボブ・フォッシー（一九二七―一九八七）とマイケル・ベネット（一九四三―一九八七）は、一九七〇年代のもっとも象徴的な作品のいくつかを手がけている。

ボブ・フォッシーはカンダーとエブの『キャバレー』(コンセプト・ミュージカルと見なされることがある)の演出を担当し、一九七三年には『シカゴ』(一九七五)のアイディアを二人に持ちかけた。『シカゴ』は夫殺しのあきれた二人の女がメディアの注目を浴びるという一九二六年の芝居を、ミュージカルに翻案したものである。スター揃いのキャスト(ヴェルマ・ケリーをチタ・リヴェラ、ロクシー・ハートをグウェン・ヴァードン、ビリー・フリンをジェリー・オーバック)と、「オール・ザット・ジャズ(*All That Jazz*)」「ラズル・ダズル(*Razzle Dazzle*)」といった名曲を揃えた『シカゴ』は二年以上のロングランで相対的にはヒット作といえるが、トニー賞は獲得していない。皮肉で反体制的なトーンを発散し、また第四の壁を排除するというヴォードヴィル/ブレヒト風の演出が苦手な観客もいた。今から考えると、台本と音楽よりもフォッシーの演出構想が優先され、オリジナルのプロダクションはフォッシーのスタイルがしっかり根づきすぎてテーマを圧倒してしまったと見る批評家がいる。

一九九六年のコンサート形式の『シカゴ』がリバイバルへの関心に火をつけた。今回はよりわかりやすい演出と余分なものを削ぎ落としたミニマリストな舞台装置と衣裳で、アン・ラインキングが「ボブ・フォッシー風」の振付を行った。タイトルが『シカゴ——ミュージカル・ヴォードヴィル(*Chicago: A Musical Vaudeville*)』から『シカゴ——ミュージカル(*Chicago: The Musical*)』にささやかながら変更したのは感性の変化を示し、主人公たちはオリジナル版ほど冷酷ではなくなっていた。演出方法の違いか、あるいは時代思潮（セレブとしての犯罪者に慣れてしまった社会）の変化によるものか、一九九六年のリバイバルはトニー賞六部門で受賞し、前例のない興行成績を収めた。二〇〇二年の映画版は、一九六九年の『オリヴァー！（*Oliver!*）』以来初めてアカデミー賞最優秀賞を獲得し、全世界で三億ドルという実演ミュージカル映画としては最高記録となる収益を上げた。特筆すべきは、映画版の成功が劇場での実演公演チケット売り上げにマイナス効果を与えなかった点である。事実、二〇一五年春時点において、『シカゴ』のリバイバルは七〇〇〇回以上を数え、リバイバル・ミュージカルとして最長ロングラン、アメリカのミュージカルとしてブロードウェイ史上最長ロングラン、ブロードウェイ・ショーとして第二位のロングラン（『オペラ座の怪人（*Phantom of the Opera*）』が第一位）という記録を持っている。同じくウェストエンドでのリバイバルもほぼ一五年におよび、ウェストエンド史上最長ロングランのアメリカ製ミュージカルとなっている。[2]

『シカゴ』のような長寿でも幅広く支持された作品でもないが、フォッシーは『ダンシン（*Dancin'*）』（一九七八年、一七四四公演）を作った時にコンセプト・ミュージカルを新たな方向に導いた。『ダンシン』はブロードウェイ初の全編ダンスのミュージカルで、既存の音楽を使いながらストーリーも作家も不在の作品である。フォッシー最後のショーではないが、これがフォッシーのオリジナル・ブロードウェイ作品最後のヒットとなり、史上初のトニー賞八部門受賞（振付と演出部門を含む）を記録し、フォッシーはミュージカル界の頂点に上りつめた。

『シカゴ』の当初のプロダクションがトニー賞を一部門も受賞できなかった一因は、その年のライバル作品にある。マイケル・ベネットの『コーラス・ライン(*A Chorus Line*)』(一九七五)である。ベネットはすでにトニー賞受賞振付師、演出家だったが、二人のコーラス・ダンサーが、彼ら自身を含み同じ境遇の人々の経験を元にしたミュージカルを作りたいと言ってきた。ベネットはダンサーたちを集め、彼らの物語を共有した。ジョゼフ・パップが予算とパブリック・シアターの空間を提供して、この企画の「ワークショップ」(ミュージカルでは新しい試み)が進められることになり、ベネットがクリエイティヴ・チームを集めた。台本制作にあたるのが、劇作家ジェイムズ・カークウッド(一九二四-一九八九)、元ダンサーのニコラス・ダンテ、作曲家にアカデミー賞受賞者マーヴィン・ハムリッシュ(一九四四-二〇一二)、作詞家にエドワード・クレバンというチームである。このショーは伝統的な物語ではなく、ブロードウェイのオーディションという出来事を中心に進む。オーディションで演出家がダンサー志望者に、もっともプライベートな記憶と心の底にある恐怖を見せるように求めるのである。つまりこのショーはプロットではなく人物を描くのだ。

ダンサーそれぞれの物語はミュージカルの世界に特有のものかもしれないが、それを支える感情は外に向かって共鳴する。例えば「アイ・ホープ・アイ・ゲット・イット(*I Hope I Get It*)」は夢が叶うことへの強い願いを表現し、「ダンス、テン、ルックス、スリー(*Dance: Ten; Looks: Three*)」は社会が外見の美を重要視することを示す。休憩のないこのショーは、ほとんど全編をオーディション室の中の空っぽの舞台に、リハーサル用衣裳を着た人物たちが繰り広げるが、終幕の「ワン(*One*)」は華やかなフィナーレ兼カーテンコールのナンバーである。ベネットの演出では、笑顔のアンサンブルが全員同じ金のスパンコール衣裳に身を包み、円形、そしてピラミッド型になって踊り、最後は長いコーラスラインで終わる。そして舞台上の鏡が観客の姿を映し出すなか、照明がフェイドアウトする。オフ・ブロードウェイのパブリック・シアターにおいて期間限定公演を行ったのちブロードウェイに移り、トニー賞九部門受賞、そして一五年という期間、六一三七公演を記録した（前の記録を作った『グリース』のほぼ二倍）。『コーラスライン』はピューリッツァー賞も受賞し、ベネットは業界を去る頃にはトニー賞を七回受賞（振付と演出）、ノミネートは一一回に上った。

一九七〇年代はロック・ミュージカルとコンセプト・ミュージカルが主流だったが、その一〇年間には一九七〇年代以前のショーもリバイバル上演された（ツアーで稼ぐことが多かった）。同様に台本ミュージカルも書き続けられ、『テキサス一番の娼家（*The Best Little Whorehouse in Texas*）』（一九七八年、一七〇三公演）、ニール・サイモンの『僕らの曲をやってるよ（*They're Playing Our Song*）』（一九七九年、一〇八二公演）、ジャズの偉人ファッツ・ウォラーの音楽を中心にしたレビュー形式の『エイント・ミスビヘイヴィン（*Ain't Misbehavin'*）』（一九七八年、一六〇四公演）がある。伝統的な形式でのミュージカルでもっとも成功したのは、漫画『小さな孤児アニー（*Little Orphan Annie*）』を原作とした家族向けのミュージカル・コメディ『アニー（*Annie*）』（一九七六年、二三三七公演）である。トニー賞六部門受賞の『アニー』は、大成功か大失敗かの二択というブロードウェイ・ミュージカルのビジネス面をよく表している。一九八三年のミュージカル『マーリン（*Merlin*）』は、六〇〇万ドルの損失を出したと言われる。反対に、『アニー』は制作費およそ六五万ドルで、最終的には一億ドルの収益を上げた。実際一九七〇年代末には、ブロードウェイの経済はたとえ二年のロングラン作品でも収益を確約できないものになっていた。こういった経済状況の中でメガミュージカルが登場したのである。

アンドルー・ロイド・ウェバーとメガミュージカル

ミュージカルはアメリカの芸術形式であると伝統的に考えられてきたが、英国人もギルバートとサリヴァンの時代からミュージカルを書き続けていた。とはいえニューヨークに長く影響を残した作品はほとんどなかった。ブリティッシュ・ミュージカルを世界的な一大勢力に押し上げたのは、ミュージカル黄金時代以後最大の商業的成功をおさめた作曲家アンドルー・ロイド・ウェバーの作品である。『ジーザス・クライスト・スーパースター』で初めて採った方式にならい、作曲家アンドルー・ロイド・ウェバーと作詞家ティム・ライスは、大幅に脚色したアルゼンチンのエバ・ペロンの伝記を、当初一九八六年にロック・コンセプト・アルバム『エヴィータ（*Evita*）』として発表した。その後演出家にハロルド・プリンスを迎え、ロンドンの舞台向けに台本を磨き、ロック要素を抑え、ディスコの雰囲気を加えることで作品を改良した。エレイン・ペイジ（一九五一－）がタイトルロールを演じた『エヴィータ』（一九七八年、二九〇〇公演）は、ロンドンで七年半におよぶヒット作となった。洗練されてスタイリッシュなブロードウェイ・プロダクション（一九七九年、一五六七公演）は、エヴィータ役のパティ・ルポン（一九四九－）と、歴史的には不正確なナレーターのチェ・ゲバラ役マンディ・パティンキンにとって飛躍のチャンス（そしてトニー賞）となった。「アルゼンチンよ、泣かないで（*Don't Cry for Me Argentina*）」のディスコ版はヒットシングルになった。演出と技術の勝利となった『エヴィータ』は間違いなく面白く、世界中で観客を魅了した。そしてブリティッシュ・ミュージカルとして初めてトニー賞最優秀ミュージカルを受賞し、メガミュージカルの時代の扉を開けたのである。

『ミュージカル・シアター――その歴史（*Musical Theatre: A History*）』という非常に情報量が多く興味深い本で、ジョン・ケンリックはメガミュージカルの特徴として、いくつかのキーポイントを明らかにしている。

・メガミュージカルは全編歌唱で、対話はほとんどない
・歌と感情は大きく、派手で大げさである
・性格描写はドラマを通じて示すのではなく解説されることが多い
・音楽はロック・ポップ寄りで、特定の時代の音を映すものではない
・プロットはメロドラマ的で、ユーモアは少ない
・プロによる上演の主なものは、どれもが完全な複写である

メガミュージカルは内容よりもスペクタクルを強調し、豊かなメロディと、ソープオペラ風の感傷をあわせ持つ。メガミュージカルではプロダクションそのものがスターなのであって、スター演者は不要なのだ。

『エヴィータ』は大ヒットしたが、ウェバーの次の作品の成功には程遠い。世界中で一大現象となった『キャッツ（*Cats*）』（一九八一）である。ティム・ライスと袂を分かったのち、ウェバーは演

出家トレヴァー・ナンに協力を求め、T・S・エリオットの『ポッサムおじさんの猫と付き合う法（*Old Possum's Book of Practical Cats*）』（一九三九）という風変わりな詩集をミュージカルに作り直した。プロットはごくわずかで、裏通り（舞台装置では巨大な廃品集積所）に集まる猫たち（ジェリクル・キャッツ）を中心に展開する。それぞれの猫が自身の物語を語り終えると、老デュトロノミーが選んだ一匹は天国に昇り新しい生を始めることになる。実質上歌詞は全てエリオットの詩から取られている。最大の例外はナンとウェバーが書いた「メモリー」で、かつては艶やかな美猫だったが辛い目に遭ったグリザベラという登場人物（負傷したジュディ・デンチに代わってエレイン・ペイジが演じた）のための歌である。グリザベラが失われた希望を歌い上げ終わると、老デュトロノミーは彼女を古いタイヤに連れてゆき、そのタイヤは彼女を乗せて天井を突き抜けて飛んでいく。ウェバーのスコアは、クラシック、ポップス、ミュージックホール、ジャズ、ロック、電子音楽、讃美歌風の歌も含んだ。最大のスペクタクルのいくつかを提供したのはジリアン・リン（一九二七－二〇一八）で、その振付は器械体操の床運動ルーティンを思わせる。それがもっともはっきりわかるのは、ロックコンサート風のロボット照明で強調された、一〇分間におよぶジェリクル・ボールのダンス・シーケンスである。

『キャッツ』はロンドンでは二一年間（八九四九公演）続いたが、一九八二年のブロードウェイ・プロダクションはトニー賞七部門で受賞して一八年近く続いた（七四八五公演）。どちらもが新記録である。（これほどのロングランになると通常はしばしばキャスト変更があるものだが、マーリーン・ダニエルはブロードウェイで一四ヶ月アンダースタディを務めたあと、その後の閉幕まで一六年強を演じ切った。）

一八年に及ぼうという『キャッツ』はブロードウェイの最長ロングランミュージカルだったが、それも結局はウェバーの別のメガミュージカル『オペラ座の怪人』に座を譲った。『オペラ座の怪人』は一九八六年からロンドンで、一九八八年からはブロードウェイで上演され、トニー賞七部門で受賞した。二〇一五年七月時点で、ブロードウェイ公演は一万一三四三回を数え、次点の作品をほぼ四五〇〇回以上上回っている。(ロンドンでは、現在も上演中の『レ・ミゼラブル(*Les Misérables*)』と、一九五二年以来上演を続けている『マウストラップ(*The Mousetrap*)』の二万五〇〇〇回という記録には及ばない。[3])ガストン・ルルーの小説を原作とする『オペラ座の怪人』は、醜い外見の謎めいた音楽の天才(怪人)が恋心を抱く美しいソプラノ歌手、クリスティーヌ・ダーエを中心に展開する。ブロードウェイ・プロダクションの目玉は、ウェバーの豊かな音楽と、サラ・ブライトマンとトニー賞受賞者マイケル・クローフォードというスター俳優の演技だったが、本当のスターはハロルド・プリンスの贅沢な演出である。豪華な舞台装置、霧の立ち込める地下を滑っていくたいまつに照らされたゴンドラ、オープニング・シーンで観客席頭上に上昇する眩いシャンデリアが第一幕の終わりで舞台に墜落する、という見せ場である。全体的に、『オペラ座の怪人』は舞台でかつて見たことのないスペクタクルを登場させ、観客が押しかけることになったのである。『キャッツ』は世界中で三〇億ドルの収益を上げたが、二〇一五年には、『オペラ座の怪人』の世界中の興行収入は六〇億ドル、およそ一億五〇〇〇万人の人々が鑑賞したことになる。

ウェバーのその他のショーに『ジョゼフ・アンド・アメージング・テクニカラー・ドリームコート(*Joseph and the Amazing Technicolor Dreamcoat*)』(一九六九年コンセプト・アルバム、一九八二年ブロードウェイ・

プロダクション)、『スターライト・エクスプレス(*Starlight Express*)』(一九八四)、『アスペクツ・オブ・ラブ(*Aspects of Love*)』(一九八九)、『サンセット大通り(*Sunset Boulevard*)』(一九九三)、そして『オペラ座の怪人』の続編だが失敗した『ラブ・ネバー・ダイ(*Love Never Dies*)』(二〇一〇)がある。彼の制作会社ザ・リアリー・ユースフル・グループは、ロンドンの七ヶ所の劇場を所有している。

間違いなくウェバーはメガミュージカルを携えた「英国による侵略」のリーダーだが、ウェバー一人で成し遂げたわけではない。フランスの作曲家クロード゠ミシェル・シェーンベルク(一九四四-)、台本作家兼作詞家アラン・ブーブリル(一九四一-)は、『レ・ミゼラブル』(一九八五)と『ミス・サイゴン(*Miss Saigon*)』(一九八九)という大ヒット作を作り上げた。ヴィクトル・ユゴーの叙事的ロマン小説を原作にした『レ・ミゼラブル』は、些細な罪で一九年間投獄されたジャン・ヴァルジャンの贖罪の旅に焦点を当てる。仮釈放を破ったヴァルジャンは新たに正直な人生を始めようとするが、刑事ジャヴェールの執拗な追跡によって常に危険にさらされる。物語が進む中、ヴァルジャンとその他の人々はパリの街路でバリケードを作る若き反乱者たちの間に紛れ込んでしまい、挙げ句の果てに、彼らの努力が血の川に終わってしまうのを目撃する。強く感動的な(時にメロドラマ風の)プロットは、印象的な視覚効果と、息を飲む舞台効果を生み出す水圧式の周り舞台の上で上演された。演出の成功の一因は、プロデューサーのキャメロン・マッキントッシュが『キャッツ』のクリエイティヴ・チーム、すなわち、演出家トレヴァー・ナン、舞台美術ジョン・ネイピア、照明デザインのデイヴィッド・ハーシーを再結成させたことである。ネイピアは『キャッツ』では衣裳も作ったが、『レ・ミゼラブル』は規模が大きいため、衣裳デザインはアンドリーヌ・ネオフィトウが担当した。ブロードウェイでは『レ・ミゼラブル』は一六年間（六六八〇公演）続き、二〇一五年秋にはロンドンで三〇周年を迎えた。

『レ・ミゼラブル』はもともとフランス語で執筆・制作されたが、（そのために相当な翻訳と翻案が必要だった）、『ミス・サイゴン』はウェストエンド向けに書かれた作品である。ジャコモ・プッチーニのオペラ『蝶々夫人（*Madame Butterfly*）』の現代版『ミス・サイゴン』（一九〇四）は、米兵とベトナム人ホステスの不幸なロマンスを描く悲劇的な物語である。ベトナム戦争が下火になってきた頃、クリスはキムと恋に落ち、彼女をアメリカに連れて帰ると誓う。しかしサイゴン陥落前にクリスは最後のヘリコプターに乗り込まなければならず、二人は離れ離れになってしまう。戦後クリスは結婚するが、新妻のエレンを連れてベトナムに戻ってくる。サイゴンに戻ると、クリスは自分とキムの間に子どもがいることを知る。最後の瞬間、子どもが父親とアメリカでましな人生を送ることを願いながら、キムは自殺する。『ミス・サイゴン』のために、マッキントッシュは『レ・ミゼラブル』のデザイン・チームを雇い、舞台に着陸し飛び立つ軍用ヘリコプターという、伝説のスペクタクルをはじめとする印象的な舞台イメージを再び作り上げた。派手な舞台効果とお涙頂戴のラブストーリーを備えた『ミス・サイゴン』はロンドン、ニューヨーク双方で一〇年間上演された。

前述したように、『キャッツ』『オペラ座の怪人』『レ・ミゼラブル』『ミス・サイゴン』の影の立役者はプロデューサーのキャメロン・マッキントッシュである。マッキントッシュは自身が現場に出ていくタイプのプロデューサーで、数値化して示すのは難しいがこれら四本のメガミュージカルの仕上げにひそかに手を貸している。どの作品についてもマッキントッシュはシンプルで象徴的なイメージを作り出すのに一役買い、それらのイメージは際限なく生み出される商品につけられ、ミュージカルの投資家たちに何百万ドルという収入をもたらしたのである。

メガミュージカルを熱烈に支持する人々もいれば声高に中傷する人々もいるが、この現象の経済的なインパクトは疑いようがない。ブロードウェイの興行収益に息を吹き返させただけでなく、ツアー公演業界全体の再活性化ももたらした。一九九五－一九九六年シーズン、ツアー公演は総収益七億六二〇〇万ドルという、同じシーズンのブロードウェイ収益の二倍を上げた。リバイバルものの場合には特に、ツアー公演を成功できるかどうかという実現可能性が収支計算に入れられるようになった。一方で、ひとつの劇場を一〇年以上にわたってひとつのプロダクションが占有するため、新作をかけられる会場の数が先細りし、さらには成功作すらが妥協を強いられる可能性が出てきた。例えば、一九八〇年代のアメリカン・ミュージカルでもっとも成功したのは、アメリカン・ミュージカルを象徴する二人の人物、振付師ガワー・チャンピオンとプロデューサーのデイヴィッド・メリックによる、タップダンスの素晴らしいショー『四十二番街（*42nd Street*）』である。一九八〇年にウィンター・ガーデン・シアターで開演し、トニー賞を受賞し順調に収益を上げていたが、劇場所有者が『キャッツ』上演のオファーを受けたため、『四十二番街』はマジェスティック・シアターに引っ越した。そしてまた六年後、今度は『オペラ座の怪人』のために再びマジェスティックを明け渡さなければならなくなった。最終的に、『四十二番街』は総数三四八六回の公演の最終回をセント・ジェイムズ・シアターで締めくくることになった。このプロダクションの歴史はまさに、一九八〇年代のブロードウェイにおいては、伝統的なアメリカン・ミュージカルを英国生まれのメガミュージカルがしのいでいたことを象徴しているといえるだろう。

一九九〇年代　アメリカン・ミュージカルの再活性化

英国からの輸入作品が上演延長となり成功の基準線を引き直す一方で、一九八〇年代から一九九〇年代はじめのアメリカン・ミュージカルの中にもまずまずの上演数を重ねた作品がある。マイケル・ベネット最後の作品となるモータウン・ミュージカル『ドリームガールズ（*Dreamgirls*）』（一九八一年、一五五二公演）、アラン・メンケンによる人気作で、人喰い植物が登場するオフ・ブロードウェイのSFもどき『リトル・ショップ・オヴ・ホラーズ（*Little Shop of Horrors*）』（一九八二年、二二〇九公演）、ゲイをテーマにしたミュージカルとして初めて興行的に成功し、ジェリー・ハーマンの最後の大作となった『ラ・カージュ・オ・フォール』（一九八三年、一七六一公演）、トミー・チューンの獲得した九回のうち二回のトニー賞受賞作品となった『グランド・ホテル（*Grand Hotel*）』（一九八九年、一〇七七公演）、ハリウッド喜劇と探偵ドラマをたくみにミックスしたラリー・ゲルバートの『シティ・オヴ・エンジェルス（*City of Angels*）』（一九八九年、八七八公演）、トミー・チューンによるアメリカ人著名ユーモア作家へのオマージュ『ウィル・ロジャース・フォリーズ（*The Will Rogers Follies*）』（一九九一年、九八三公演）、継続するAIDS危機を扱ったウィリアム・フィンの『ファルセットーズ（*Falsettoes*）』（一九九二年、四八九公演）、ガーシュウィンの『ガール・クレイジー（*Girl Crazy*）』に、スーザン・ストローマンによる目も眩むほどの振付を加えた改訂版『クレイジー・フォー・ユー（*Crazy for You*）』（一九九二年、一六二二公演）、ラテンアメリカの監獄を舞台に、同性愛をテーマとしたマヌエル・プイグの小説を翻案し、トニー賞を受賞した『蜘蛛女のキス』（一九九三年、九二二公演）。作品数の少なさと一般的認知度の低さを見れば、一九九〇年代初頭のアメリカン・ミュージカルの状況をブロードウェイがいかに疑問視していたかがわかるだろう。

一九九〇年代中盤には、ミュージカルとブロードウェイを再活性化するいくつかの要因が登場した。

・四十二番街地区の刷新と、ブロードウェイ・ミュージカルのプロデューサーとしてのディズニー参入
・ダイナミックな新作ミュージカルによる新しい客層の発掘
・映画やポップミュージックを下敷きにしたミュージカルの登場

ミュージカル（とブロードウェイ・シアター）復活にとって重要な要因は、四十二番街再開発プロジェクトだった。一九七〇年代から一九八〇年代にかけて、タイムズ・スクエアの劇場街は、ストリップ・クラブ、アダルト書籍専門店、麻薬売人、売春婦らのひしめく地区へと悪化していた。すでに長期にわたって、市長執務室は様々な事業者と共同で、ニューヨークの衰退そのものを示すこの地区を変えて、かつて名所だった頃のブロードウェイに近づけようとしてきた。ディズニー社が

巨額を投じてニュー・アムステルダム・シアターを改装し、ライベント社は二つの劇場を改造・結合してフォード・センターを作り、ニュー・ヴィクトリー・シアターは若い観客のための劇場として再生した。ストリップ・クラブの撤去と劇場の改装により、四十二番街は以前より「家族向け」となった。

一九九四年、ディズニー社は『美女と野獣（*Beauty and the Beast*）』（一九九四）のプロダクションをもって正式にブロードウェイに登場した。これは同社の一連のアニメ映画ミュージカル化の最初のものである。『美女と野獣』は最終的に一三年のロングランを記録し、『コーラスライン』以来初めて興行成績として成功を収めた新作アメリカン・ミュージカルとなり、企業ミュージカルの時代を開いた。ある意味ディズニー社のミュージカルへの取り組み方は、軽くて家族向けの、メガミュージカルのアメリカ版といえるだろう。企業ミュージカルは一旦確立してしまえば、同じ舞台セットと無名のキャストをそろえるだけで、外国向けあるいはツアー向けプロダクションを効率的に複製することができる。ショーそのものがスターなのである。そして記念グッズは劇場だけでなく店舗でも購入可能となる。

演劇界におけるディズニー最大の成功は『ライオン・キング（*The Lion King*）』（一九九七）である。アニメ映画同様、音楽はエルトン・ジョン、歌詞はティム・ライス（南アフリカの作曲家レボ・Mも新しい歌を製作）が担当した。彼らの作品が『ライオン・キング』の成功に貢献したのは確かだが、さらに強い印象を残したのが、ジュリー・テイモア演出による視覚的に見事なプロダクションである。テイモアは衣裳、仮面、パペットのデザインも担当した。テイモアは東南アジアの操り人形の経験を生かし、動物の衣裳をつけた俳優、パペットを装着した俳優、巨大な空洞のパペット（「サークル・オヴ・ライフ（*Circle of Life*）」で他のキャラクターたちに合流するために客席をぶらぶら下りてくるゾウのパペットなど）を混ぜて使うことで、アフリカの動物の神秘の世界を作り上げた。この作品でジュリー・テイモアはトニー賞の最優秀衣裳デザイン賞を獲得し、また最優秀ミュージカル演出賞を女性として初めて受賞した。二〇一四年九月、高額なチケット代が原因ではあるが、六二億ドルの興行収入を上げ、『オペラ座の怪人』を抜いて世界最高の興行収益ミュージカルとなった。（比較のためにあげるなら、映画の記録は、DVD販売収益を除いて『アバター（*Avatar*）』の持つ二八億ドルである。）『ライオン・キング』はまた、一〇億ドル以上をチケット代で稼いだ初めてのブロードウェイ・ショーである。北米ツアーと、ハンブルクでのドイツ・プロダクションも一〇億ドルを突破した。二〇一四年九月時点において、世界中で一〇のプロダクションが進行中で、そのうち五つは少なくとも一〇年間のロングラン中である。メキシコ・シティと上海では、新しいプロダクションが始まった。

その他のディズニー・ブロードウェイ・プロダクションには次のような作品がある。『アイーダ（*Aida*）』（二〇〇〇）、『メリー・ポピンズ』（二〇〇六）、『リトル・マーメイド（*The Little Mermaid*）』（二〇〇八）、『ニュージーズ（*Newsies The Musical*）』（二〇一二）、『アラジン（*Aladdin*）』（二〇一四）。ディズニーはまた、『ジャングル・ブック（*The Jungle Book*）』『アナと雪の女王』『マペッツ（*The Muppets*）』『プリンセス・ブライド（*The Princess Bride*）』の舞台ミュージカル化も進めている。(4)

ディズニー・シアトリカル・プロダクションズのおかげでブロードウェイに家族連れが戻ってき

た一方で、二本の小規模ながらダイナミックなショーがミュージカルという形式に新しい命を吹き込み、新しい観客を呼び込んだ。ジョナサン・ラーソン（一九六〇―一九九六）によるピューリッツァー賞受賞作『レント（*Rent*）』（一九九六）は、プッチーニのオペラ『ラ・ボエーム（*La Bohème*）』（一八九六）を、ロック音楽を用いてニューヨークのロウアー・イースト・サイドに暮らす若者たちの人生に置き換えた翻案である。ＡＩＤＳの影にあって、様々な民族背景を持つ売れない若手アーティストたちが失望と向き合い、愛の力を大いに喜び合う物語だ。もともとはオフ・ブロードウェイで上演されたが、瞬く間に大人気を博し（ミュージカル初日前夜に作者が亡くなったことも追い風となった）、すぐにブロードウェイに移り、トニー賞を受賞し、一二年以上のロングランとなった。X世代の熱狂的なファンの存在もその原動力となった。

活気の源となったもうひとつの革新をもたらしたのは、当時ジョージ・C・ウルフが芸術監督を務めていた非営利のパブリック・シアターである。ウルフは作曲家ジェリー・ロール・モートンを描いたミュージカル『ジェリーズ・ラスト・ジャム（*Jelly's Last Jam*）』（一九九二）で成功している（グレゴリー・ハインズは本作でトニー賞受賞）。またウルフの着想および演出による『ブリング・イン・ダ・ノイズ、ブリング・イン・ダ・ファンク』（一九九五）は、タップダンスを用いてアフリカ系アメリカ人の歴史を連想させる作品である。このショーの成功は、ダンサー兼振付師セヴィアン・グラヴァー（一九七三―）による、絶望や激怒から勝利の喜びまであらゆる感情を表現する画期的で現代的なタップ・ナンバーによるところが大きい。このショーは一九九六年にブロードウェイに移転し、いわゆる「ザ・グレイト・ホワイト・ウェイ[5]」に都会的なヒップ・ホップサウンドをもたらし、約三年に及ぶロングランで一一四八公演を記録した。一二歳で初めてブロードウェイに登場した、当時二三歳のグラヴァーが、トニー賞最優秀振付賞を受賞した。(のちにアニメ映画『ハッピー・フィート』(二〇〇六)の振付も手がけた)。

『レント』や『ノイズ』はオフ・ブロードウェイ・ミュージカルとして生まれたが、じきに多文化的課題や多様な観客を連れてブロードウェイに移転していった。一方オフ・ブロードウェイでは商業目的ではなく、時代の最先端をいく内容を模索する動きが続いた。ハードコアなロックのスコアを持つ、風変わりで大胆な『ヘドウィグ・アンド・アングリー・インチ(*Hedwig and the Angry Inch*)』(一九九八)は、オフ・ブロードウェイでの二年にわたる上演で熱狂的な観客を動員した。リブレット作家のジョン・キャメロン・ミッチェル(一九六三ー)がタイトルロールの、手術に失敗して元恋人に歌を盗まれたトランスセクシャルのパンクロッカーを演じた。二〇一四年のリバイバルではニール・パトリック・ハリスが主演し、トニー賞を受賞した。

二〇〇〇年代　映画、ジュークボックス、その他の可能性

ブロードウェイのプロデューサーたちは長い間、一般大衆になじみのある題材をもとにしたミュージカルを探し求めてきた。映画やポップミュージックから派生したミュージカルは一九九〇年代後半から登場し始め、その後二〇〇〇年代に入って爆発的に増加し、ベビーブーム世代に大

ヒットした。

『フットルース（*Footloose*）』（一九九八）や『サタデー・ナイト・フィーバー（*Saturday Night Fever*）』（一九九九）のミュージカル版は若干の成功を収めはしたが、批評家からも一般客からも人気を得ることはなかった。二〇〇〇年に入り、映画を材源にする可能性がより大々的に実現するようになった。その最初の作品は『フル・モンティ（*The Full Monty*）』（二〇〇〇）である。これは製鋼所の失業従業員たちが金策のために男性ストリップを演じるという英国映画のアメリカ版である。しかし決定的となった作品は、メル・ブルックスの一九六八年の映画をもとにした『プロデューサーズ』（二〇〇一年、二五〇二公演）である。物語は、二人の演劇プロデューサー（ネイサン・レインとマシュー・ブロデリック）が、ブロードウェイで大コケする作品の利権を過剰販売して金儲けをしようと企むが、彼らが制作した最悪の親ナチス・ミュージカルが思いがけなくヒットしてしまい、二人はとんでもない目にあってしまうというものである。『プロデューサーズ』は一日で三百万ドル分のチケット販売を達成し、長く続いたブロードウェイの興行成績記録を塗り替えた。チケット代最高額が百ドルの時代、このショーの人気は数量限定の「プレミアム・シート」を生み出し、驚愕の四八〇ドルという最高値で売れた。『プロデューサーズ』は二〇〇一年、トニー賞一二部門で受賞するという記録も打ち立てた。

『プロデューサーズ』の大成功は、映画ミュージカルの流れを生み出した。最大の成功作のひとつが『ヘアスプレー（*Hairspray*）』（二〇〇二年、二六四二公演）である。ジョン・ウォーターズの一九八八年の映画に基づく『ヘアスプレー』は、ボルティモア出身のぽっちゃりティーンエイジャーであるトレイシー・ターンブラッドの夢が、ロマンスとセレブ・ライフをもたらし、さらには一九六〇年代初頭の地方テレビで人種差別のないダンス番組を実現するまでになる。映画版を踏襲し、トレイシーのママはドラァグの男性が演じた。トニー賞八部門受賞のうち一部門は、ハーヴェイ・ファイアスタインがいかにもゲイらしい演技によって獲得したものである。『ヘアスプレー』の二六四二公演は、実写映画のミュージカル版としては最長ロングランの記録である。

その他の映画ミュージカルは様々な受け止めをされたが、以下に重要な作品を示す。『モダン・ミリー（*Thoroughly Modern Millie*）』（二〇〇二年、九〇三公演）は一九六七年にサットン・フォスター（一九七五－）のヒットデビュー作となった映画ミュージカルの愉快な舞台版で、トニー賞受賞作。『スパマロット（*Spamalot*）』（二〇〇五年、一五七五公演）は、アーサー王伝説の不敬極まるパロディ『モンティ・パイソンと聖杯伝説（*Monty Python and the Holy Grail*）』（一九七五）の舞台化で、トニー賞受賞作。『ビリー・エリオット～リトル・ダンサー（*Billy Elliot the Musical*）』（二〇〇八年、一三一二公演）は英国からの輸入作品（英国では二〇〇五年より上演）で、ダンサーを夢見る英国の労働者階級の少年の物語。『ビリー・エリオット～リトル・ダンサー』は、トニー賞一五部門にノミネートされ、一〇部門で受賞した（『プロデューサーズ』とタイ記録）。

映画を直接の原作としてはいないが、この一〇年間でもっとも人気を博した作品の成功を導いた原因の一つが、古典映画『オズの魔法使い』（一九三九）である。グレゴリー・マグワイアの小説『ウィキッド――西方の悪い魔女の人生とその時代（*Wicked: The Life and Times of the Wicked Witch of the West*）』（一九九五）は、フランク・L・ボームの古典作品の修正主義的解釈で、二人の魔女の視点からドロシーがやってくる前の出来事を語る。『ウィキッド』(二〇〇三)制作にあたり、作曲家兼作詞家のスティーヴン・シュワルツは、マグワイアの脱帽するほど複雑な小説から、西方の悪い魔女に育つ緑の肌の少女エルファバと、南方のよい魔女に育つ美しいブロンドで人気者の少女グリンダとの関係に焦点を当てる部分を抽出した。イディナ・メンゼル(エルファバ)とクリスティン・チェノウェス(グリンダ)の輝く演技に加え、第一幕のフィナーレではメンゼルが魔法のほうきにまたがり、このミュージカルのシンボルとなった歌「ディファイング・グラヴィティ(*Defying Gravity*)」を高らかに歌い上げる場面に観客は魅了された。批評家からは賛否両論があったが観客の意見はひとつだった。『ウィキッド』は週間ブロードウェイ販売成績三二〇万ドルという記録を保持しているが、これは初演から一〇年後に達成した記録である。二〇一四年になってさえ『ウィキッド』は劇場収容人数の九六パーセント以上の売り上げで、この記録はおそらく順調に伸びてブロードウェイ・ミュージカルの歴史上最長ロングラン記録の作品に仲間入りすると思われる。

映画ミュージカル以外に、二〇〇〇年以後の人気を得ている流行は、昔リリースされたポップソングを中心にショーが展開するジュークボックス・ミュージカルである。通常は特定の歌手やグループの歌である。レビュー形式で上演するものもあるが、多くの場合はドラマのプロットに歌を当てはめる。ただしプロット自身は特定のグループに関わるとは限らない。ジュークボックス・ミュージカルが登場してから長く経つが(『バディ・ホリー・ストーリー(*The Buddy Holly Story*)』はロンドンで一九八九年から二〇〇三年まで続いた)、『マンマ・ミーア!(*Mamma Mia!*)』の成功が二〇〇〇年以降のジュークボックス・ミュージカルの流行に拍車をかけた。

スウェーデンのポップグループABBAの音楽に載せた『マンマ・ミーア!』はロンドンで一九九九年に初演、ブロードウェイでは二〇〇一年一〇月一八日に初演し、九・一一のテロ攻撃の痛手から回復途上にあったニューヨーク市に楽しい気晴らしを提供した。ギリシャの島を舞台に、『マンマ・ミーア!』は母親と、娘の結婚式と、娘の父親候補三人を中心に展開する。観客は、物語よりも一九七〇年代から一九八〇年代前半にかけてヒットチャート常連だったABBAのエネルギッシュな歌を聴くのが目的だった。二〇一五年春時点で、『マンマ・ミーア!』はブロードウェイ上演中で、公演数は五五〇〇以上を数え、ジュークボックス・ミュージカルとしては最長ロングランを記録している。

トニー賞を初めて受賞したジュークボックス・ミュージカルは『ジャージー・ボーイズ(*Jersey Boys*)』(二〇〇五)で、フランキー・ヴァリとザ・フォー・シーズンズの音楽と人生を描いた。他の多くのジュークボックス・ミュージカルと異なり、『ジャージー・ボーイズ』はザ・フォー・シーズンズの実話と、彼らがニュージャージーの裏通りからのし上がってきたという秘話を元にしている。グループの結成、成功そして解散の語り口は日本映画『羅生門』(一九五〇)を思い起こさせる。作品は四部構成で、一部ごとに異なるバンドメンバーが、バンドの歴史と音楽について自身の視点から(他のメンバーの話とは矛盾する)語るのである。二〇一五年春時点で、『ジャージー・ボーイズ』はまだ上演中である。ジュークボックス・ミュージカルの新しいマーケット進出の典型例として、『ジャージー・ボーイズ』と『マンマ・ミーア!』はいずれもラス・ヴェガスの劇場に移転し追加公演を行なっている。

以下にジュークボックス・ミュージカルの主要作品を示す。『ムーヴィン・アウト（*Movin' Out*）』（二〇〇二）は、ビリー・ジョエルの音楽を元にしたトワイラ・サープのダンス・ミュージカル。『オール・シュック・アップ（*All Shook Up*）』（二〇〇四）は、エルヴィス・プレスリーの音楽を目玉にしたシェイクスピアの『十二夜』現代版。『ロック・オヴ・エイジズ（*Rock of Ages*）』（二〇〇六）は、一九八〇年代のグラム・メタル・ロックを元にしたショー。『アメリカン・イディオット（*American Idiot*）』（二〇一〇）は、グリーン・デイのロック・オペラ・アルバムの舞台版で、現代音楽を舞台で成功させることの難しさを際立たせた。

映画ミュージカルもジュークボックス・ミュージカルも観客の人気を博すことが多かったが、オリジナリティに欠けると見なす人々もいる。幸い、二〇〇〇年以降、あらかじめ観客を得ているという利点を持たずとも成功している作品は数多く存在している。

ニューヨーク・インターナショナル・フリンジ・フェスティバルは、主に新作芝居奨励のために創設されたもので、制作価値が限定的な作品を最小コストで制作する。一九九九年に同フェスティバルが発表した作品のひとつが『ユーリンタウン（*Urinetown*）』である。改訂とオフ・ブロードウェイ公演を経て、二〇〇一年九月一一日のテロ攻撃の数日後にブロードウェイで開演した。魅力に欠けるタイトルながら、[6] まもなく札止め公演が続いた。『ユーリンタウン』は、長期にわたる水不足のために公衆トイレしか使えず、しかも企業に大金を払わなければならない人々の反乱を描く風刺ミュージカルである。この政策は企業の役員が作り地元の政治家と警察が強制しているのだが、違反者は「ユーリンタウン」に送られ、そこからは誰一人戻ってこないという。『ユーリンタウン』

は資本主義と政治の腐敗だけでなく、多くのブロードウェイ・ミュージカルに典型的なハッピーエンドをも嘲笑する。多大な犠牲を払ったのち反乱は成功し、あらゆる規制と使用料は廃止となった。しかしそれはすぐに水不足危機を招き、新鮮な水がないために多くの人々が死に、生き残った人々は規制を撤廃させたヒロインを殺してしまう。このブロードウェイらしくないミュージカルは、二〇〇二年のトニー賞最優秀演出賞、最優秀脚本賞、最優秀ミュージカルスコア賞を受賞した。

『アヴェニューQ（*Avenue Q*）』（二〇〇三）もオフ・ブロードウェイに誕生し、大成功を収めたオリジナル作品である。ニューヨークの郊外を舞台に、生活苦のヤング・アダルトたちを描いた低予算ミュージカルである。『アヴェニューQ』が悪評高い理由は、不敬なユーモアと『セサミ・ストリート』風のパペットのせいである。（人間の登場人物三名と、パペット一一名が登場するが、パペット操作者は全員姿が見える。）もっとも目につくのは、三体のパペットが異なる名前ではあるが、あきらかにバート、アーニー、クッキー・モンスターをモデルとしている点である。罵り言葉をそこかしこに散りばめた『アヴェニューQ』は、人種差別、ポルノ、同性愛、「全裸パペット」やその他大人の話題を扱い、大人になったX世代を正面切って対象とした作品である。最終的には、『アヴェニューQ』は『ウィキッド』を越えて、トニー賞最優秀ミュージカル賞を獲得した。二〇〇九年にブロードウェイ公演は終了したが、その後すぐにオフ・ブロードウェイで再開、二〇一五年時点では引き続き上演している。(7)

その他特筆すべきオリジナル・ミュージカルを記す。ウィリアム・フィンの『第二五回恒例パトナム・カウンティ・スペリング大会（*The 25th Annual Putnam County Spelling Bee*）』（二〇〇五）は、ウィットに富む低制作費のインタラクティヴなミュージカルで、リージョナル・シアターやアマチュア劇団で非常に人気のある演目である。『ドラウジー・シャペロン（*The Drowsy Chaperone*）』（トロント一九九八年、ブロードウェイ二〇〇六年）は一九二〇年代のミュージカル・コメディの自意識強めのパロディ。ダンカン・シークとスティーヴン・セイターの『春の目覚め（*Spring Awakening*）』（二〇〇六）は、フランク・ヴェデキントによる、ティーンエイジの不安と性（自慰、強姦、妊娠、堕胎、自殺など）を扱った一八九一年の戯曲のロック・ミュージカル版。ミュージカル・ナンバーは、キャストが役の人物を脱いで手持ちマイクで歌うという、ロック・コンサート形式で上演される。『イン・ザ・ハイツ（*In the Heights*）』（オフ・ブロードウェイ二〇〇七年、ブロードウェイ二〇〇八年）は、ニューヨークのワシントン・ハイツのドミニカ系アメリカ人地域の暮らしを、ラップ、ヒップホップ、サルサの風合いを生かしたスコアで描くダイナミックなアンサンブル作品。『ネクスト・トゥ・ノーマル（*Next to Normal*）』（オフ・ブロードウェイ二〇〇八年、ブロードウェイ二〇〇九年）は郊外に暮らす母親に心の病が及ぼす影響を描くロック・ミュージカル。

二〇一〇年代は様々な種類のミュージカルを生み出したが、『ブック・オヴ・モルモン（*The Book of Mormon*）』（二〇一一）ほどの成功を収めた作品はない。テレビコメディの『サウス・パーク（*South Park*）』の制作者であるトレイ・パーカーとマット・ストーンが、ロバート・ロペス（『アヴェニューQ』の共同執筆者の一人）と組んで生み出したショーは、賛否両論を巻き起こしながらも大成功を収めた。『ブック・オヴ・モルモン』は、残虐な軍事指導者が地元民を脅す遠隔地ウガンダの村に送り込まれた二人の若いモルモン教布教者を描く。ヴォーグ誌は『ブック・オヴ・モルモン』を評して、「今年のブロードウェイで、もっとも汚く、もっとも不愉快で、そして――驚くべきことに――もっとも素敵なものに出会える、史上もっとも笑えるミュージカル」と述べた。『ブック・オヴ・モルモン』はトニー賞九部門で受賞し、革新的な価格設定を行った。チケット需要によって価格を変えたのである。最高値は四七七ドルまで吊り上がり、立ち見／抽選チケットは二五ドルまで下がった。『ブック・オヴ・モルモン』は最初の四年間を終えた時点でチケット販売額が三億三〇〇〇万ドルに達し、観客収容度は常に一〇二パーセントを記録した。

アリソン・ベクダルの自伝漫画『ファン・ホーム（*Fun Home*）』（オフ・ブロードウェイ二〇一三年、ブロードウェイ二〇一五年）は、レズビアンの主人公を設定した初めてのブロードウェイ・ショーである。想像力豊かに構成された本作品は、アリソンの人生の三つの地点をなめらかに流れ動く。アリソン自身の性的な目覚めと、カムアウトせずに亡くなった父と自分の関係を理解したい気持ちが交錯する作品である。最優秀ミュージカル賞を含め、五部門でトニー賞を受賞した。

まとめ

そもそもの発端から、ミュージカル（音楽、歌、ダンス、対話、視覚的スペクタクルを混ぜたストーリーテリング）は観客の想像力をとらえてきた。その歴史と発展は芸術形式であると同時に商業事業である特性を横断し、「ショー・ビジネス」という言葉を正しく体現している。

高騰する価格と、他の様々なエンターテインメントの登場とあわせ、ブロードウェイとアメリカン・ミュージカルの終焉が近いと予測する声が定期的に上がる。しかし統計はその逆を示している。二〇一三－二〇一四年ブロードウェイ・シーズン（演劇とミュージカル）は、観客数一二二一万人、チケット売り上げ一〇億二七〇〇万ドルを記録した。さらに、ブロードウェイのツアー観客数一三八〇万人、販売収益は九億三二〇〇万ドルにのぼった。もっとも注目を集めるのはロングランのショーだが、特筆すべきことに、近年のブロードウェイは、次の大ヒット作を求めるアーティスト、投資家、観客に囲まれ、各シーズン平均四〇以上の新作を送り出している。同時に、経済的圧力の激化に伴い、ブロードウェイは旅行者への依存が増している。二〇一三－二〇一四年のシーズンにおいては、チケット販売の七〇パーセントを旅行者が占めるという記録的水準に達した。実に、四九パーセントはアメリカ人旅行者で、二一パーセントは海外旅行者であった。

ブロードウェイでは、ビジネスが制作において一つの役割を果たすが、芸術もまた、別の役割を果たす。こんにちのミュージカルは、コール・ポーターやロジャース＆ハマースタインの作品とは大きくかけ離れているが、こういった「黄金時代」のアーティストが、数えきれないほどの新しい選択肢と舞台を共有し続けているということは注目すべきだ。実際、二〇一五年春時点、一九三〇年代のショー（『エニシング・ゴーズ』）の国内ツアーを観た後、ブロードウェイで一週間のあいだに、一九四〇年代のショー（『オン・ザ・タウン』）や、一九五〇年代（『王様と私』）、一九六〇年代（『キャバレー』）、一九七〇年代（『シカゴ』）、一九八〇年代（『オペラ座の怪人』）、一九九〇年代（『ライオン・キング』)、二〇〇〇年代(『ジャージー・ボーイズ』)、二〇一〇年代(『ブック・オヴ・モルモン』)、さらにはブロードウェイ登場前の作品で、アメリカ建国の父の一人を扱ったヒップホップの新作『ハミルトン(*Alexander Hamilton*)』(二〇一五)というラインナップから選んで観ることができる。ブロードウェイがこれほど多様な様式や内容のショーを生み出し続けているという事実は、ミュージカル・シアターという形式が活力を持ち続け、無数の可能性に満ちていることを示しているのである。

訳注

(1) 二〇一七年六月四日に終了。

(2) 二〇二三年時点で『シカゴ』はブロードウェイ史上最長ロングランのアメリカン・ミュージカルとして、日本、韓国、米国ツアーを行っている。

(3) ロンドンでは二〇二三年現在も『レ・ミゼラブル』、『オペラ座の怪人』ともに上演継続中である。アガサ・クリスティ作『マウストラップ』はロンドンのウェストエンドで上演継続中の、世界最長ロングランのストレート・プレイ。

(4) 二〇二三年時点ですでに発表された作品は『アナと雪の女王』。『プリンセス・ブライド』は制作中止。

(5) The Great White Way「白い大通り」。ブロードウェイ(あるいはその一区画)を指す。「ホワイト」は、ブロードウェイにきらめくネオンサインを指すものだったが、近年では「白人」を指す黒人差別的な言葉だと解釈する傾向が強まり、The Great White Way という言葉そのものを使用しないという動きにつながっている。

（6） urine は「尿」の意。

（7） 二〇二三年現在、ツアー公演実施中。

〈年表 5〉

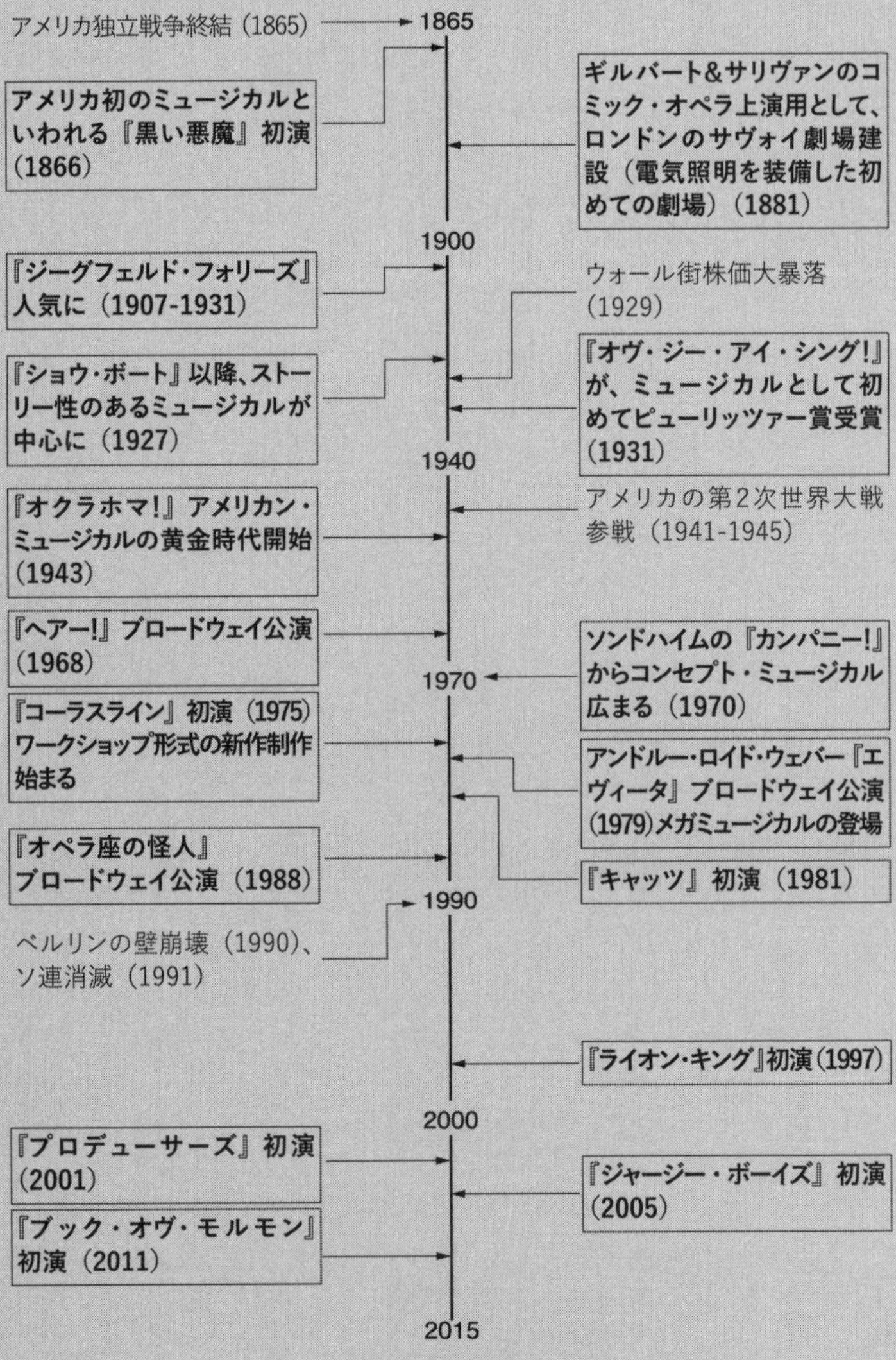
アメリカ独立戦争終結（1865）
1865
アメリカ初のミュージカルといわれる『黒い悪魔』初演（1866）
ギルバート&サリヴァンのコミック・オペラ上演用として、ロンドンのサヴォイ劇場建設（電気照明を装備した初めての劇場）（1881）
1900
『ジーグフェルド・フォリーズ』人気に（1907-1931）
ウォール街株価大暴落（1929）
『ショウ・ボート』以降、ストーリー性のあるミュージカルが中心に（1927）
『オヴ・ジー・アイ・シング!』が、ミュージカルとして初めてピューリッツァー賞受賞（1931）
1940
アメリカの第2次世界大戦参戦（1941-1945）
『オクラホマ!』アメリカン・ミュージカルの黄金時代開始（1943）
『ヘアー!』ブロードウェイ公演（1968）
1970
ソンドハイムの『カンパニー!』からコンセプト・ミュージカル広まる（1970）
『コーラスライン』初演（1975）ワークショップ形式の新作制作始まる
アンドルー・ロイド・ウェバー『エヴィータ』ブロードウェイ公演（1979）メガミュージカルの登場
『オペラ座の怪人』ブロードウェイ公演（1988）
『キャッツ』初演（1981）
1990
ベルリンの壁崩壊（1990）、ソ連消滅（1991）
『ライオン・キング』初演（1997）
2000
『プロデューサーズ』初演（2001）
『ジャージー・ボーイズ』初演（2005）
『ブック・オヴ・モルモン』初演（2011）
2015

訳者あとがき

本書は、オスカー・G・ブロケット、ロバート・J・ボール、ジョン・フレミング、アンドルー・カールソン共著、『エッセンシャル・シアター（*The Essential Theatre*）』第一一版（センゲージ・ラーニング出版、二〇一六年）からの訳出である。

センゲージ・ラーニングは主にアメリカ合衆国の大学用教科書出版に従事する出版社で、本書も、アメリカの大学生向けに書かれた入門書である。一九七六年の初版以来新しい情報が追加され続け、二〇一五年当時の情報を入れた第一一版が現在の最新版である。

『エッセンシャル・シアター』原書は、演劇のあらゆる側面を網羅するまさに「エッセンシャル」な入門書であるが、訳出するにあたって、演劇の本質について概説した「基礎編」と、演劇の歴史のうち古代ギリシャから二〇世紀にわたる部分、そしてミュージカルの歴史を抜粋した。

新型コロナウィルス感染症が吹き荒れる中、我々は人との生《なま》のふれあいに焦がれ、生《なま》の実演芸術を切実に求めた。パンデミックが収束したように見える今、生《なま》の実演芸術は以前の活気を取り戻そうと必死に努力し、劇場には再び観客が戻ってきた。しかし感染症の脅威が去っても、ＡＩが人間社会に大きく進出しヴァーチャルな世界が領域を拡張し続け、俳優が身体と声をＡＩに奪われることを危惧するまでになった現代において、演劇は生き延びられるのだろうかと不安がよぎることは否めない。

その不安の本質は、演劇は本書にも書かれている通り、生《なま》の実演芸術でなければならないというところにある。演者と観客がおなじ時空を共有して初めてひとつの作品が完成する、演劇とはそういう芸術である。そして、上演をしているまさにその瞬間にすでに消失に向かっていることがその定義のひとつである演劇は、二度と戻らず再現も不可能な時間そのものであり、永続する完成物を持つ芸術形式と並んだ時、あるいはまた演劇作品同士でさえ価値を比較することができない。

ということはつまり、演劇の歴史を研究すること、あるいはそもそも演劇を研究することは、美術や文学のように「完成物」を目の前に置いてじっくり考察することができないという点において、厳密にはほとんど無理難題に近い。しかし作品の一部は「戯曲」として残り、読まれ、初演時とは異なる状況下において、異なる人々が異なる解釈を下し、異なる上演を行う。そういう演劇上演のいわば「遺品」として後世に残された戯曲のテクストを対象とするのが従来主流の演劇研究だったが、現在はこの流れを見直し、演劇作品の上演全体を研究対象とする傾向にある。

しかし、比較的新しいこういった研究の流れ以前にも、ヨーロッパ演劇の歴史研究は行われており、数々の書籍が出版されている。『エッセンシャル・シアター』はその流れを汲む名著として名高く、アメリカの大学生にヨーロッパ文化を隣人として理解する視点に、アメリカ自身の（決して長くはないが）演劇の歴史を撚り合わせた、複眼的視座を与える教科書である。そして、古代ギリシャから続くヨーロッパ演劇の歴史が、時に途絶えることはあっても、必ず力強く息を吹き返し、新たな工夫や戦略を繰り広げてきたことが明確に描き出されている。
日本でも、古代ギリシャ演劇やシェイクスピア作品を知ることは教養だと言われるが、そういった作品をヨーロッパの歴史の文脈の中における位置づけとともに日本語で体系立てて学ぶのはたやすくない。数多く日本語出版されているヨーロッパの美術史や音楽史のそばに、文学史や演劇史が並ばないのは、文学や演劇が「言葉の芸術」であることが最大の原因であろうが、ますます地球が狭くなる二一世紀にあって、地球上の隣人を理解する術を一つでも多く持つことは必須だと言えるのではないだろうか。

本訳書を世に出すにあたって、春風社下野歩氏、久喜知晶氏には大変お世話になった。また、春風社への仲介をいただいた松柏社鈴木隆一郎氏、試訳の段階から読んでいただいた演劇集団円の演出家山下悟氏、劇場写真を快くご提供下さった古橋祐氏、太陽劇団の舞台写真掲載許可を下さった東京芸術劇場にもお礼申し上げたい。最後に、常に共に、隣にいて下さる山本浩・由美子ご夫婦に、心から感謝申し上げる。

香西　史子

二〇二四年三月

参考文献（＊は原書にはなく、訳出にあたって参考にした文献）

第一部　基礎編

第一章　演劇の本質

Brook, Peter. *The Empty Space*. New York: Avon Books, 1968.（ブルック、ピーター『なにもない空間』高橋康成・喜志哲雄訳、晶文社、一九七一年。）

＊エスリン、マーティン『不条理の演劇』小田島雄志訳、晶文社、一九六八年（原書刊行一九六一年）。

Esslin, Martin. *The Field of Drama: How the Signs of Drama Create Meaning on Stage and Screen*. New York: Methuen, 1987.

Gardner, Howard. *Frames of Mind: The Theory of Multiple Intelligences*, 3rd. ed. New York: Basic Books, 2011.

Lahr, Lohn, and Jonathan Price. *Life-Show: How to See Theatre in Life and Life in Theatre*. New York: Viking Press, 1973.

Rozik, Eli. *The Roots of Theatre: Rethinking Ritual and Other Theories of Origin*. Iowa City: University of Iowa Press, 2002.

＊シェクナー、リチャード『パフォーマンス研究――演劇と文化人類学の出会うところ』高橋雄一郎訳、人文書院、一九九八年（原書刊行一九八五年）。

Schechner, Richard. *Performance Theory*. New York: Routledge, 1988.

Shepherd, Simon. *Drama/Theatre/Performance (The New Critical Idiom)*. New York: Routledge, 2004.

Styan, John L. *Drama, Stage and Audience*. New York: Cambridge University Press, 1975.

Turner, Victor. *From Ritual to Theatre: The Human Scriousness of Play*. New York: Performing Arts Journal Publications, 1982.

Wilson, Glenn. *The Psychology of the Performing Arts*. London: Croom Helm, 1985.

第二部　様々な演劇体験編

Banham, Martin, ed. *Cambridge Guide to Theatre*. Cambridge: Cambridge University Press, 1995.

Brockett, Oscar G., and Franklin J. Hildy. *History of Theatre*, 10th ed. Boston: Allyn and Bacon, 2007.

Carlson, Marvin. *Theories of the Theatre: A Historical and Critical Survey, from the Greeks to the Present*, rev. ed. Ithaca, NY: Cornell University Press, 1994.

Duerr, Edwin. *The Length and Depth of Acting*. New York: Holt, Rinehart and Winston, 1962.

＊ハートノル、フィリス『演劇の歴史』白川宣力・石川敏男訳、朝日出版社、一九八一年（原書刊行一九六八年）。

Hartnoll, Phyllis. *Oxford Companion to the Theatre*, 4th ed. London: Oxford University Press, 1983.

Izenour, George C. *Theatre Design*. New York: McGraw-Hill, 1977.

Laver, James. *Drama: Its Costume and Decor*. London: Studio Publications, 1951.

Leacroft, Richard, and Helen Leacroft. *Theatre and Playhouse: An Illustrated Survey of Theatre Building from Ancient Greece to the Present Day*. London: Methuen, 1984.

Oenslager, Donald. *Stage Design: Four Centuries of Scenic Invention*. New York: Viking Press, 1975.

Rubin, Don, ed. *World Encyclopedia of Contemporary Theatre*. 6 Vols. London: Routledge, 1994-2001.

第二章　祝祭の演劇——ギリシャ、ローマ、中世の演劇体験

Arnott, Peter D. *Greek Scenic Conventions in the Fifth Century B. C.* Oxford: Clarendon Press, 1962.

——. *Public and Performance in Greek Theatre*. London: Routledge, Chapman and Hall, 1989.

Beacham, Richard C. *The Roman Theatre and Its Audience*. Cambridge, Mass.: Harvard University Press, 1992.

Beare, William. *The Roman Stage: A Short History of Latin Drama in the Time of the Republic*, 3rd ed. London: Methuen, 1963.

Bevington, David. *From Mankind to Marlowe: Growth in Structure in the Popular Drama of Tudor England*. Cambridge, Mass.: Harvard University Press, 1962.

Bieber, Margarete. *The History of the Greek and Roman Theater*, 2nd ed. Princeton, NJ: Princeton University Press, 1961.

Chambers, Edmund K. *The Medieval Stage*. 2 Vols. Oxford: Clarendon Press, 1903.

Craik, Thomas W. *Revels History of Drama in English*. Vol. 2, *1500-1576*. New York: Barns & Noble, 1980.

——. *The Tudor Interlude: Stage, Costume, and Acting*. Leicester, UK: University of Leicester Press, 1958.

Duckworth, George E. *The Nature of Roman Comedy*. Princeton, NJ: Princeton University Press, 1952.

Dugdale, Eric. *Greek Theatre in Context (Greece and Rome: Texts and Contexts)*. Cambridge: Cambridge University Press, 2008.

Gertsman, Elina, ed. *Visualizing Medieval Performance: Perspectives, Histories, Contexts*. Surrey: UK: Ashgate Publishing, 2008.

Green, John R. *Theatre in Ancient Greek Society*. New York: Routlege, 1994.

Hunter, Richard L. *The New Comedy of Greece and Rome*. New York: Twayne, 1985.

Kitto, Humphrey D. F. *Greek Tragedy*, 2nd ed. London: Methuen, 1950.

Kolve, V. A. *The Play Called Corpus Christi*. Stanford, CA: Stanford University Press, 1966.

Nicoll, Allardyce, *Masks, Mimes and Miracles*. New York: Harcourt Brace Jovanovich, 1931.

Ogden, Dunbar. *The Staging of Drama in the Medieval Church*. Newark: University of Delaware Press, 2002.

Pickard-Cambridge, Arthur W. *The Dramatic Festivals of Athens*, 2nd ed. Rev. by John Gould and David M. Lewis. Oxford: Clarendon Press, 1968.

Plautus. *The Little Carthaginian*. Tr. Paul Nixon. in *Plautus*, Vol. 4 Loeb Classical Library. Cambridge: Harvard University Press, 1951.

Potter, Robert. *The English Morality Play: Origins, History and Influence of a Dramatic Tradition*. London: Routledge and Kegan Paul, 1975.

Sommerstein, Alan. *Greek Drama and Dramatists*. New York: Routledge, 2002.

Tydeman, William, Michael J. Anderson, and Nick Davis, eds. *The Medieval European Stage 500-1550*. Cambridge: Cambridge University Press, 2001.

Vince, Ronald W. *Ancient and Medieval Theatre: A Historiographical Handbook*. Westport, CT: Greenwood Press, 1984.

——. *A Companion to the Medieval Theatre*. Westport, CT: Greenwood Press, 1989.

Walton, J. Michael. *Living Greek Theatre: A Handbook of Classical Performance and Modern Production*. Westport, CT: Greenwood Press, 1987.

Webster, Thomas B. L. *Greek Theatre Production*, 2nd ed. London: Methuen, 1970.

Wickham, Glynn. *Early English Stages, 1300-1660*. 3 Vols. New York: Columbia University Press, 1959-1979.

*ウィッカム、グリン『中世演劇の社会史』山本浩訳、筑摩書房、一九九〇年（原書刊行一九七四年）。

Wiles, David. *Greek Theatre Performance*. Cambridge: Cambridge University Press, 2000.

第三章　職業演劇を作る——エリザベス朝イングランド、イタリアのコメディア・デラルテ、

一七世紀フランス

Andrews, Richard. *Scripts and Scenarios: The Performance of Comedy in Renaissance Italy*. Cambridge: Cambridge University Press, 1993.

Astington, John N. *English Court Theatre, 1558-1642*. Cambridge: Cambridge University Press, 1999.

Barroll, John L., et al. *Revels History of Drama in English*. Vol. 3, *1576-1613*. New York: Barnes & Noble, 1975.

Beckerman, Bernard. *Shakespeare at the Globe, 1599-1609*. New York: Macmillan, 1962.

Bentley, Gerald E. *The Profession of Dramatist in Shakespeare's Time, 1590-1642*. Princeton, NJ: Princeton University Press, 1971.

——. *The Profession of Player in Shakespeare's Time, 1590-1642*. Princeton, NJ: Princeton University Press, 1984.

Bjurstrom, Per. *Giacomo Torelli and Baroque Stage Design*, Stockholm: Almqvist and Wiksell, 1961.

Bradley, David, *From Text to Performance in the Elizabethan Theatre: Preparing the Play for the Stage*. New York: Cambridge University Press, 1992.

Cairns, Christopher, ed. *Scenery, Set, and Staging in the Italian Renaissance*. Lewiston, NY: Edwin Mellen Press, 1996.

Callaghan, Dympna. *Shakespeare without Women*. New York: Routledge, 2000.

Clubb, Louise G. *Italian Drama in Shakespeare's Time*. New Haven, CT: Yale University Press, 1989.

Duchartre, Pierre L. *The Italian Comedy: The Improvisation, Scenarios, Lives, Attributes, Portraits and Masks of the Illustrious Characters of the Commedia dell'Arte*. Trans. by R. T. Weaver. London: Harrap, 1929.

Graves, R. B. *Lighting the Shakespeare Stage, 1567-1642*. Carbondale, IL: Southern Illinois University Press, 1999.

Gurr, Andrew. *Playgoing in Shakespeare's London*. Cambridge: Cambridge University Press, 1987.

——. *The Shakespearean Playing Companies*. Oxford: Oxford University Press, 1996.

Hewitt, Barnard, ed. *The Renaissance Stage: Documents of Serlio, Sabbattini, and Furttenbach*. Coral Gables, FL: University of Miami Press, 1958.

Howarth, W. D., et al., eds. *French Theatre in the Neo-Classical Era, 1550-1789*. Cambridge: Cambridge University Press, 1997.

Ingram, William. *The Business of Playing: The Beginning of the Adult Professional Theatre in Elizabethan London*. Ithaca, NY: Cornell University Press. 1993.

Knutson, Roslyn L. *Playing Companies and Commerce in Shakespeare's Time*. Cambridge: Cambridge University Press, 2001.

Lawrenson, T. E. *The French Stage in the XVIIth Century: A Study in the Advent of the Italian Order*, rev. ed. Manchester: Manchester University Press, 1984.

Lea, Kathleen M. *Italian Popular Comedy: A Study of the Commedia dell'Arte, 1560-1620*. 2 Vols. Oxford: Clarendon Press, 1934.

Lough, John. *Paris Theatre Audiences in the Seventeenth and Eighteenth Centuries*. London: Oxford University Press, 1957.

McCarthy, Gerry. *The Theatres of Molière*. London: Routledge, 2002.

Mittman, Barbara G. *Spectators on the Paris Stage in the Seventeenth and Eighteenth Centuries*. Ann Arbor, MI: UMI Research Press, 1984.

Mongredien, Georges. *Daily Life in the French Theatre in the Time of Molière*. London: Allen and Unwin, 1969.

Nicoll, Allardyce. 第11章文献参照。

Oreglia, Giacomo. *The Commedia dell'Arte*. New York: Hill & Wang, 1968.

Orgel, Stephen, and Roy Strong. *The Theatre of the Stuart Court: Including the Complete Designs . . . Together with Their*

Texts and Historical Documentation. 2 Vols. Berkeley, CA: University of California Press, 1973.
Orrell, John. *The Human Stage: English Theatre Design, 1567-1640*. New York: Cambridge University Press, 1983.
Schwartz, Isidore A. *The Commedia dell'Arte and Its Influence on French Comedy in the Seventeenth Century*. Paris: H. Samuel, 1933.
Scott, Virginia. *Molière: A Theatrical Life*. Cambridge: Cambridge University Press, 2000.
Stern, Tiffany. *Rehearsal from Shakespeare to Sheridan*. New York: Oxford University Press, 2000.
White, John. *The Birth and Rebirth of Pictorial Space*, 2nd ed. London: Faber & Faber, 1967.
Wickham, Glynn. 第二章文献参照。
Wickham, Glynn, et al. *English Professional Theatre, 1530-1660*. Cambridge: Cambridge University Press, 2000.
Wiley, W. L. *The Early Public Theatre in France*. Cambridge, MA: Harvard University Press, 1960.

第四章　一八〇〇年代の演劇

Antoine, André. *Memories of the Theatre Libre*. Trans. by Marvin Carlson. Coral Gables. FL: University of Miami Press, 1964.
Bentley, Eric. *The Playwright as Thinker: A Study of Drama in Modern Times*. New York: Reynal, 1946.
Bogard, Travis, et al. *Revels History of Drama in English*. Vol. 8, *American Drama*. New York: Barnes & Noble, 1977.
Booth, Michael R. *English Melodrama*. London: Herbert Jenkins, 1965.
Booth, Michael, et al. *Revels History of Drama in English*. Vol. 6. *1750-1880*. New York: Barnes & Noble, 1975.
Carter, Lawson A. *Zola and the Theatre*. New Haven, CT: Yale University Press, 1963.
Davis, Tracy: *Actresses as Working Women: Their Social Identity in Victorian Culture*. New York: Routledge, 1991.

Deak, Frantisek. *Symbolist Theatre: The Formation of the Avant Garde*. Baltimore: Johns Hopkins University Press, 1993.

Donohue, Joseph W. *Theatre in the Age of Kean*. Oxford: Blackwell, 1975.

Glasstone, Victor. *Victorian and Edwardian Theatre*. Cambridge, MA: Harvard University Press, 1975.

Grimsted, David. *Melodrama Unveiled: American Theatre and Culture, 1800-1850*. Chicago: University of Chicago Press, 1968.

Hunt, Hugh, et al. *The Revels History of Drama in English*. Vol. 7, *1880 to the Present Day*. New York: Barnes & Noble, 1978.

Innes, Christopher. *A Sourcebook on Naturalist Theatre*. New York: Routledge, 2000.

Koller, Ann Marie. *The Theatre Duke: Georg II of Saxe-Meiningen and the German Stage*. Stanford, CA: Stanford University press, 1984.

McConachie, Bruce A. *Melodramatic Formations: American Theatre and Society, 1820-1870*. Iowa City: University of Iowa Press, 1992.

McCormick, John. *Popular Theatres of Nineteenth-Century France*. New York: Routledge, 1993.

Meisel, Martin. *Realizations: Narrative, Pictorial, and Theatrical Arts in Nineteenth-Century England*. Princeton, NJ: Princeton University Press, 1983.

Moi, Toril. *Henrik Ibsen and the Birth of Modernism: Art, Theatre, Philosophy*. Oxford: Oxford University Press, 2006.

Moynet, Jean-Pierre. *French Theatrical Production in othe Nineteenth Century*. Binghamton, NY: Max Reinhardt Foundation, 1976.

Quinn, Arthur H. *A History of the Amcrican Drama from the Beginning to the Civil War*, 2nd ed. New York: Appleton-Century-Crofts, 1943.

——. *A History of the American Drama from the Civil War to the Present Day*, 2nd ed. New York: Appleton-Century-Crofts, 1949.

Rowell, George. *The Victorian Theatre*, 2nd ed. London: Oxford University Press, 1979.

Southern, Richard. *Changeable Scenery: Its Origin and Development in the British Theatre*. London: Faber & Faber, 1952.

Stein, Jack M. *Richard Wagner and the Synthesis of the Arts*. Detroit, MI: Wayne Stage University Press, 1960.

Stephens, John R. *The Profession of the Playwright: British Theatre, 1800-1900*. London: Cambridge University Press, 1992.

第五章　二〇世紀のモダニズム——一九〇〇－一九六〇

Appia, Adolphe. *The Work of Living Art and Man Is the Measure of All Things*. Coral Gables, FL: University of Miami Press, 1960.

Artaud, Antonin. *The Theatre and Its Double*. Trans. by Mary C. Richards. New York: Grove Press, 1958.（アルトー、アントナン『演劇とその分身』安堂信也訳、白水社、一九九六年。）

Bablet, Denis. *The Revolution of Stage Design in the Twentieth Century*. Paris: Amiel, 1977.

Braun, Edward. *The Director and the Stage: From Naturalism to Grotowski*. New York: Holmes and Meier, 1982.

Brecht, Bertolt. *Brecht on Theatre*. Trans. by John Willett. New York: Hill & Wang, 1965.（ブレヒト、ベルトルト『今日の世界は演劇によって再現できるか——ブレヒト演劇論集』千田是也訳、白水社、一九六二年。）

Brockett, Oscar G., and Robert R. Findlay. *Century of Innovation: A History of European and American Theatre and Drama since 1870*, 2nd ed. Boston: Allyn and Bacon, 1991.

Brustein, Robert. *The Theatre of Revolt: An Approach to Modern Drama*. Boston: Little, Brown, 1964.

Clurman, Harold. *The Fervent Years: The Story of the Group Theatre in the Thirties*. New York: Hill & Wang, 1957.

Craig, Edward Gordon. *On the Art of the Theatre*, 2nd ed. Boston: Small, Maynard, 1924.

Davis, Hallie Flanagan. *Arena*. New York: Duell, Sloane and Pearce, 1940.

DiPietro, Cary. *Shakespeare and Modernism*. Cambridge: Cambridge University Press, 2009.

Gordon, Mel. *Dada Performance*. New York: PAJ Publications, 1987.

Gorelik, Mordecai. *New Theatres for Old*. New York: Samuel French, 1940.

Greene, Naomi. *Antonin Artaud: Poet without Words*. New York: Simon & Shuster, 1970.

Innes, Christopher. *Avant-Garde Theatre 1892-1992*. New York: Routledge, 1993.

Kirby, Michael. *Futurist Performance*. New York: Dutton, 1971.

Larson, Orville K. *Scene Design in the American Theatre, 1915 to 1960*. Fayetteville: University of Arkansas Press, 1989.

Melzer, Annabelle. *Latest Rage the Big Drum: Dada and Surrealist Performance*. Ann Arbor, MI: UMI Research Press, 1980.

O'Connor, John, and Lorraine Brown, eds. *Free, Adult, Uncensored: The Living History of the Federal Theatre Project*. Washington: New Republic Books, 1978.

Patterson, Michael. *The Revolution in German Theatre, 1900-1933*. London: Routledge and Kegan Paul, 1981.

Roose-Evans, James. *Experimental Theatre: From Stanislavsky to Peter Brook*, new rev. ed. London: Studio Vista, 1984.

Shafer, Yvonne. *American Women Playwrights, 1900-1950*. New York: Peter Lang, 1995.

Styan, John L. *Max Reinhardt*. Cambridge: Cambridge University Press, 1982.

Volbach, Walther, *Adolphe Appia, Prophet of the Modern Theatre*. Middletown, CT: Wesleyan University Press, 1968.

Willet, John. *Expressionism*. New York: McGraw-Hill, 1970.

——. *The Theatre of Bertolt Brecht*. New York: New Directions, 1959.

第六章　ミュージカル・シアター

Boardman, Gerald. *American Musical Comedy: From Adonis to Dreamgirls*. New York: Oxford University Press, 1982.

Everett. William, and Paul Laird, ed. *The Cambridge Companion to the Musical*. Cambridge: Cambridge University Press, 2008.

Gottfried, Martin. *Broadway Musicals*. New York: Abrams, 1979.

Grubb, Kevin Boyd. *Razzle Dazzle: The Life and Work of Bob Fosse*. New York: St. Martin's Press, 1989.

Hirsch, Foster. *Harold Prince and the American Musical Theatre*. New York: Oxford University Press, 1989.

Kenrick, John. *Musical Theatre: A History*. New York: Continuum, 2008.

Mandelbaum, Ken. *A Chorus Line and the Musicals of Michael Bennett*. New York: St. Martin's Press, 1989.

Maslon, Laurence. *Broadway: The American Musical*. Based on the documentary film by Michael Kantor. Updated and revised ed. New York: Applause Books, 2010.

Nolan, Frederick. *The Sound of Their Music: The Story of Rodgers and Hammerstein*. New York: Walker and Co., 1978,

Secrest. Meryle. *Stephen Sondheim: A Life*. London: Bloomsbury, 1998.

Stempel. Larry. *Showtime: A History of the Broadway Musical Theatre*. New York: W. W. Norton and Co., 2010.

索引

【か】

【さ】

【た】

【な】

【は】

【ま】

【や】

【ら】

【わ】

用語集

用語（五十音順）	説明
アウト・サクラメンターレス (auto sacramentales)	1500年から1700年の間にスペインで上演された短い芝居で、道徳劇・サイクル劇の特徴を兼ね備えている。登場人物には、人間、聖書の人物、超自然の存在、寓話的存在（運命、悲嘆、美、罪など）があり、それらは互いに関わり合いを持つことがある。聖体と教会教義を支持するものであれば、材源は何から取ってもよい。
アゴン (agon)	ギリシャの古喜劇において、「嬉しい発想」の価値を議論すること。
インテルメッツォ (intermezzo)	イタリア宮廷劇の幕間劇で、宴の主役として祝われている人物と、神話上の人物の類似点を宴の主役に対する巧みなお世辞として演じるもの。のちにインテルメッツォの華麗な魅力はオペラに吸収された。
ウェル・メイド・プレイ (well-made play)	以下のような論理的に構築された劇を指す用語。周到な提示部と準備を経て、一連の問題が発生しサスペンスを作り上げ、クライマックスの瞬間を迎える。その後もっとも重要な問題が解決する。こういった特徴の大部分はギリシャ時代から存在するが、「ウェル・メイド・プレイ」という用語は、伝統的な劇作技術をひとつの公式に単純化した19世紀フランスの人気劇作家ウジェーヌ・スクリーブと関連づけられる。現在では「ウェル・メイド・プレイ」という呼び方は多くの場合蔑視的だが、スクリーブの方法は以後写実的な劇作の多くが踏襲するパターンを作り上げたといえる。
エッキュクレマ (eccyclema)	古代ギリシャのスケーネにある中央扉口から転がしたり押したりして登場させる台で、通常は舞台外で殺害された人物の遺体を示すのに使われた。
オーケストラ (orchestra)	古代ギリシャ劇場において、「踊る場所」を意味する。主たる演技空間で、コロスが歌い踊る。
カタルシス (catharsis)	憐憫と恐怖を引き起こすことによる、憐憫と恐怖の浄化。アリストテレスは『詩学』で、ギリシャ悲劇の主な目的はカタルシスであると述べている。
喜劇 (comedy)	普通の出来事、人物、思想からどこか逸脱した状況にまつわる演劇の一種で、笑いを生んだり、からかうことが目的で、ハッピーエンドで終わる。
芸術至上主義 ("art for art's sake")	19世紀後半の運動で、芸術の唯一の機能は経験を増幅し、感覚的な喜びを与えることだと主張した。その観点から、リアリズムやナチュラリズムの持つ科学的な見解や、同時代のテーマ、潜在的な社会変革への意図に抵抗した。

用語（五十音順）	説明
現地語による宗教劇 (vernacular religious drama)	中世の宗教劇のひとつで、屋外で共同体が現地の言葉で上演したものを指す。複数の短い劇（聖書の出来事をもとにすることが多い）を集めて一度に上演する「サイクル劇」の形態を取ることが多い。
コメディア・デラルテ (commedia dell'arte)	16世紀にイタリアで生まれた上演様式のひとつ。状況、問題、結果だけをかいつまんだあらすじ（シナリオ）を頼りに、俳優たちは対話と動きを即興で演じた。俳優は常に同じストック・キャラクターを演じ、特徴的な衣裳と仮面をつけた。もっとも人気のあったキャラクターは、ザンニつまり喜劇的な召使で、その計略は問題を生み出すが解決ももたらす。コメディアの劇団は18世紀半ばまでヨーロッパ中で上演し、多大な人気を博した。
コレゴス (choregus)	古代ギリシャの富裕層市民で、コロスの訓練と衣裳の費用を負担した。ディオニューシア祭に出品する劇作家1人につきコレゴス1人が選出された。
コロス (chorus)	ギリシャ劇で、セリフ、歌、踊りを一致調和して行う俳優の集団のこと。合唱と踊りは通常出来事に対するコメントで、エピソードとエピソードを分割する役割を果たす。
コンセプト・ミュージカル (concept musical)	このタイプのミュージカルは、ストーリーを語ることよりも、中心的な問題、出来事、テーマに焦点を当てる。
サイクル劇 (cycle plays)	聖書からとった出来事を劇化した中世の短い劇で、天地創造から最後の審判にいたるまでの範囲に及ぶ。
サチュロス劇 (satyr play)	ギリシャのディオニューシア祭で、3本1組で上演される悲劇に続いて上演された、喜劇的あるいは風刺的な短い劇。サチュロス劇のコロスはサチュロス（半分人間、半分山羊のいきもの）から成り、物語はたいていの場合ギリシャ神話のどれかをからかうものだった。
サブテキスト (subtext)	芝居の台本の表面下にひそむ、言葉として表現されていない動機、考えあるいは緊張関係。台本よりもサブテキストのほうが重要な場合がある。
サブプロット (subplots)	出来事あるいは展開として補助的な筋ではあるが、メインプロットとの対比あるいはコメントを示す場合がある。
三一致の法則 (unities)	ネオクラシシズムは三一致の法則を遵守することを求めた。時の一致（全ての出来事が二四時間以内に起きなければならない、というのが通常の解釈）、場所の一致（出来事は同じ場所で起きなければならない）、出来事の一致（単一のプロットでなければならない）。ネオクラシシズム以外の運動の多くも出来事の一致は必要と見なしたが、ネオクラシシズムよりも自由に解釈し、時と場所の一致については受け入れなかった。

用語（五十音順）	説明
残酷演劇 (theatre of cruelty)	アントナン・アルトーが、自身の提唱するある種の上演につけた名称。自らの無意識の精神の中に抑圧された暴力的な衝動と直面・対決することを観客に強要するような上演を指す。それは残酷な直面・対決でありえると認めていたが、アルトーは、演劇が「集団的な膿を抜く」という目標を達成するためには、暴力と不和を克服しなければならないと考えた。生前は看過されていたが、特に 1960 年代には演劇実践にとって最大の影響を及ぼした。
ザンニ (zanni)	コメディア・デラルテの召使役。英語の zany［道化師のようにおどけた］の語源)。
サンボリスム (symbolism)	19 世紀末期に登場した運動。サンボリスムは、リアリズムやナチュラリズムの影響に対抗すべく誕生した複数の運動の中の最初のもの。自身の周りの世界を直接観察することで真実を探し出すという考え方に対し、サンボリストは真実は直観でのみ知ることができ、直観は象徴を通して間接的にのみ表現できると論じた。
使者の場面 (messenger scene)	ギリシャ悲劇に標準的に備わっている部分で、舞台外で起きる暴力行為を描写するために用いられる。ギリシャ人の感覚は、舞台上に暴力シーンを示すことを許さなかった。エッキュクレマも参照。
実存主義 (existentialism)	第 2 次世界大戦後に流行した哲学的立場。特にジャン＝ポール・サルトルの著作物を通して広まり、サルトルとアルベール・カミュの劇作にも引き継がれた。実存主義者の議論は、確実性などというものはもはや存在せず、人類は他者に受け入れられずとも自身の価値基準を選びそれに準じて生きていかなければならないとする。
ジュークボックス・ミュージカル (jukebox musical)	既存のポピュラー・ソングを中心に展開するショー。通常は特定の歌手やグループの音楽をもとにする。
シュールレアリスム (surrealism)	特に 1920 年代の運動で、無意識の重要性を強調する。シュールレアリストは、もっとも重要な真実は無意識の中に埋められていると考え、夢の研究、自動筆記、意識の流れなどを用いて、抑圧された力を解き放つことを目指した。
シュトルム・ウント・ドラング（疾風怒濤） (Sturm und Drang)	ドイツ語で「疾風怒濤」。18 世紀後半、大胆なテーマと劇的形式を試す深刻な芝居を執筆したドイツ人劇作家たちを指す。
笑劇 (farce)	登場人物や思想ではなく、状況を強調する喜劇的な世俗劇。偶然、誤解、馬鹿馬鹿しい暴力、急展開といったものが典型的。

用語（五十音順）	説明
叙事的演劇 (epic theatre)	1920年代に登場した、通常ベルトルト・ブレヒトと関連づけられる演劇形態。ブレヒトは観客を感情的に遠ざけ（「疎外」する）、彼らが客観的に見て判断するように仕向けようとした。最終的にはブレヒトは、観客が劇場で見たものを社会の状況と関連づけ、そこから社会政治制度の変革を求めるようになることを期待した。ブレヒトは自らの演劇を「叙事的演劇」と呼んだが、それは、対話と語りを交互に用い何度でも時空を移動する手法は、伝統的な演劇よりも叙事詩に用いられることが多いからである。
スカエナエ・フロンス (scaenae frons)	古代ローマ劇場の舞台奥およびサイドを囲むファサード。あらゆる種類の芝居の背景の役割を果たした。
スケーネ (skene)	ギリシャ劇場のシーン・ハウス。文字通りには小屋あるいはテントを意味する。元来は俳優が衣装を着替える舞台外の構造物が語源と思われる。シーン（場面）という言葉の語源。
ステージ・ハウス (stage house)	舞台と、舞台上の天井までの全空間。
ストック・キャラクター (stock character)	わかりやすく、おおまかな登場人物タイプ。
セリフによる舞台装置 (spoken decor)	舞台となる場所を、具象的な舞台装置ではなく人物のセリフによって確立する方法。
総合芸術 (Gesamtkunstwerk)	通常、オペラ作曲家ワーグナーとの関わりで用いられる語。ワーグナーは演劇の上演は統一的な幻想を生み出すべきと考え、この統一感を作り出すためにはあらゆる選択を単一の意識を通して行うべきと考えた。
袖幕 (wings)	ルネサンス以降の主要な舞台美術の要素。舞台前面と平行して、舞台奥から舞台前まで順に設置した対（つい）のフラット（張物）。袖幕は別の二種類の主要な舞台美術要素と併せて使用された。ドロップあるいはシャッター（中央奥で合わさるフラット）が舞台奥を囲い、ボーダーが頭上の情景を完結させる。こんにちでは袖という言葉は舞台両脇の舞台外の空間を示すために使用する。
台本ミュージカル (book musical)	アメリカン・ミュージカルの黄金時代（1943 – 1968）に広まった。台本ミュージカルは、物語、歌、ダンスを完全に統合し、登場人物の感情に観客を引き込むことを目指す。
着手地点 (point of attack)	物語全体の中で、劇作家が出来事の語りに着手する瞬間
テアトロン (theatron)	古代ギリシャ劇場の「見る場所」。芝居の上演を見るために観客が座った斜面のことで、「シアター」という言葉の語源。

用語（五十音順）	説明
ディオニューシア祭 (City Dionysia)	アテネの主要な祝祭（ディオニュソス神を称える祭）で、芝居の上演を行った。
提示 (exposition)	出来事、登場人物、そして芝居の着手地点以前の現状について情報を提示すること。通常、オープニングの場面でもっとも多くの提示が行われる。状況を明確に示し、登場人物の関係性を確立し、現状を示すのが役割だが、提示が芝居全編にわたることもある。
デウス・エクス・マキナ (deus ex machina)	ギリシャ語で「機械仕掛けの神」の意味。難しい劇的状況を解決するためにフライングで神を登場させることがよくあった。のちに、出来事を解決するために思いがけない方策を取ることを指すようになった。
典礼劇 (liturgical drama)	教会の礼拝や典礼に劇を組み込みこんだり、あるいは同時に演じたもの。
道徳劇 (morality plays)	中世後期演劇で、普通の人間が経る精神的な試練を扱う寓話的な芝居。
独白 (soliloquy)	舞台上に1人単独で登場している俳優のセリフ。通常は人物の内心の思いを表現する伝統的表現方法。
独立劇場運動 (independent theatre movement)	1880年代に始まり現在まで続く傾向。この運動が始まった理由は、無関心から、あるいは検閲により上演許可が下りなかったために大劇場がある種の新作劇を上演しようとしなかったことにある。独立劇場は会員のみに向けた上演を行ったために検閲を逃れ、多くの新作劇を紹介し、賛同を得ることができた。20世紀には、新しい様式の劇作作法や上演方法に対する演劇界の反応が鈍かった場合、独立劇場方式が応用されるようになった。20世紀の独立劇場は小劇場、芸術劇場、フリンジ劇場、オフ・ブロードウェイ、オフ・オフ・ブロードウェイなどと名づけられている。
ナチュラリズム (naturalism)	19世紀後期、エミール・ゾラを主たるスポークスパーソンとする、極端なリアリズム。ナチュラリストたちは、芝居は遺伝と環境の影響を明示する実生活の一片であるべきと論じた。ナチュラリズムはそれ以前の運動が中流・上流階級に対して向けたのと同等に真剣な眼差しを労働者階級の人物にも向けた、初めての芸術運動である。20世紀には、ナチュラリズムは日常生活の特に惨めな側面の細部を再現する芝居に与えられるレッテルとなった。

用語（五十音順）	説明
ネオクラシシズム (neoclassicism)	ルネサンスから18世紀末の演劇のほとんど全般を支配した、一連の規定、伝統的表現方法、考え方。ネオクラシシズムは正当な劇として2種類（悲劇と喜劇）しか認めず、その2種は決して混ざってはならないとした。悲劇は王侯貴族に関する真剣な物語、喜劇は中流・下流階級の家庭の物語を扱うべきとした。ネオクラシシズムによれば、芝居は五幕構成でなければならず、時・場所・出来事の一致を遵守し、結末では「詩的主義（ポエティック・ジャスティス）」が守られなければならない。
ノイズ・ミュージック (bruitisme)	イタリア未来派が好んだノイズ・ミュージックのひとつ（日常生活音から作られる）。
パラバシス (parabasis)	古代ギリシャの古喜劇において、観客に対して直接投げかけられるコロスの部分。もっとも多く登場するのが、市政の問題や時事問題に関するアドバイス。
パロドイ (parodoi)	ギリシャ劇場で、オーケストラの両脇、スケーネと客席の間の空間で、主に演者（特にコロス）の登退場に用いられた。
パロドス (parodos)	ギリシャ演劇において、コロスが行列で登場すること。
悲劇 (tragedy)	真面目な出来事を示し、真面目なトーンを維持する（コミック・リリーフの瞬間が含まれることはある）劇形式。主人公はたいてい観客の同情や称賛の的となる人物ながら、ある目標を追求する中で、その目標がそれ自体では立派なものでも他の目標や道理と相入れないために惨事に見舞われる。
表現主義 (expressionism)	1910年から1924年頃まで特にドイツで流行した芸術運動。産業化時代が人間を機械のような生きものに変えてしまったという考えから、表現主義は物質主義的価値観の土台を崩し「新たな人間」を作り、人間の精神の求めに沿う世界へと変革させることを目指した。表現主義的な劇は、歪曲やグロテスクなイメージを多用することで人間の現状を描こうとした。アメリカ演劇では、表現主義はオニールの『毛むくじゃらの猿』に見ることができる。
不条理演劇 (absurdist drama)	第2次世界大戦後に登場したあるタイプの芝居を指す。不条理演劇作家は、明晰と秩序を求めたところで返ってくるのは宇宙の不合理でしかないのであるから、合理的・有意義な選択はそもそも不可能であり、つまり人間の条件とは不条理に他ならないと考える。不条理演劇は因果関係の論理を捨て、人間の状態が本来非論理的であることを映す連想パターンを用いる。不条理演劇の作家でもっとも有名なのはベケットとイヨネスコ。

用語（五十音順）	説明
不信の自発的保留 (willing suspension of disbelief)	観客が舞台上の出来事を受け入れる共犯者であることを示すために、サミュエル・テイラー・コールリッジが用いた言葉。観客は芝居の出来事が本当ではないことを知りつつ、当面の間は疑いを持たないことにする。
プラテア (platea)	中世演劇において、マンション前の未分化の舞台空間
フランス式場面 (French scenes)	印刷物となった芝居の場面を、登場人物の登退場で区切ること。フランス劇は、舞台上の登場人物が変わることで動機や焦点の変化を示すという劇的構造を長く採用した。
プロセニアム・アーチ (proscenium arch)	建築上の機構。観客の視界に舞台装置の裏側や上部を入れないための、舞台開口部の枠。
プロット (plot)	芝居の出来事の配置、あるいは、芝居の展開の全体的構造。すなわちプロットは、芝居が始まるはるか昔に始まる場合のあるストーリーとは異なる。
ページェント・ワゴン (pageant wagon)	中世演劇では、車輪付きの台に芝居を乗せて上演場所を移動するという行列方式の上演を行った。
ボックス・セット (box set)	演技空間の三方を部屋の壁のように完全に取り囲み、箱の一側面をとりはずしたように見える舞台装置。
マジック・イフ (magic if)	スタニスラフスキー・システムの中心的特徴で、俳優が自身を芝居の世界に投影することを指す。俳優は、特定の状況に特定の人物として存在した場合、どのように感じて行動するかを想像する。
マンション (mansion)	中世演劇において、場所の設定に用いる基本的な舞台構造。芝居が展開する場所を示すのに必要な数のマンションが、台やワゴンに乗せて同時に置かれた。特定のマンションを用いて物語が展開する場所が示された後、俳優は物語の進行のために隣接する舞台空間を必要なだけ使って演技した。プラテアも参照。
ミュージカル・シアター (musical theatre)	音楽、対話、動き、デザインを用いて物語を語る芸術形式。
未来派 (futurism)	20世紀初頭イタリアで始まった運動で、機械時代のスピードとエネルギーを賞賛し、伝統的芸術形式を新しい形式と取り替えることを目指した。その新しい形式では、長編芝居のエッセンスをほんの数瞬間に凝縮したり、上演／観客空間の様々な場所で異なる場面や出来事を同時に上演したり、観客／演者の対立的な交流を引き出すような様々な試みをするなどの「合成」芝居がある。

用語（五十音順）	説明
メロドラマ (melodrama)	特に 19 世紀と関連の強い演劇形式で、善悪の明快な区別に基づく。通常は、有徳の主人公が、悪人によって作り出されたどう見ても乗り越えられそうにない脅威を克服していく。サスペンスが作り出され、最後の瞬間まで強まっていき、ついに悪人は罰せられ主人公は救出されて報われる。メロドラマはしばしば複雑なスペクタクルを含み、また本来は音楽を使ってムードを作り感情的な反応を強調した。
モダニズム (modernism)	知覚と表象の間の忠実な関係を重んじる伝統的な視点を離脱する、様々な芸術様式を表す包括的な用語。モダニズムははっきりと認識しうる対象を正確に描くことよりも、想像力と形式の芸術的な革新を重要視した。
ラツィ (lazzi)	キャラクターのタイプと状況に基づく、コミカルな所作やルーチンの即興演技。
リアリズム (realism)	実生活で見られる通りに、人物や出来事を文字や上演で描こうとすること。リアリズムの試みは演劇史全般を通して散見されるが、運動としてのリアリズムは 1850 年代に始まる。人間の行動は遺伝と環境の影響という観点からもっともよく説明が可能だとする、科学的見解と考え方に基づく。リアリストは、我々は直接的な観察を通してのみ本当の世界を知ることができるのであるから、劇作家は自身の身の回りの社会をできる限り客観的に描かなければならないと論じた。
リージョナル・シアター (regional theatre)	現在のアメリカ合衆国内における非営利劇場を示す用語。レジデント・シアターとも呼ぶ。
リビング・ニュースペイパー (Living Newspaper)	1930 年代にアメリカ合衆国政府が失業対策として資金援助した、連邦演劇プロジェクトとして発展した形式。リビング・ニュースペイパーは 1 回ごとにひとつの緊急課題を扱い（スラム住居など）、問題解決のために社会改革や是正法案成立を主張した。1939 年、リビング・ニュースペイパーの党派的立場に立腹した議会は、それ以降資金提供することを拒んだ。
ルディ (ludi)	ローマ帝国の用語で、文字通りには「競技／遊戯」を意味する。演劇上演を行った宗教的祝祭を指す。
ロマンティシズム (romanticism)	19 世紀初頭に登場した、ネオクラシシズムの拘束を拒絶する劇的様式。ロマンティシズムはネオクラシシズムの画一的な規範を嫌い、無限の多様性を好んだ。また、退屈極まりない規則の限界を超越する作家を天才と称賛した。

【著者】
オスカー・G・ブロケット（Oscar G. Brockett）
（一九二三－二〇一〇）テキサス大学オースティン校。
ロバート・J・ボール（Robert J. Ball）
インカーネイト・ワード大学。
ジョン・フレミング（John Fleming）
テキサス州立大学。
アンドルー・カールソン（Andrew Carlson）
テキサス大学オースティン校。

【訳者】香西史子（こうさい・ふみこ）
昭和音楽大学教授。英文学。
主な著作に『恋におちたシェイクスピア』（英語教育教材、松柏社、二〇〇〇年）、『エリザベス――女王への道』（翻訳、デイヴィッド・スターキー著、原書房、二〇〇六年）など。

エッセンシャル・シアター　西《せい》洋《よう》演《えん》劇《げき》史《し》入《にゅう》門《もん》

二〇二四年三月二五日　初版発行

著者　オスカー・G・ブロケット、ロバート・J・ボール、ジョン・フレミング、アンドルー・カールソン
訳者　香西史子《こうさい　ふみこ》

発行者　三浦衛
発行所　春風社　Shumpusha Publishing Co.,Ltd.
横浜市西区紅葉ケ丘五三　横浜市教育会館三階
〈電話〉〇四五・二六一・三一六八　〈FAX〉〇四五・二六一・三一六九
〈振替〉〇〇二〇〇・一・三七五二四
http://www.shumpu.com　✉ info@shumpu.com

装丁　苑田菊見
印刷・製本　モリモト印刷株式会社

乱丁・落丁本は送料小社負担でお取り替えいたします。

ISBN 978-4-86110-959-1 C0074 ¥2800E

THE ESSENTIAL THEATRE, 11TH ED.
by Oscar G. Brockett, Robert J. Ball, John Fleming, Andrew Carlson

English language edition published by Cengage Learning Inc.
Japanese translation rights arranged with Cengage Learning Inc., Boston
through Tuttle-Mori Agency, Inc., Tokyo